황하문명에서
제국의 출현까지

이성원

서울대학교 동양사학과에서 학사, 석사, 박사를 마치고 중국사회과학원에서 고급방문학자로 연구를 교류하였으며, 서울대학교 인문학연구원 HK연구교수를 거쳐 현재는 전남대학교 사학과 교수로 재직 중이다. 〈고대 중국의 악樂과 사史〉, 〈고대 중국의 '시정市井'과 그 공간〉, 〈고대 전滇문화의 청동기 소고〉 외 다수 논문과 ≪역사에서의 물과 문화≫, ≪역사 속의 중앙과 지방≫ 등 공저가 있으며 고대 중국의 문화사와 법제사를 중심으로 교육과 연구를 진행하고 있다.

황하문명에서
제국의 출현까지

인 쇄 2020년 8월 28일
발 행 2020년 8월 31일

저 자 이성원
발행인 정병석
발행처 maronie

등 록 1981. 5. 21. 제53호
주 소 61186 광주광역시 북구 용봉로 77
전 화 (062) 530-0571~2
마케팅 (062) 530-0573
팩 스 (062) 530-0579
홈페이지 http://www.cnup.co.kr
이메일 cnup0571@hanmail.net

값 15,000 원

ISBN 978-89-6849-712-4 (93910)

황하문명에서 제국의 출현까지

이성원 저

maronie

■ 머리말

본 서는 필자가 2009년 3월 전남대학교 사학과에 부임한 이후 격 학기 혹은 매 학기 담당하였던 전공교과목 〈동양고대사〉 강의안에 기초하여 저술하였다. 때문에 대학교 학부생과 대학원생 혹은 일반 시민을 독자로 설정하여 구성하였다. 변화하는 사회와 교육수요자의 요구에 맞추어 참신하고 새로운 커리큘럼이 신설되는 최근의 추세에 비하면 이 교과목은 공간[동양]과 시간[고대] 면에서 아직도 진부한 교과 과정일 수 있지만, 여전히 학계에서는 이러한 시대구분과 전공영역을 편의적으로 사용하고 있다. 대신 본 서는 강좌명과 주제에 다소의 변주變奏를 가하고 전체 내용을 고려하여 '황하문명에서 제국의 출현까지'로 수정하였다.

'동양'이라고 하였으나 엄밀히 말하면 동아시아 고대 문화의 원류를 이루고 동아시아 문화권의 형성에 크게 기여한 '중국'의 역사를 대상으로 하고 있다. 물론 '중국'이라고 해서 근대 국민국가적 개념과는 크게 다르며 문화사적으로 이해되는 시공간에 더욱 가깝다. 황하와 요하, 장강와 민강 등 대하천 중심의 초기 신석기 문명에서 진한왕조가 수립되는 제국의 강역까지 그 공간은 지속적으로 변화하고 확장되어 왔다.

'고대'라는 시기는 본서에서 대략 신석기 초기부터 한제국시기까지 약 1만년에 가까운 시간을 다루고 있다. 그 점에서 일반 대학교의 사학과에서 개설되는 어떠한 시대사보다 '고대사'는 장구한 인류 역사를 폭넓게 다루고 있다. 때문에 3학점 기준 한 학기 45시간 시수에서 다루기에는 시간적 길이와 공간적 범위가 장대하고 다루어야 할 주제도 다양해서 편년사적으로 보면 밀도가 다소 느슨할 수밖에 없다. 그래서 1만년의 역사 과정에서 필자가 가장 중요하다고 생각하는 주제를 중심으로 강의를 하고 강의안을 구성하였다. 그 점에서 본서는 해당 시대를 이해하기에 결코 보편적이고 모범적이지 않고 다소 주관적 사관에 편향적 주제를 다루며 때론 개설적이고 일부는 전문적인 강의서이자 교양서라는 점을 자인하는 바이다.

본 서는 필자의 개인적인 성과물이라기보다는 오랜 기간 수많은 학생들과의 소통과정에서 '교학상장敎學相長'한 산물이기도 하다. 약 12년간 강의를 하면서 필자 개인의 성장은 물론 학생들의 강의평가를 피드백하는 과정에서 매 학기 강의 자료도 수정하고 업데이트하였다. 그 기간 동안 〈동양고대사〉 강의를 이수하며 크게 호응하고 응원해주거나 또는 냉정한 질타를 주저하지 않은 모든 학생들에게 감사를 전하고 싶다.

〈동양고대사〉라는 교과목은 여러 대학에서도 여전히 개설되어 있겠지만, 필자를 포함한 일군의 연구자들에게는 각별한 심상을 준다. 필자가 연구자와 교육자의 진로를 선택하게 된 계기를 추적하면 분명 이 교과목과 연관이 깊다. 삶에 대한 큰 고민 없이 학교와 집을 오가는 깜냥없던 학부생 시절, 모교에서 개설된 〈동양고대사〉 수업은 매번 시공을 달리하는 이경異景의 세계에 대한 새로운 체험이었다. 2학년 전공 교과목으로 개설된 그 수업의 내용은 사실 2학년 학생이 소화하기에 다소 난해한 방대하고 심오한 내용이었다. 돌아보면 과반이 넘는 학생이 졸곤 하던 그 수업에서 필자는 주로 맨 앞 책상에서 수강하였는데 3시간동안 (정말 쉬는 시간없이) 열강하시던 이성규교수님의 열정이 사실 필자를 매료시켰다. 선생님을 뵈면 정말 당신이 스스로 강의를 즐기고 계심을 역력히 알 수 있었는데 교탁 앞에서 바라볼 때 선생님은 웅장한 거인의 모습이었다. 아둔한 필자가 이해하기는 쉽지 않았으나 막연히 와 닿았던 고대사 수업의 매력은 '다양한 문화의 기원을 추적하며 초기 문명의 여명을 이해하는' 즐거움이었다. 많이 않은 유물자료와 문헌을 활용한 고대사 연구에서 명징한 결론을 내기란 어렵지만 적절한 상상력과 합리적인 추론의 접점을 찾아가는 인문학적 연구과정은 실로 매력적이었다.

그 수업이 필자에게 현실로 다가온 것은 대학원에 진학하여 석·박사 과정을 이수할 때였다. 선생님은 〈동양고대사〉 수업 때면 필자에게 T.A.로서 참관하여 영상자료 정리를 비롯한 수업도 우미를 담당토록 하였는데, 그렇게 수년 동안 동일한 수업을 참관하면서 학부생일 때는 이해할 수 없었던 〈동양고대사〉 강의의 전체 윤곽과 세부 사항이 비로소 눈에 들어오기 시작하며 그 수업에 흠뻑 빠져들었다. 필자가 강의하는 모습에서 일부나마 감히 선생님의 어투나 제스처가 엿보였다면 그것은 결코 우연은 아닐 것이다. 어쩌면 본서 대부분은 은사이신 이성규교수님의 학은의 결과이기에 큰 감사를 드리고 싶다.

필자가 안정적으로 연구할 수 있는 공간과 교육에 매진할 수 있도록 편의를 제공해 주시는 전남대 사학과 교수님들께 항상 감사하고 있으며, 코로나 사태와 같은 급격한 교육환경의 변화에 맞추어 수년 전부터 본 강의를 영상으로 제작하고 지원해 준 전남대학교 본부에도 감사드리는 바이다. 부족한 필자의 기획을 승인해 준 인문대 코어사업단과 본 서의 완성을 위해 아낌없는 지원을 하며 기다려 주신 전남대학교출판문화원 모든 선생님들, 특히 원장님께 죄송한 마음과 함께 사의를 표하는 바이다. 이제는 매 학기와 방학 중에도 영상으로 개설되는 수업인 만큼 강의와 강의안의 개선에 더욱 노력해야 할 책임감을 크게 느낀다.

끝으로 지루하게 반복되는 연구자의 일상을 가까이서 감내하며 사랑으로 성원해준 내자와 가족, 그리고 그 모든 근원을 제공해 주신 양가 어르신들에게 부끄러운 성과물을 드리는 바이다.

2020년 8월

龍鳳이 감도는 연구실에서

저자 이성원

차례

제1장

중국의 역사 공간

1. 중국의 역사 공간을 조감하며

역사와 문화가 전적으로 환경만의 지배를 받는 것은 아니지만, 환경으로부터 자유로운 문명의 역사 전개는 더더욱 불가능하다. 결국 역사는 환경에 최적화된 결과물은 아닐지 모르지만 주어진 환경을 극복하며 그 역사 주체들이 이룬 문화의 총체상이라고 할 수 있다. 황하 유역을 중심으로 발원한 중국문명은 북아프리카 지역의 이집트문명, 중근동의 메소포타미아문명 및 인도 대륙의 인도문명과 더불어 초기 인류문명의 중심지였으며, 끊임없는 자기 확장의 역사를 노정함으로써 선사先史이래 현재의 중국에 이르기까지 그 문화사적 위상을 도도하게 지속시켜왔던 거의 유일한 문명이었다.

한자漢字, 유교儒教, 불교佛教, 율령律令, 경사經史 문화 등은 중원에서 발현하거나 수용하여 주변지역에 전파시킴으로써 동아시아문화권을 형성시킨 문화요소였다. 한대漢代 이래 형성된 동아시아문화권에서 적어도 이념적으로는 중국은 항상 주변 지역에 조공朝貢 질서를 강요하며 그 맹주를 자임해왔다. 때문에 1840년 발발한 아편전쟁이후 서구 열강에 위축되면서 이를 극복하기 위한 개혁과 혁명, 이념의 대립으로 인한 내전과 내홍, 그리고 국가재건을 위한 개혁과 개방으로 점철되었던 근현대사 150여년이 지나 구소련이 해체된 지난 세기말 이후 미국과 경쟁할 수 있는 유일한 슈퍼파워로 중국이 성장한 것도 우연은 아닐 것이다. 미국과 유럽에서 촉발된 작금의 세계 경제위기는 오히려 중국의 위상을 더욱 고양시키며 바야흐로 두 나라의 양강체제가 도래하였다.

21세기 황제로 불리는 중국 국가 주석 시진핑. 집권 초기 급성장한 중국의 위상에 대한 서구의 지나친 경계 의식으로 보이기도 하였으나, 2018년 전인대회에서 주석 연임제한이 폐지되어 그의 장기집권이 제도적으로 보장받게 되자 그 우려는 현실이 되어가고 있다.

중국의 이러한 잠재력의 주요 원천은 물론 광대한 영토와 풍부한 자원, 그리고 세계인구의 약 5분의 1을 점하는 인구의 다대

함일 것이다. 광대함에서는 러시아와 캐나다에 못 미치지만 이 두 나라의 영토 대부분이 인구밀도가 희박한 동토의 땅인 점에 비하면, 15억에 육박하는 인구의 규모와 지금도 무려 14개국과 국경을 맞대고 있는 중국의 지정학적 위치는 고래로 동아시아는 물론 구대륙 문명의 한 중심축이었음을 거듭 확인시켜주고 있다.

그러나 지금의 광대한 중국 영토가 그 윤곽을 갖추기 시작한 것은 청나라 강희康熙(재위 1661~1722)-옹정擁正(1722~1735)-건륭乾隆(1735~1799) 황제의 적극적인 대외정책에 따른 결과로 불과 250여 년 전의 역사였다. 동으로는 흥안령산맥을 넘어 만주평야와 흑룡강 유역을 경계로 러시아와 국경조약을 맺고, 북으로는 몽골을 축출하여 고비사막과 몽골초원의 남단을 확보하였으며, 서쪽으로는 천산산맥을 가로질러 카자흐스탄과 맞닿는 신강위구르지역을 장악하였고, 서남으로는 세계의 지붕 티벳 고원을 정복하는 등, 수천 년 동안 중국의 역사무대였던 내지內地의 두 배가 넘는 역사공간을 청조가 일순 창출하였다. 그 영토의 확보가 이민족(만주족) 왕조의 유산이었다는 점은 더더욱 역사의 아이러니다. 그러나 우연이든 필연이든 한번 체득한 '역사적 경험'은 커다란 유산을 남기고, 깊은 잔영을 드리웠다.

지난 1949년 사회주의 신정부 수립이후 중국사회과학원은 고힐강顧頡剛과 담기항譚其驤을 중심으로 백여 명에 달하는 당대 최고의 역사학자와 지리학자들을 동원하여 역대 중국의 역사 강역을 정리하고 획정하는 ≪중국역사지도집中國歷史地圖集≫ 편찬이라는 국가 프로젝트를 추진하였다. 여기서 주목할 것은 이 지도집에서 역대 강역의 근거를 청조가 확장했던 강역에 기초를 두

담기항譚其驤 주편主編, ≪중국역사지도집中國歷史地圖集≫

었다는 점이다. 즉 선사시대 이래 현대까지 근 1만여 년 동안 점진적으로 확장되었던 다양한 역사 강역에도 불구하고 중국 역사상 최대 판도를 이루었던 청조의 강역에서 그 기원을 두는 '몰역사적沒歷史的' 역사지도집이 편찬된 것이다. 즉 그 논리에 의하면 현재 중국 영토의 강역과 민족구성은 이미 고대부터 고정되었던 것으로 소급시킨 것이다. 오늘날 중국의 주변국과 중국내 소수민족의 정체성에 많은 논란을 야기하고 있는 동북공정東北工程, 서북공정西北工程, 서남공정西南工程 등, 역대 중국의 강역이 아니었던 외지外地에 대한 '중국역사화' 프로젝트는 어쩌면 이때부터 이미 배태되고 있었다.

물론 중국은 아프로-유라시아대륙의 역사에서 인도 지역과 더불어 항상 광대한 영토를 확보하고 가장 많은 인구가 집중되었던 역사체였음은 분명하다. 그러나 몽골제국과 청조를 제외하면 역대 왕조의 최대 강역은 북으로는 고비사막 이남의 장성주변, 동으로는 흥안령산맥 이서지역과 요서지역을 넘지 못했으며, 서쪽으로는 타클라마칸 사막의 초입 돈황敦煌과 가욕관嘉峪關에 이르고, 남으로는 오늘날의 광동과 광서지역인 백월白越지역에 국한되었다. 그나마도 각 왕조 중기이후 중앙집권력이 약화되고 이완되면 이들 변경지역부터 바로 이민족에게 정복당하거나 상실되었다. 때론 중세의 남조南朝나 근세의 남송南宋처럼 중국 대륙의 남부 지역에 한정된 '소중국小中國'을 현실로 받아들여야 했으며, 실제 중국의 역사는 한족漢族['正']과 이민족異民族의 왕조, 그리고 통일統一과 분열分裂이 교차 반복되었던 역사였다. 즉 유구한 중국의 역사에서 '정통正統'의 역사는 실제 일부에 불과할 뿐이었다.[1]

2. 광대한 중국

'중국'이란 단어는 우리에게 어떠한 심상을 주고 있을까. 불과 10년 전만 하더라도 중국에 대한 학생들의 반응은 '짜장면', '짝퉁', '동북공정' 등 비호감이나 부정적인 표현들이 다수였지만, 최근 학생들의 대답은 '대국', '방대한 인구', '무섭다' 등으로 바야흐로 강대국으로 부상한 중국의 위상을 여실히 반영하고 있다. 수년 전 '크기가 중요하다(Size matters)'는 모 영화의 홍보카피가 있었는데, 오늘날 전 세계 각국의 국가경쟁력 지수에서 국토의 규모는 가장 중요한 요소가 되고 있다. 국토의 면적에 따

---

1 통일제국인 秦이 등장한 이래, 漢族의 '正統'史觀에 입각하여 '正統'에 해당하는 왕조는 秦, 漢, 隋, 唐, 宋, 明에 국한되며, 그나마도 隋·唐왕실의 혈통과 출신민족에 대해서는 오랫동안 선비족과의 통혼관계였던 점을 고려하여 여전히 논쟁이 되고 있다. 그 외 三國時代, 5胡16國時代, 魏晉南北朝時代, 5代10國, 遼, 金, 元, 清, 그리고 1911년에서 1949년까지의 혁명과 내전시기 등은 분열과 이민족 왕조가 수립되었던 비정통의 역사라고 할 수 있다. 현재 대륙과 대만의 兩岸관계도 넓은 의미에서는 분열관계라고 할 수 있다.

라 인구와 생산력, 특히 자원의 규모가 필연적으로 연동되고 있기 때문이다.

그런 점에서 약 960만km^{2}로 세계 4위의 국토 면적을 자랑하는 중국은 실로 '대국' 중의 대국이라고 할 수 있다. 단순 비교하면 중국은 국토가 10만km^{2}인 우리나라의 거의 100배 규모이다. 그러나 국토 면적이 약 1,000만km^{2}에 육박하는 세계 2위 국가 캐나다를 대국이라고 칭하기에는 뭔가 어색해 보인다. 이유는 그 광대함에도 불구하고 캐나다의 인구는 3,500만 명에 불과하기 때문이다. 대부분의 영토가 북반구 북위도 지역에 걸쳐있고 냉대와 아한대 기후인 캐나다는 인구밀도가 매우 낮은 편이다. 그런 점에서 중국의 국토와 거의 같으면서도 2017년 기준 약 3억 3천만 명의 인구 규모인 미국은 매우 이상적이며 안정적인 대국이라고 할 수 있다. 반면 비슷한 규모의 국토 면적에 2017년 기준 13억 9천만 명 수준의 중국 인구 규모는 가히 '기록적'이라고 할 수 있다. 많은 사람들이 실제 15억 명에 육박할 것으로 추정하는 오늘날 중국의 인구는 전 세계 70억 인구의 21%를 상회하고 있다. 인류 역사상 한 국가 인구가 전 세계 인구의 1/5을 넘는 초유의 상황은 바로 중국의 위상과 아울러 중국이 직면한 인구 문제를 시사한다.

그 광대한 중국은 가장 큰 광역 행정 단위인 28개의 성省으로 구성되어 있으며 그 성 가운데 주요 소수민족들이 분포하고 있는 5개의 지역은 자치구自治區(내몽고內蒙古, 신강위구르新疆維吾爾, 티벳西藏, 영하무슬림寧夏回族, 광서장족廣西莊族)로 별도로 인정하였다. 그리고 성省과는 별도의 대표 도시로서 4개의 직할시(;

베이징北京, 톈진天津, 상하이上海, 충칭重慶)와 2개의 특별행정구(홍콩香港, 마카오澳門)가 있다. 주지하다 시피 2개의 특별행정구역은 지난 19세기 영국과 포르투갈 등 제국주의 열강들에게 할양되었던 곳으로 지난 1997년 이후 중국에 반환되었다. 1세기가 넘게 자유주의 체제의 자본이 집적되며 도시국가로 성장했던 이들 지역의 급격한 변화와 자본 이탈을 막기 위해 중국과는 별도의 헌법체제 하에서 '일 국가 양 체제'의 형태를 유지하고 있다. 30년의 유예기간을 통해 점진적이며 안정적인 통합을 기대하는 것이다. 이를 테면 중국인이 홍콩에 입국하기 위해서는 비자를 발급받아야 하며, 올림픽에서도 중국과 홍콩은 따로 따로 입장하고 있다. 점차 완전한 통합이 다가오면서 홍콩과 마카오 시민들은 대륙의 사회주의 일당체제의 변화와 민주화를 촉구하고 있다.

전공자가 아니라면 중국의 복잡하고 다기한 행정 구역과 도시를 일일이 암기하고 숙지할 필요는 없을 것 같다. 다만 거대한 중국의 지형과 문화를 대별하여 크게 6개의 권역으로 나누어 보는 것도 유효하다. 즉 오늘날의 중국을 크게 한족의 역사 공간이었던 내지內地와 이민족의 세계였던 외지外地로 양분할 수 있다. 이들 내지와 외지는 다시 각각 3개의 지역으로 나눌 수 있다. 즉 황하 중하류 유역의 화북華北 지역(; 허베이河北, 허난河南, 산동山東, 산시성山西省, 내몽고자치구內蒙古自治區 중부, 베이징北京, 톈진天津), 장강 중하류 유역의 화중華中 지역(쟝쑤江蘇, 쩌장浙江, 안후이安徽, 후베이성湖北省, 상하이上海), 그리고 장강 이남의 화남華南 지역(푸지엔福建, 광동廣東, 광시廣西, 쟝시江西, 후난성湖南省, 하이난다오海南島, 홍콩港香, 마카오澳門)이 내지에 해당된다.

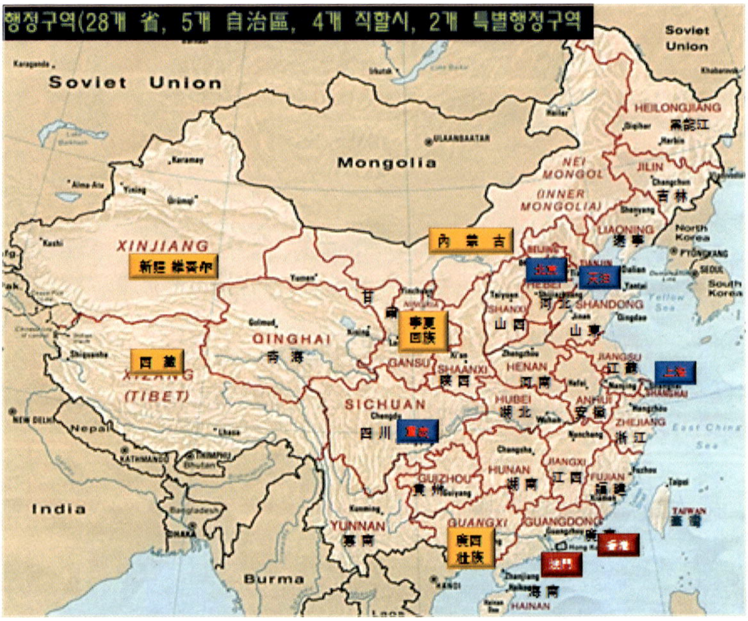

중국의 행정 지도

유구한 중국의 역사는 크게 보면 화북에서 화중으로, 그리고 화중에서 다시 화남으로 부단히 인구가 증가하고 이동하면서 역사 공간을 확장하였다.

그러나 외지의 개척사는 보다 드라마틱한 중국의 역사를 노정하였다. 오늘날 국토의 5/3 이상을 차지하고 있는 외지는 대흥안령 산맥과 랴오허遼河를 품은 동북東北 지역(랴오닝遼寧, 지린吉林, 헤이룽장성黑龍江省, 내몽고자치구內蒙古自治區 동부), 초원과 사막, 그리고 황토고원이 펼쳐진 서북西北 지역(산시陝西, 깐수甘肅, 닝샤회족자치구寧夏回族自治區, 신장위구르자치구新疆維爾自治區, 내몽고자치구內蒙古自治區(서부)), 끝으로 드높은 히말라야와 티벳·운귀 고원이 드리운 서남西南 지역(시짱西藏티벳자치구, 칭

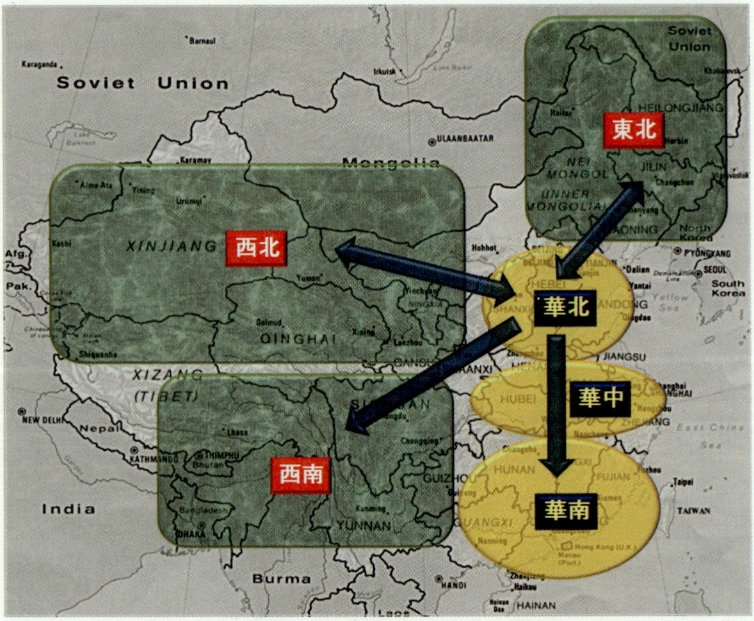

내지와 외지로 구분된 중국의 6개 권역

하이青海, 쓰촨四川, 윈난雲南, 꿰이저우성貴州省, 충칭重慶)을 포함하고 있다. 이들 외지는 수천 년 동안 비중원의 지역으로 수많은 소수민족들이 독자의 문화를 영유하였던 지역이다.

특히 동북 지역과 서북 지역의 유목 민족들은 주기적으로 강력한 유목 국가를 출현시키며 내지 농경정주지역을 압박하고 때론 정복하면서 길항관계를 유지하였다. 역설적이지만 오늘날의 규모로 확장된 중국의 영토는 동북 지역의 만주족이 중국 전역을 통합하면서 출현시킨 청 제국의 유산이란 점이다. 결론적으로 중국은 수천 년 동안 내지의 확장과 외지 이민족과의 길항관계를 노정하면서 팽창과 위축을 교차하며 지금의 역사 공간을 형성하였다.

중국이 광대한 것은 사실이지만 동북으로 대흥안령大興安嶺산

중국 화북문명의 젖줄, 황허黃河(壺口瀑布)

맥과 태행太行산맥, 서북으로 천산天山산맥과 곤륜崑崙산맥이 만나 음산陰山산맥과 진령秦嶺산맥으로 이어지고, 서남으로는 하늘과 이어질 듯 세계의 지붕 히말라야 산맥과 티벳고원·운귀고원이 드리워져 있다. 황하 이북으로는 초원과 사막, 그리고 두터운 황토고원이 펼쳐지고 있어 평야라고는 황하 중하류 유역의 화북 평원과 장강 중하류 유역의 강남 델타 지역, 그리고 사천분지와 만주 평원이 제한적으로 분포되어 있다. 때문에 광대해 보이는 영토에도 그 15억 인구 대부분이 내지에 밀집되어 있고 외지의 인구밀도는 매우 희박한 실정이다. 즉 고대 이래로 수 천 년 동안 황허黃河, 창쟝長江, 훼이허淮河, 쥬쟝珠江, 랴오허遼河 등 수원이 풍부한 대하천 유역의 평야에 자연스럽게 인구가 집중되면서 취락과 읍락을 이루고 농경에 종사하며 문명과 제도를 발전시켜 왔던 것이다.

한편 동남으로는 황해와 동지나·남지나해로 둘러 쌓여있다 보니 물리적 거리로는 중국 문명과 인더스 문명이 가까워 보여도 대륙으로는 티벳고원과 히말라야 산맥, 그리고 힌두쿠시 산맥이 가로 막고 있고, 바다로는 벵골만과 말라카 해협으로 봉쇄되어 있어 중국 문명은 여타 문명과 고립된 독자적 문명으로 발전하였다. 결국 문명은 기본적인 생물학적 조건이 충족되는 곳에 인구가 집중되며 자연스럽게 발전한다고 보아도 과언은 아니다. 때문에 황하 유역과 장강 유역이 최적화된 환경은 아닐지라도 상대적으로 고대로부터 문명이 집적되기 적합한 곳이었다. 특히 황하 유역의 후아베이華北 문명은 고대로부터 자신들의 공간을 세상의 중심이라는 의미에서 '중원中原'이라고 표현하였다. 비록 후대에 '천하天下', '구주九州', '사해四海', '세계世界' 등 다양한 공간관념들이 등장하였지만 여전히 화북인들의 공간적 정체성을 대표하는 개념은 중원이었다.

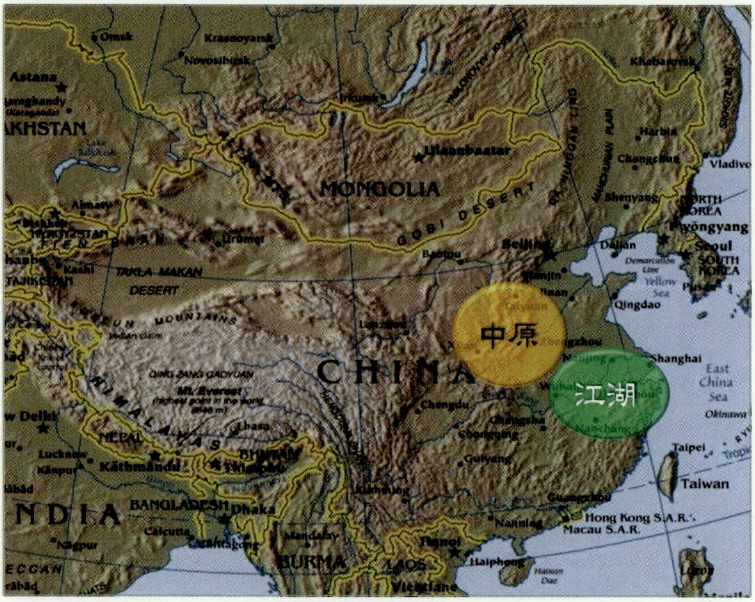

전혀 다른 공간 개념, 중원과 강호

중원이 공간 관념이라면 그것을 문화적으로 해석한 표현이 '중화中華'로서 중원이 곧 문명의 중심이요 찬란한 문화가 꽃 피운 지역이라는 자문화 중심적 개념이었다. 이러한 자문화 중심적 문화관을 소위 중화사상 또는 화이華夷관념이라 하는데 이에 대해서는 다음 장에서 다시 검토하도록 하자. 한편 창장長江 유역인들이 즐겨 쓰는 공간 관념은 전혀 다른 것이었다. 수원이 풍부한 그들 문명의 젖줄 장강과 그 창장이 중류 유역에 형성시킨 수많은 수택水澤과 호수湖水로 인해 그들은 '강호江湖'라는 표현을 즐겨 사용하였다. 즉 강호는 남방인들의 공간적 정체성을 상징하는 것이었다.

3. 중국의 다양성

실재 대다수 중국인들의 일상에 더 큰 영향을 주는 것은 문화적 개념이나 6개의 권역보다 기후와 강수량 그리고 이에 연동된 경제적 생산 조건 등이다. 가령 강수량을 기준으로 연평균 380mm을 기준으로 중국을 크게 농경정주지역과 비농경지역으로 구분할 수 있다. 동북지역 흥안령산맥을 따라 태행산맥과 황하, 그리고 사천 서북 산맥에서 티벳고원으로 이어지는 라인은 소위 '농경한계선'으로서 이 라인의 동쪽은 최소 농경이 가능한 농경정주지역이고, 이 라인의 서쪽은 농경이 거의 불가능한 초원과 사막, 그리고 고산준령으로 이루어진 지역이다.

농경 정주 지역을 다시 세분하면 연평균 강수량 400~1,000mm 지역은 건조한 한전旱田농업 지역으로서 주로 기장, 수수, 밀, 옥수수 등을 재배하는 지역으로서 화북 지역과 만주 평원, 그리고 운귀고원 일부를 포함하고 있다. 한편 연평균 강수량 1,000~

1,500mm 지역은 기후가 온난하고 물이 비교적 풍부하여 1년 2기작의 수도작水稻作이 가능한 지역으로 쓰촨과 화중華中지역 전반을 아우르고 있다. 한편 화남華南지역은 연평균 강수량이 1,500mm 이상인 고온다습한 아열대 지역으로 1년 3기작도 가능한 수도작 지역이다. 즉 농경지역이라고 해도 북위도 약 33°를 경계로 그 이북은 건조한 밭농사 지역이고, 그 이남은 벼농사 지역으로 대분할 수 있으며, 그 농경의 차이로 인해 생활 사이클도 상이하다.

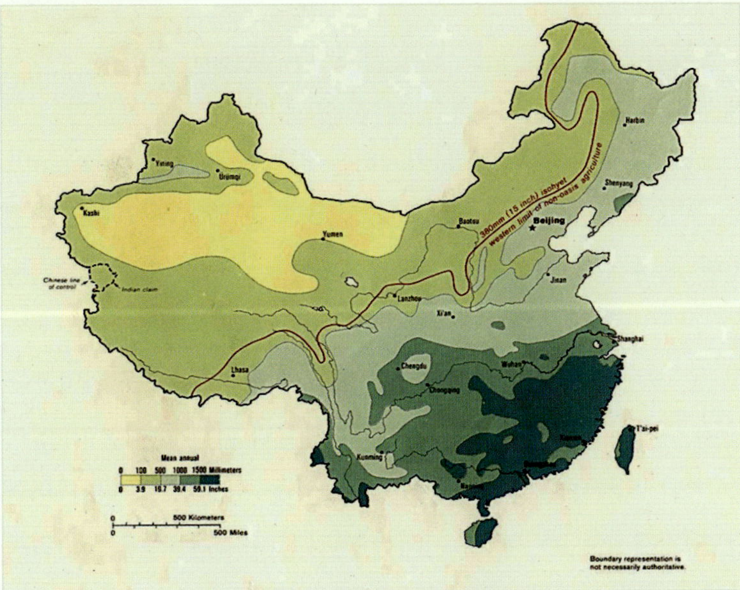

중국의 강수량 분포도와 농경한계선

비농경 지역도 세분하면 광활한 몽골 초원은 주로 말과 양을 중심으로 한 유목遊牧 경제이고, 고비사막과 타클라마칸사막 지역은 극건조 지역으로 농경과 유목마저도 불가능하다. 다만 일부 오아시스 주변으로 영세한 한전농업과 낙타와 양을 중심으로 한 소규모 유목은 가능하다. 한편 티벳고원과 운귀고원 지역 일부는 야크를 중심으로 한 유목이 가능하고, 북위도 20°~30°에서 해발고도가 높고 비가 많이 오는 지역은 소위 '커피벨트'라 불리는 곳으로 차를 재배하는 데에 최적화된 환경으로서 바로 윈난지역과 쓰촨 지역 일부가 여기에 해당한다. 고대로부터 이 지역의 차는 각지, 특히 차가 절대적으로 필요했던 티벳 지역으로 운송되어 그 지역의 말과 교역되었으니 그 유명한 차마고도車馬古道가 그 과정에서 개발되었다.

중국이 다양한 요인은 중국 헌법에도 명시된 '일국가 다민족' 체제 때문이다. 중국은 공식적으로 인구 약 94%에 해당하는 한족漢族과 나머지 약 6%를 차지하는 55개의 소수민족少數民族으로 구성되어 있다. 소수민족을 세분하면 백 수십여 민족도 넘겠지만 크게 분류하여 공식화한 것이다. 소수민족이란 수천 년 혹은 수백 년 넘게 고유한 언어, 복장, 풍습 등을 유지하며 그 독자적 문화를 유지하고 정체성을 지니고 있는 민족들을 의미한다. 중국 문화의 매력은 어쩌면 민족 구성원의 다양성 때문이며, 이는 비단 오늘날의 모습이 아니라 중국은 수천 년 동안 이러한 다민족 체제를 특징으로 이러한 다양성의 공존 속에 끊임없이 새로운 문화를 창출해 왔다.

다만 시간이 흐를수록 소수민족의 문화와 명맥은 위축되어 가고 있으며 고유한 문자가 없는 소수민족들의 구어는 점차 사라져 가고 있는 실정이다. 소수민족의 젊은이들은 경제활동을 위해 대도시로 이주하고 한족과 통혼하면서 자신들의 정체성을 잃어가고 있다. 반대로 교통과 통신, 그리고 중국 정부의 중앙집권이 가속되면서 외지의 소수민족 지역은 하루가 다르게 한족이 침투하여 소수민족의 고유성을 침해하고 있는 실정이다. 때문에 소수민족 가운데 메이저 소수민족인 몽골족, 위구르족, 티벳족 등은 지속적으로 독립을 요구하고 중국공산당에 반발하며 유혈사태를 야기하고 있다. 중국의 소수민족 문제는 고대로부터 중국이 안고 있는 항상적인 문제로서 지금의 중국공산당도 이 문제는 국가 존망이 걸린 중요한 문제로 인식하고 대처하고 있다. 지난 후진타오胡錦濤 정부[2003~2013] 이후 표방한 소위 '화해和諧' 사회구현은 도시와 농촌간의 불평등, 내지와 연해 지역의 불평등을 완화하고, 그리고 무엇보다 민족 갈등을 통합시키려는 목적이 주요하였다.

중국의 다양한 소수민족

제2장

중국 역사의 개요

1. 선사시대에서 초기 왕조의 출현까지

- 선사문명 : ~B.C. 2000년경. 구석기-신석기시대, 무문자사회
- 하河 : B.C. 21세기초 22세기말~B.C. 17세기초
  … 최초의 王朝(?). 華夏의 기원
- 상商 : B.C. 17세기 초~B.C. 11세기
  … 黃河文明의 실체, 甲骨文과 靑銅器, 도시국가 邑制 사회
- 주周 : B.C. 17세기 초~B.C. 256년
  … 宗法질서와 封建체제. 天子와 天命사상 … 理想的 三代觀
  서주西周(B.C. 11세기~B.C. 771)-동주東周(B.C. 770~B.C. 256) :
- 춘추春秋(B.C. 770~453) : 覇者의 등장. 尊王攘夷, 繼絶存亡, 會盟 질서
- 전국戰國(B.C. 453~221) : 宗法질서의 해체. 變法을 통한 부국강병의 추진
  耕戰之民과 編戶齊民 형성. 諸子百家의 활동

이 시대는 문명의 여명기로서 선사시대부터 기원전 221년까지 약 1만년에 가까운 시대이다. 신석기시대에는 공동체 취락의 공간에서 시작하여 농경을 발전시키고 원시 종교와 주술관념이

싹트기 시작하였으며 정교한 석제 도구와 토기를 제작하던 시기이다. 특히 농경의 발전은 토지의 천착과 대규모 노동집약적 생산을 요구하여 대규모 인구집중과 취락이 형성되고 자연의 변화와 천문관측이 발전하여 초기 문명이 집적되고 발전하는데 결정적인 계기가 되었다. 기원전 약 2000년을 전후하여 하夏나라로 추정되는 초기 왕조가 출현하기 시작하였으며 초보적인 청동기를 제작하기 시작하며 금속문명에 진입하였다. 특히 황하유역의 문명은 소위 화하족華夏族으로서의 정체성을 형성하기 시작하였다. 기원전 약 1500년을 전후하여 상商나라에서 정교한 청동 제기와 무기류를 제작하였으며 거북이의 껍데기나 동물의 뼈에 일종의 신성문자로서 갑골문을 사용하기 시작하였다. 이 문명을 훗날 '황하문명'이라고 명명하게 되었다. 상에 등장한 주周나라는 상의 봉건제도를 진일보시켜 혈연관계를 중심으로 한 종법宗法질서와 봉건제도를 결합시켰으며, 천天을 최고의 신이자 주족周族의 조상으로 승격시켜 그 왕권을 '천자天子'로 분식시켰다.

그러나 주나라는 왕권의 권위가 점차 하락하고 특히 기원전 770년 수도를 기존 호경鎬京에서 동쪽의 낙읍洛邑으로 천도하면서 서주西周시대를 마감하고 동주東周시대로 진입하였다. 훗날 역사학자들은 이때부터 춘추春秋시대가 전개되었다고도 하였다. 춘추시대는 서주의 종법질서가 점차 와해되어 가는 과도기였고, 그러한 과도기의 혼란을 분석하고 사회를 안정시키기 위하여 각지의 사인들이 학단을 이루며 치열하게 고민하였는데 소위 제자백가諸子百家의 등장이었다. 기원전 453년경 중원의 패자국 진晉이 대부들의 권력 찬탈로 삼분되는 사건을 맞으며, 훗날 역사학자들은 춘추시대가 종식되고 전국戰國시대로 전환되었다고 시대구분 하였다. 전국시대는 강대국의 힘의 논리가 우선되는 적나라한 폭력과 전쟁의 시대였다. 멸망당하지 않고 부국강병을 모색하기 위해 각 열국은 총체적인 개혁을 감수하였다. 소위 변법變法으로 불리는 개혁은 시대적인 요구가 되었으며 가장 성공적인 변법을 시행한 서쪽의 진秦은 점차 강대국으로 부상하였다.

2. 고대 제국의 출현과 발전

- 진秦 : B.C.221~B.C.206
  … 帝國의 출현과 黃帝지배체제의 성립. 중앙집권제 통일정책.
  長成의 수축, 황제릉과 兵馬俑坑
- 진한교체기 : 장승-오광의 난. 항우와 유방의 쟁패
- 한漢 : B.C.206~A.D.220 [왕망王莽의 新(A.D.8~23)]
  - 서한西漢 = 전한前漢(B.C.206~A.D.8)
    … 재정의 확보. 儒敎이념의 정착.
    동서교역로의 개발. 제국의 완성
  - 동한東漢 = 후한後漢(25~220)
    … 豪族의 성장. 編戶齊民체제의 이완. 황건적의 난

전국 말기 기원전 246년 즉위한 진秦의 젊은 왕은 진의 국력을 더욱 신장시켜 기원전 230년 한韓나라를 시작으로 기원전 221년 제齊나라를 멸망시키면서 중국 역사상 최초로 중국을 통일하였다. 그 자신이 첫 번째 황제가 되고 도로, 화폐, 문자, 도량형, 사상 등 일련의 통일정책을 시행하는 등 중국 역사에 최초로 중앙집권적 황제지배체제를 수립하였다. 제국의 북방으로는

흉노를 막기 위해 길이 6,500km가 넘는 인류역사상 가장 장대한 토목건축인 장성長城을 구축하였다.

천하통일의 위업에도 불구하고 진은 제국을 수립한 지 15년을 넘지 못하고 붕괴되었다. 기원전 210년 진시황제가 사망한 이후 각지에서 거병한 반진反秦세력은 항우項羽와 유방劉邦이란 당대 영웅으로 압축되어 천하쟁패를 노리게 되었다. 약 10년에 걸친 진한秦漢교체기를 종식시키고 기원전 202년 유방은 한漢나라로 천하를 재통일시켰다. 한은 진시황제가 구상한 제국의 청사진을 계승하여 안정시키고 완성시켰다. 특히 무제武帝 시기 한은 대외적 팽창과 장성의 수축, 경제적 안정과 국가 이데올로기로서 유교이념을 정착시켰다. 그리고 이 시기 한은 고비사막 너머 동서교역로를 확보하여 동서문화교류의 주도권을 잡았다. 소위 고대제국이 완성되는 시기였다. 한은 외척세력 왕망王莽의 권력 찬탈로 잠시 단절되었다가 후한이 수립되면서 다시 이어졌지만, 후한은 발호하는 지방 호족豪族들의 세력을 철저히 통제할 수 없을 정도로 중앙집권력에 한계가 있는 왕조였다.

3. 고대에서 중세로, 삼국三國~위진魏晉 시대

- 삼국시대三國時代(220~280) : 제국의 붕괴와 장기분열의 과도기
  적벽대전(208) 이후 삼국의 정립
  위魏(220~265) : 華北을 장악. 정치적 정통성. 압도적 우세
  오吳(222~280) : 江南의 개발.
  촉蜀(221~263) : 巴蜀의 개발.
  - 정사 ≪삼국지≫와 소설 ≪삼국지연의≫의 괴리

- 서진西晉(265~316) : 일시적 통합
  - 오호십육국五胡十六國(316~439) : 유목민족의 이동. 화북의 胡族 왕조
- 동진東晉(317~420) : 민족이동의 도미노. 강남의 漢族 왕조

후한 말 연이어 무능하고 어린 황제가 즉위하면서 외척세력과 환관들은 득세하고 황제지배체제는 동요하는 가운데 중앙집권력은 현저히 약화되었다. 마침 지방의 호족들은 더욱 발호하였고 자영농이었던 많은 농민들이 호족 밑에 의탁하여 소작농으로 전환하거나 유민流民으로 전락하였다. 이들 유민가운데에는 도교道敎 계통의 종교집단에 귀의하여 생존을 모색하게 되었는데, 이들 집단은 점차 무력을 갖추고 정치 권력화하며 급기야 관군에 맞서 대규모 반란을 일으키게 되었는데 소위 황건적黃巾賊의 난이었다. 황건적의 난은 후한 제국에 치명적인 타격을 주었으며 이 반란을 진압하고 한 황실의 안녕을 도모한다는 명분으로 각지에서 영웅들이 거병하였다. 그러나 그들 또한 실은 사병집단을 거느린 호족의 일부였으며 그들 가운데 조조, 유비, 손권으로 압축된 세력은 급기야 정치적 야망을 드러내며 천하쟁패에 몰두하게 되었다. 208년 적벽대전으로 위魏, 촉蜀, 오吳 삼국 구도가 형성되며 후한의 붕괴 이후 약 60년 동안 삼국시대가 유지되었다. 삼국시대는 고대 제국이 붕괴됨으로써 고대에서 중세로 넘어가는 과도기였다. 280년 삼국은 사마염司馬炎에 의해 통합되며 진晉이 수립되었다.

그러나 삼국시대에서 진까지의 일련의 과정은 비유하면 '찻잔 속의 태풍'처럼 중국 내부의 혼란이었다면, 보다 거대한 변수가

화북지역에 도래하고 있었다. 흉노, 선비, 저, 갈, 강족 등 북방의 유목민족 계통의 여러 민족들, 즉 소위 호胡가 후한 말 이후 지속적으로 장성 주변과 이남으로 유입되어 오다가 급기야 316년 진나라를 축출하고 황하 유역을 차지하여 여러 왕조의 수립과 멸망이 반복되는 초유의 사태가 발생하였다. 소위 5호 16국 시대의 전개였다. 한편 진晉은 이들 이민족 세력에게 패퇴하여 화북을 상실하고 장강 유역의 지금의 남경 지역으로 천도하여 일종의 망명정부 진을 이어갔는데, 후대 학자들은 그 천도 전후를 구별하여 서진西晉과 동진東晉이라고 명하였다. 혹은 조조의 위魏나라와 사마씨의 진晉나라 묶어 '위진魏晉'시대라고도 하였다.

4. 분열에서 재통합으로, 남북조에서 수당隋唐제국

- 남북조南北朝(420~589) : 장기 분열. 중세귀족사회의 발전. 불교와 도교의 풍미
  남조南朝 : 송宋(420~479)-제齊(479~502)-양梁(502~557)-진陳(557~589)
  북조北朝 : 북위北魏(386~534)-동위東魏(534~550)-북제北齊(550~577)
  (北魏의 화북 통일 : 439)-서위西魏(535~556)-북주北周(557~681)
- 수隋(581~618) : 제국의 재출현
- 당唐(618~907) : 균전제, 부병제, 조용조의 시행. 3성 6부제. 과거제
  세계제국. 국제도시 長安. 동아시아문화권의 확대. 불교의 발전
  - 안사安使의 난(755~763), 황소黃巢의 난(875~884)
  - 장원제, 모병제, 양세법의 변화. 도호부의 절도사 세력 대두
- 오대십국五代十國(907~960) : 후량後梁(907~923)-후당後唐(923~936)-후진後晉(936~947)-후한後漢(947~950)-후주後周(951~960)

선비족은 북위北魏 왕조를 수립하고 439년 5호 16국 시대를 종식하며 화북지역을 통일시켰다. 북위 왕조는 비록 유목 민족이 세운 왕조이지만 화북지역의 한족을 지배하면서 선진 문명이었던 한족의 문화를 적극 수용하였다. 기존에는 북위 왕조의 이러한 '한화漢化정책'을 한족 중심적 역사관으로 이해하여 북조의 독자성을 간과하는 경향이 있었지만, 최근에는 유목민족 문화의 고유성을 인정하면서 한족 문화와 융합되는 과정으로 이해하려는 적극적인 시도가 진행되고 있다. 한편 동진 이후 장강 유역에서도 여러 왕조가 이어졌다. 이렇게 황하유역과 장강유역에 왕조가 병존하던 시기를 역사학자들은 '남북조南北朝시대'라고 칭하고 있다. 남북조 시대는 호족들이 점차 문벌 귀족화되었고 불교와 도교가 풍미하였던 시대였다.

581년 북주北周 계통의 수隋나라가 남북조를 통일시키고 다시 통일제국을 수립하였다. 수나라는 균전제, 부병제, 율령제, 과거제도 등의 새로운 제도를 시행하였으나 황실이 3대를 넘지 못하고 단명하였다. 수나라를 이은 당唐은 수의 새로운 제도를 계승 발전시켰다. 형식적으로는 고대 제국 진한秦漢과 유사해 보이지만 중세 제국 당은 매우 개방적이고 포용적이며 국제적인 면모가 돋보였다. 당의 수도 장안은 중세 아프로-유라시아 최대 도시로서 전 세계의 문물이 유통되고 수많은 국가의 사절단, 대상隊商, 유학생, 구법승들이 찾아오는 문명의 센터였다. 특히 당태종 시기는 당의 번영기로서 그 치세였던 '정관지치貞觀之治'는 성세盛世의 상징이 되었다. 그러나 당 중기 안사의 난과 후기 황소의 난 등 연이은 민중반란으로 당은 급격히 쇠퇴하였다.

5. 송宋·명明과 정복왕조

- 송宋(960~1279) : 復古的 漢化. 士大夫의 대두. 文治主義적 한계.
  唐宋變革과 강남 경제의 비약적 발전. 科擧制의 발전
- 요遼(907~1125) : 거란족. 연운16주 경략. 남면-북면관제의 이중통치.
- 금金(1115~1234) : 여진족. 맹안-모극제의 이중통치책. 송을 남으로 축출.
- 남송南宋(1127~1279) : 소중화. 性理學의 발전
- 몽골제국과 원元(1206~1368) : 몽골세계제국(Yeke Mongol Ulus)의 출현
  정복왕조의 정점. 동서교류의 절정. 세계사적 지평의 확대. 다민족, 다문화정책
  서민문화의 발전(소설과 잡극)
- 명明(1368~1644) : 황제독재체제. 紳士層의 확산 강남의 발전. 쇄국정책
  이갑제와 보갑제. 양명학의 발전. 소설문학의 발전
- 청淸(1616~1911) : 만주족왕조. 팔기병과 광대한 영토로의 확장.
  지정은제와 공행무역. 고증학의 발전
  - 1840년 제1차 中英戰爭[아편전쟁]과 근대사의 전개

당 이후 5대 10국의 짧은 혼란기를 거친 후 당 절도사節度使 출신의 조광윤趙匡胤이 송왕조를 개창하였다. 그 자신 일종의 군벌인 절도사 출신이었기 때문에 그는 절도사세력을 견제하고 문관을 중심으로 한 문치주의를 강조하였다. 또한 당대 지배계층이었던 귀족세력들을 대신하여 과거제도를 통해 입관한 신흥사대부를 중용하였다. 송은 특히 강남지방의 농업이 발달하면서 경제가 비약적으로 성장하였다. 그러나 당의 지나친 개방성을 지양하고 복고적인 한족중심의 문화를 일신하였기에 다소 폐쇄적이고 내향적이었으며 군사적으로도 취약하였다. 반면 동시대에 북아시아에는 거란, 여진, 서하, 타타르, 토번 등 유목민족 계

통의 여러 세력이 신장하며 각자의 유목 국가를 수립하면서 송을 압박하였다.

북아시아에서 발원한 거란족은 장성 이남으로 유입하여 산서 지역인 연운16주를 차지하고 요遼나라를 수립하였다. 요나라는 남면南面·북면北面관제 등을 통해 거란족과 한족을 구분하여 통치하는 이중통치책을 시행하였고 자신들의 문자를 고안하여 사용하였다. 이어 여진족도 세력을 확대하여 요나라를 축출하고 화북 전체를 장악하면서 금金나라를 수립하고 송을 축출하여 송은 장강유역에 국한된 남송으로 위축되었다. 금나라도 맹안猛安·모극謀克제 등 맹안모극제 이중통치책을 활용하고 고유문자를 사용하며 자신들의 정체성을 유지하였다. 이전의 중세 북조왕조가 한족 문화에 동화된 측면이 강한 반면 이 시기처럼 고유 문화를 유지하면서 한족의 화북지역 혹은 중국 전역을 정복한 유목 국가들을 역사학자 칼 비트포겔(Karl. A. Wittfogel)은 '정복왕조(Conquest Dynasty)'라고 칭하였다.

그런 점에서 몽골제국은 정복왕조의 정점이었다. 1206년 칭기스 한이 몽골족을 규합하여 강력한 중앙집권적 유목군주에 즉위하면서 몽골 제국은 시작되었다. 이미 칭기스 한 당대에 동아시아에서 중앙아시아와 동유럽에 걸친 대제국을 건설한 몽골제국은 그의 사후에도 정복을 지속하였다. 5대 대칸에 즉위한 칭기스 한의 손자 쿠빌라이는 특히 금나라와 남송을 정복하여 중국 전체를 복속시켰다. 그는 중국을 정복한 후 국호를 중국식으로는 원元이라고 칭하였지만 몽골식 명칭은 여전히 '대몽골제국(Yeke Mongol Ulus)'였다. 몽골제국은 19세기 대영제국의 출현이전까지 역사상 가장 광대한 세계제국이었으며, 이로 인해 적어도 신대륙이 발견되기 전까지 13세기 아프로-유라시아 대륙의 '세계사'적 지평이 확장되었다.

이후 중국에서는 한족이 세운 명明나라가 이어졌지만, 다시 유목민족 계통의 만주족이 세운 마지막 정복왕조이자 전근대 시대 마지막 왕조였던 청清 제국이 수립되었다. 비록 명과 청은 지배민족도 다르고 대외 관계도 달랐지만 사회 경제적으로는 연속성을 많이 지니고 있었다. 특히 한족을 중심으로 한 신사층의 전통이 계승되었다. 청은 강희-건륭-옹정제 등 역사상 가장 뛰어난 군주가 연속 즉위하면서 전성기를 누리고 몽골제국 못지않은 대제국으로 확장하여 오늘날 중국의 영토를 유산으로 남기게 되었다. 청조의 중국은 1840년 영국과의 아편전쟁에서 패배하면서 유럽 열강이 전개한 제국주의 시대에 편입되어 불평등 조약을 맺고 개항을 하였으며 한편 개혁과 혁명으로 점철되는 서구 근대화에 직면하였다. 그리고 1911년 공화제를 지향하는 신해혁명으로 인해 중국은 마지막 정복왕조이자 전통적인 황제지배체제의 종식을 고하고 현대사로 진입하였다.

제3장

중국의 다양한 선사先史 문명

1. 황하유역의 누층적 선사 문명

선사先史(Pre-history)시대는 역사(History)시대를 전제로 한 그 이전시대에 대한 번역어로서, 그 분기점은 문자의 사용 여부이다. 후술하겠지만 문자의 사용은 인류 문명을 획기적으로 전환시킨 큰 변수이기에 선사와 역사를 구분할 정도로 중요함은 당연하지만 선사시대를 비문명 혹은 야만적인 사회로 오인하는 것은 선사시대에 대한 몰이해 때문이다. 어떤 의미에서 약 400만년 넘는 고인류의 기나긴 문명사에서 거의 99.9%가 선사시대였으며 문명의 진보를 위해 지난한 노력이 경주되었던 매우 중요한 여명의 시대였다. 이 시대에 대한 연구는 인간의 본질과 기원을 밝히는데 기여할 수 있는 근원적이며 실존적인 작업이다. 다만 문자가 없었던 시대이기 때문에 역사연구에 많은 어려움이 수반되는데 고고학, 인류학, 신화학 등 통섭적인 학제연구를 통해 상당한 진전이 가능하게 되었다.

앙소문화 강채유적지 복원도

황하유역에서 다양한 선사문명이 누층적이고 집중적으로 발전했다는 점은 20세기 이후 밝혀졌다. 1930년대 하북河北지역의 주구점周口店유적, 섬서陝西-하남河南지역의 앙소仰韶 문화, 산동山東지역의 용산龍山 문화 등의 발견으로 황하유역 선사문명의 실체는 세상에 드러나게 되었다. 특히 앙소 문화를 대표하는 반파半坡 유적지나 강채姜寨 유적지는 인구 약 5~600여명 규모의 집단 거주지 유적으로 1954년부터 발굴을 시작하여 황하 유역 신석기 문화를 밝히는 획기적인 전환의 계기를 제공하였다. 마치 서울의 암사동 유적지처럼 반 혈거식의 가옥터가 밀집되어 있고 미처 성곽을 구축하지 못한 채 해자垓子가 공간을 구획하였던 황하 중류 유역의 대표적인 취락 유적지이다.

그러나 만주사변과 중일전쟁, 그리고 이어진 국공國共내전 등으로 한동안 본격적인 고고발굴은 중단되었다. 1949년 이후 지난 반세기가 넘는 기간 동안 수많은 고고학자와 역사학자들의 헌신적인 노력의 결과 지하에 잠들어 있던 찬란한 선사문명이 다시금 빛을 보게 되었다.

우선 시기적으로는 기원전 5천년 경의 앙소仰韶 문화기를 훨씬 상회하는 기원전 7천년을 전후한 자산磁山 문화와 배리강裵李崗 문화가 황하의 상류와 중류지역에 걸쳐 발굴되었는데, 초기 한전농경旱田農耕의 흔적과 문자이전 단계의 상징이나 도상圖像 부호들, 그리고 다채로운 채색토기들이 다수 출토되었다. 특히 배리강 문화기에 속하는 하남성 가호賈湖 유적에서 발견된 동물의 뼈로 제작된 정교한 피리[骨笛]는 중국음악사에 새로운 전기를 제시해주었다. 공간적으로도 황하 상류에서 하류까지 광범하게 앙소문화가 분포되었음이 확인되었는데, 섬서형의 대지만大地灣 앙소문화, 마가요馬家窯 문화, 앙소 반파 문화에서 하남형의 앙소 묘저강廟底溝 문화가 발견되었다. 뿐만 아니라 산동지방에서도 용산 문화기에 선행하는 신석기문명이 발견되었는데, 앙소 문화기와 비슷한 시기의 북신北辛 문화에 이어 대문구大汶口 문화의 발견은 중국 선사문명 연구에 새로운 패러다임을 제시하기에 이르렀다.

황하유역의 선사문화와 관련하여 반드시 언급되어야 할 쟁점이 초기 앙소 문화에서 출토된 채색彩色 토기의 문제였다. 근대적인 고고발굴에 일천했던 1920년대에 공동연구를 통해 중국학계에 일조했던 일군의 서양학자들 가운데, 스웨덴의 지리학자이자 고고학자였던 안데르손(Johan Gunnar Andersson, 1874~1960)은 특히 앙소 유적지 발굴에 큰 기여를 하였다. 그러나 일원론적인 문명전파설이 풍미하던 당시 학계에서 앙소 유적에서 출토된 대량의 채도彩陶들은 서구인이었던 안데르손의 시각에서는 어디까지나 소아시아 근동지방 토기의 아류로 보였던 것 같다.

양소문화를 대표하는 인면어신人面魚身 문양의 채도彩陶

심지어 갑골문도 메소포타미아의 설형문자의 영향으로 보았던 서구학자들은 동아시아 선사문명의 독자성을 인정할 수 없는 분위기가 지배적이었다. 오리엔탈리즘으로부터 자유롭지 못했던 그들에게는 지중해와 근동지방이 아프로-유라시아 대륙 문명의 중심이자 보편적인 것이었으며, 문명은 그 중심으로부터 주변부와 대륙의 변방으로 시간적인 차이를 보이면서 단선적으로 전파되었다고 보았다. 그런 관점에서 동아시아는 문명의 변두리에 불과했으며, 서방으로부터 전래된 선사문명을 변용한 것이었다는 결론에 이르렀다. 이러한 입론이 오랫동안 통용되었던 것은 앙소 문화의 채도가 근동의 채도와 매우 흡사했던 점도 한 요인이었지만, 당시 중국 학계가 이러한 시각에 반박할 새로운 담론이나 구체적 물증을 제시하지 못했기 때문이었다. 결국 이 문제는 사회주의 신정부의 과제로 남게 되었다.

이러한 일원론적인 문명전파설이 입증되기 위해서는 가장 중요한 검증이 요구되었다. 즉 보다 황하중류 유역에서 서쪽으로 갈수록 앞선 시기의 채도가 발견되거나, 또는 하남지역보다 동쪽으로 갈수록 후대의 채도가 계통적으로 출토되어야 했다. 그러나 지난 반세기간에 걸쳐 황하유역의 광범한 지역에서 통시적으로 발견된 다양한 채도는 기존의 학설을 근본적으로 뒤집는 것이었다. 서방에서 일방적으로 전래되었다고 보기에는 황하유역 채도의 연대가 기원전 6~5천년 경까지 소급되었으며, 계통적으로 전래되었다고 보기에도 너무 다원적이었다.

황하유역의 다양한 채도彩陶

대표적인 경우가 산동지역 대문구大汶口 지역에서 출토된 채도들로서 이 가운데에는 앙소문화 하한연대보다 앞선 시대의 채도를 포함하고 있었다. 뿐만 아니라 하남지역 앙소문화보다 후대에 속하면서도 서쪽 감숙甘肅 지방에서 발견된 기원전 4천년경의 마가요馬家窯 문화나 기원전 2천5백년 이후에 해당하는 제가齊家 문화 등에서도 채도가 출토되어, 채도를 통한 단선적인 계보는 이제 성립하기 어렵게 되었다. 비단 채도만이 아니라 여러 유물의 양상에서 복잡하고 다원적인 선사문명이 누층적으로 발전했음이 오늘날 학계의 결론이다.

앙소문화기를 지나 황하유역의 중심문화로 자리잡은 것은 용산龍山문화기이다. 기원전 2천5백에서 약 천여년 동안 풍미했던 용산문화는 초기에는 산동지방을 중심으로 발굴되었지만 이후 하남형과 섬서형의 용산문화, 그리고 최근 주목받는 산서山西 양분襄汾의 도사陶寺 유적의 발견으로 산서용산문화로까지 불리는 광범한 용산문화권이 신석기 말기 황하유역의 주류문화로 발전했음이 확인되었다. 그리고 용산문화기는 바야흐로 선사에서 역사, 석기시대에서 청동기문명, 그리고 곧 초기 국가의 등장이 임박했음을 알리는 중요한 전환기였다.

2. 장강長江 유역의 선사 문명

1949년 사회주의 정부 수립 이후, 중국의 고고발굴은 놀라운 성과를 거둠으로써, 한편으로는 황하유역 중원문명의 구체적 실체는 물론 또 한편으로는 비중원지역의 새로운 문명들이 속속들이 그 실체가 드러나기 시작했다. 대부분의 유적들은 멀지않은 곳에 크고 작은 하천에 근거를 두고 있었는데, 1950년대 이후 중국의 전 대륙에 걸친 독자적인 고고발굴의 결과 황하의 상·중·하류유역, 장강의 상·중·하류유역의 대하천 유역은 물론 요하遼河 주변지역, 장강 이남 지역, 몽골의 초원지역에 걸친 다원적인 선사유적지가 발굴됨으로써 중국 선사문명의 다원성이 입증되었음은 고대 중화관념을 무색케 하는 것이었다.(표 1 참조)

표 1. 중국 주요 선사문명의 분포(괄호는 기원전 천년단위 연대)

	상 류	중 류	하 류
북방초원北方草原·동북지역東北地域			앙앙계昂昂溪 문화 (5-4) 홍산紅山 문화 (3.5-2.5) 하가점夏家店하층 문화 (2.5-1)
황하黃河 유역	대지만大地灣 제1기 (5.5-4.5) 대지만앙소仰韶 문화 (5-4) 마가요馬家窯 문화 (3.5-2.5) 제가齊家문화 (2.2-1)	자산磁山·배리강裵李岡 문화 (6-5) 앙소반파仰韶半坡 문화 (5.5-4) 앙소묘저강廟底溝 문화 (4.5-3.5) 하남河南·섬서陝西 용산龍山 문화 (2.5-1.5) 이리두二里頭 문화 (1.8-1) 이리강二里岡 문화 (1.5-1)	북신北辛 문화 (5.5-4) 대문구大汶口 문화 (4.5-2.3) 산동용산山東龍山 문화 (2.5-1.3) 상商 중·후기 (1.5-1)
장강長江 유역	팽두산彭頭山 문화 (7.5-6) 삼성퇴三星堆 문화 (1.5-1)	선인동仙人洞 문화 (8-6) 대계大溪 문화 (4.5-3) 굴가령屈家嶺 문화 (3.5-2.5) 반룡성盤龍城 (상商중기1.5-1)	하모도河姆渡 문화 (5.5-4.5) 마가병馬家浜 문화 (4.5-3) 양저良渚 문화 (3-1.5)
화남華南 지역		석협石峽 문화 (2.5-1.5)	

그런데 이처럼 중국고고학계의 성과로 고대 선사문명의 다원성이 입증되었음에도 불구하고, 오늘날 중국이 황하유역의 선진성에 대해서는 오히려 더욱 그 입론을 강화해갔음은 역설적이다. 이러한 과정은 전장에서 검토했듯이 이미 수천 년간 진행되어온 결과이며 특히 진한秦漢 제국의 출현은 결과적으로 황하유역의 장안長安과 관중關中지역을 역사의 중심으로 고착화했다. 이러한 과정은 이미 화북華北 문명의 시조인 황제黃帝를 동아시아문명의 시조로 삼는 신화의 조작에서부터 시작되었다. 그러나 이것은 단순히 한족漢族의 신화적 역사조작에 머무르지 않고, 역대 중국은 물론 오늘날까지 중국과 주변 동아시아지역의 고대역사에도 적극적으로 활용하고 있다는 점이다. 특히 최근에 중국역사학계에서 벌어졌던 하夏·상商·주周 단대공정斷代工程이나 황제黃帝·염제릉炎帝陵의 성역화聖域化, 그리고 한반도 고대 역사와 뚜렷한 사관의 차이를 보이는 동북공정東北工程 등도 이러한 경향과 무관하지 않다. 오늘날의 근대 국민 국가적 관점에서 고대문명을 이해하는 것은 대단히 위험하며, 동일한 논리로 황하유역에 국한된 고대 '중원' 문명을 오늘날 중국의 영토로 확대하여 고대문명의 다원성을 자기역사화 또는 자기문명화하는 것은 명백한 과학적 오류이다. 때문에 우선 동아시아 제 지역의 고대문명의 각 특성에 대한 상세한 검토가 선행되어야 한다. 중국 측의 고고발굴은 물론 한반도 제 지역의 발굴보고와 함께 연계하여 폭넓고 종합적인 시각으로 동아시아 문명을 견지해야 한다. 그런 관점에서 비황하유역의 선사문명, 특히 장강유역의 선사 문명가운데 주목할 만한 유적을 보자.

장강유역이 본격적으로 역사에서 주목받기 시작한 것은 초楚, 오吳, 월越 등이 중원을 위협하는 강대국으로 성장하는 춘추시대였다. 또한 삼국시대에 손씨孫氏 정권이 이 지역에 근거하며 대규모 인구이동과 생산력이 발전되었던 것도 상식이 되었다. 그러나 그 이전 남방문명의 젖줄이자 요람인 장강유역의 역사에 대해서는 구체적으로 알려진 바가 거의 전무한 채 그 실체는 베일에 싸여 있었다. 그러나 사회주의 신중국 이후 이제 장강문명의 실체도 서서히 드러나게 되었다.

그 가운데 지난 1973년에 발굴된 기원전 5000년경으로 추정되는 장강 하류유역의 하모도河母渡 문화는 비중원非中原 지역의 신석기 문화를 대표하여 주목받았다. 적어도 현재까지 동아시아 수도작水稻作 문화의 기원지로 알려져 있는 하모도 문화는 한반도와 일본에까지 선진적인 수도작 농경문화를 전파한 지역으로 알려져 있다. 연중 온난하고 강우량이 풍부한 이 지역의 기후조건은 쌀농사가 발전하기 적합하였으며, 이 수도작 문화는 이후 중위도지방의 한반도와 일본으로 중부와 북부 지역으로 전파되었다고 한다.

양저문화 옥종과 신면 문양

기원전 3천여 년으로 소급되는 장강하류의 양저良渚 문화도 주목할 만하다. 이미 화북지역의 고고유적을 통해 고대 동아시아인들이 옥玉을 숭상했음은 알려져 왔으나 양저 문화에서 출토된 대규모 옥기玉器들은 그 규모나 형태에서 이례적이었다. 대표적 옥기인 옥종玉琮에 표면된 신면神面 문양들은 당시 사회가 신정新政정치를 운용했음을 시사하고 있다. 이밖에도 장강상류의 대계大溪 문화, 중류지역의 마가병馬家浜 문화 등도 발굴됨으로써 장강이 고대 선사문명의 또 하나의 축이었음이 확인되었다.

3. 요하遼河 유역의 홍산紅山 문화

요하 유역 또한 비중원 지역의 신석기 문화를 대표하는 곳이다. 오늘날은 중국의 영토에 속하지만 청대 이전까지는 중원 문화권과는 다른, 전형적인 동이東夷 계통의 문화였다. 오늘날 요녕성 요하 유역은 1980년대 이후 본격적인 발굴이 진행되어 독자적이며 매우 이례적인 유적과 유물이 발견되었다. 특히 신석기 유적을 통해 신전神殿은 물론 숭배 대상인 신상神像, 그리고 신과 인간의 매개자인 제사장 등 제사공동체의 복합성을 잘 보여주는 유적이 우하량牛河梁 유적지와 동산취東山嘴 유적지로 대표되는 홍산紅山 문화 유적이다. 흥륭와興隆窪 문화의 계승으로 보이는 홍산 문화 유적지에서 신전 유

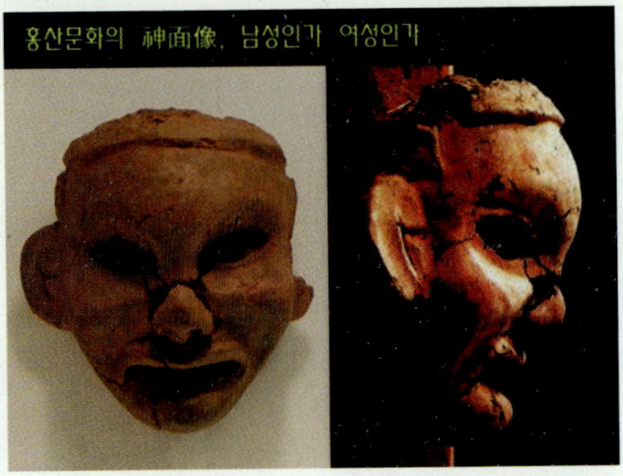

홍산문화 출토 여신상女神像 일부

적지는 물론 여신女神으로 추정되는 신상神像이 출토된 점은 매우 이례적이며 흥미롭다. 아마도 이들 유적은 복수의 여러 씨족이 공동으로 참여하여 농경의 풍요와 부족의 번영을 기원하기 위해 대지모大地母로 상징되는 여신의 제사를 봉헌하는 공간이었을 것으로 추정된다.

뿐만 아니라 주변 적석총積石塚의 발굴을 통해 성소聖所의 주재자이자 신정神政 정치의 정점에 있었던 제사장으로 추정되는 묘주의 유골과 부장품들도 출토되었다. 즉 우하량 유적 제5지점 제1호 대형 적석총에는 똑바로 하늘을 보고 온전하게 안장된[仰身直肢] 1인 여성 묘주의 유골이 발견되었다. 그녀의 머리는 동쪽으로 향하고 있었으며 그녀의 신체를 둘러싸고 7건의 옥기玉器

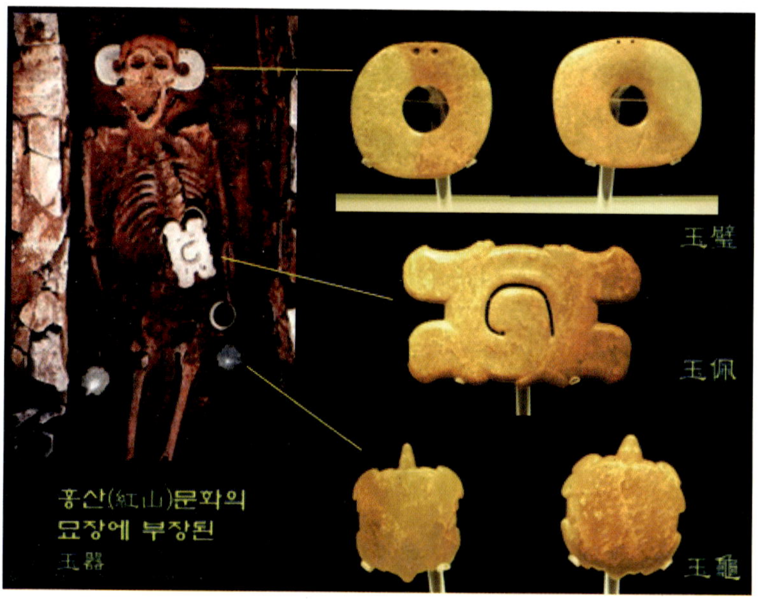

우하량 대형묘의 유골과 옥기(좌). 요녕성박물관에 전시되어 있는 옥기(우)

가 부장되어 있었다. 옥기가운데에는 대형 옥벽玉璧이 유골의 좌우 귀 부분 머리맡에 부장되어 있었는데, 마치 거대한 귀를 과장되어 표현하는 듯하여 제사장인 묘주의 성인聖人적 총명聰明함을 분식하고 있는 것 같다. 그녀의 지위와 신분을 표상하는 대형 옥패玉佩, 그리고 사후세계로 그녀를 인도하는 듯한 옥구玉龜도 좌우의 손바닥에 한 쌍이 부착되어 있어 주목된다.

여타 중국대륙에 걸쳐 동시다발적으로 병존하며 발전했던 신석기시대 유적에서 대량의 부장품과 함께 매장된 묘주들도 대체로 초기사회의 수장급 제사장들로 보는 것이 타당하며, 이들의 권력 수단이자 통치의 기제가 제사권과 직결되었음은 거의 확실하다.

이상 황하, 장강, 요하 등 대표적인 대하천을 중심으로 선사시

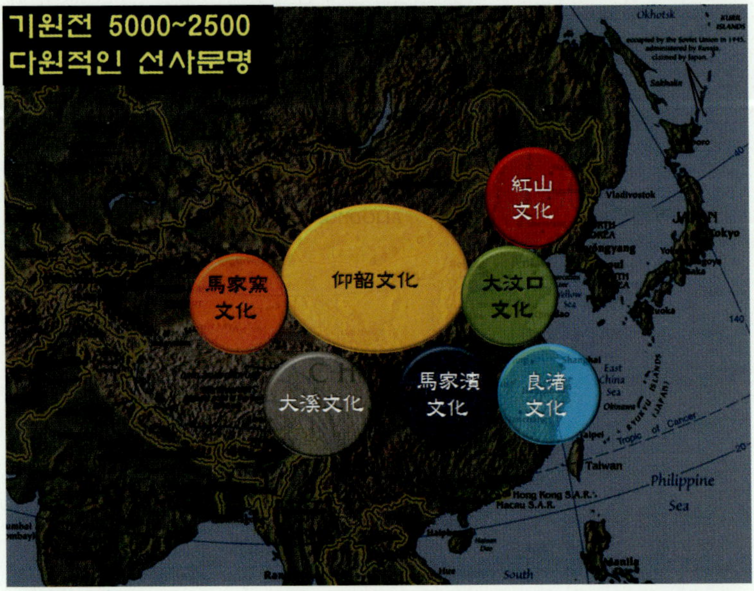

신석기 중기의 다양한 문화

대의 유적들을 검토해 보았는데, 결론적으로 말하면 중국 전 대륙에 걸쳐 다양한 신석기 문명이 동시다발적으로 병존하며 발전하였다는 것이다. 비유하자면 선사문명의 양상은 '문명이라는 장도의 마라톤'에서 여러 선수들이 일군一群을 이루고 비슷하게 무리지어 출발하는 스타트라인에 비유할 수 있다. 마라톤의 초반을 지나면서 여러 문명들이 일순 그룹핑을 이루며 선두, 중간, 그리고 후진 그룹으로 나뉘기 시작하더니, 반환점을 넘자 완연한 선두그룹이 형성되고 후진그룹과의 격차는 더욱 벌어졌으며 그 가운데에는 낙오되어 탈락한 선수들, 즉 사라져가는 문명들도 양산되었다. 마라톤 선수 개인들의 선천적인 역량, 후천적인 노력과 연습, 당일의 컨디션, 혹은 레이스의 전략 등 다양한 요인들이 있을 수 있듯, 여러 문명이 노정하는 격차에는 다양한 요인이 작용하였을 것이다. 이를테면 황하유역에서 발전했던 하夏·상商·주周 초기국가들은 중국 전 대륙에 걸쳐 무리지어 출발했던 다원적인 선사문명 중에서 단연 선두권을 형성했던 역사체임이 분명하다. 그렇다면 이들 초기 왕조들이 다른 지역에 비해 상대적으로 선진문명에 진입할 수 있었던 요인은 무엇이었을까.

제4장

초기 국가의 출현과 통치의 기제

: 제사, 청동기, 전쟁

1. 고대 국가의 출현

황하 문명의 선진성에 중요한 전환점이 되었던 것은 황하유역에서 발원하여 교체 발전했던 하夏·상商·주周 등 초기 왕조의 출현이다. 전술했던 다원적인 선사문명은 황하유역만이 아니라 낙하洛河, 위수渭水, 장강長江, 란창강蘭滄江, 주강珠江, 회하淮河, 요하遼河 등 여타 대하천과 그 지류의 유역에서도 동시다발적으로 공존하고 발전했음이 밝혀졌다. 앞서도 비유하였지만 그것은 마치 문명이라는 장도의 마라톤에 여러 신석기 문화권의 역사체들이 출발선상에 비슷하게 무리지어 출발하는 것과 같았다. 분명한 것은 그 많은 신석기 문화군 가운데 단연 황하유역의 문명들이 선두그룹을 이루며 결국 하·상·주 초기국가들을 수립하였다는 사실이다.

황하유역에서 출현한 초기 국가 하夏·상商·주周

사회주의 신정부이후 밝혀진 것이지만, 하남 언사偃師의 이리두二里頭 유적이나 하남 등봉登封의 왕성강王城崗 유적 등은 전설상의 하夏 왕조의 유적들로 추정되는 곳이다. 아직 문자적 증거가 발견되지 않음으로써 이들 유적이 정말로 하夏 왕조인지 세계 학계로부터 공인받고 있지는 못하지만 적어도 상商 문명에 선행하는 문명의 실체란 점은 분명해 보인다. 때문에 이들 유적을 '선상문명先商文明(Pre-Shang Civilization)'의 일부로 보는 조심스런 입장도 있지만, 중국학자들의 기본 입장은 ≪사기史記≫에 근거하여 '상商에 선행하는 문명이라면 하夏가 아니고 무엇이겠는가'라며 하 왕조의 실체로 확신하는 분위기이다. 이들 지역과 더불어 비슷한 시기 공존했던 상 왕조의 초기 유적에 해당하는 하남의 언사상성偃師商城이나 정주상성鄭州商城 등도 잇따라 발견됨으로써 초기왕조의 형성은 기원전 2천년 전후까지 소급되었다. 어쨌든 이들 유적은 이미 대규모 성곽으로 구성된 도시국가를 이루고 있었으며, 토목공사에 동원되었던 대규모 노동력을 조직하고 운용했던 강력한 권력이 등장했고, 이를 뒷받침하는 왕궁터의 발견, 이 사회를 운영하는데 주효했던 제사의례祭祀儀禮의 흔적들, 그리고 비록 조야한 수준이지만 이리두 유적에서 이미 청동기靑銅器가 발견되었던 점은 매우 주목할 만한 요인들로 보인다.

이러한 초기왕조의 성격을 분명하게 확인할 수 있었던 획기적인 계기는 물론 은허殷墟 유적의 발견이다. 1920년대 후반 하남성 안양시安陽市 소둔촌小屯村에서 고대 전설상의 왕조 상商 후기의 수도, 즉 은허 유적이 발굴되면서 나일강, 티그리스-유프라데스강, 인더스강 등의 대하천문명에 비견되는 황하 문명의 실체가 드러났음은 익히 알려진 바이다. 이들 아프로-유라시아의 고대 문명들은 계절의 변화가 분명한 중위도지방에 분포하고 있었으며, 대하천 주변에서 발원했고, 성곽도시의 공간에서 신정神政 정치적인 권력이 전쟁, 청동기, 그리고 문자 등을 통치의 기제로 활용했음이 공통적으로 확인되었다.

2. 초기 국가와 제사공동체

중국의 고대국가가 제사공동체에 기반하였음은 주지의 사실이다. 제사란 개인이나 공동체의 안녕과 번영을 신에게 축원하는 행위이자, 신과 인간 혹은 천지가 교호하며 소통하는 성스러운 장이었다. 제사의식이 거행되기 위해서는 몇 가지의 전제조건이 요구되었다. 첫째, 신이 강림하는 공간이자 제사 참여자를 수용할 수 있는 신전과 같은 성소聖所가 필요하고, 둘째, 신과 인간을 매개하며 제의를 주재主宰하는 무巫·축祝·악樂·사史 등의 제사장이 요구되었다. 셋째, 신에게 봉헌할 희생犧牲이 반드시 수반되었으며, 넷째, 신에게 봉헌할 공물과 희생물을 담는 제기祭器도 매우 중요하였다. 특히 청동의 주조鑄造 기술이 적용되면서 상대商代를 전후하여 제기祭器는 더욱 정교하게 발전하였으며, 청동 제기는 점차 이 제사의식의 핵심으로 자리 잡게 되었다. 기존의 문헌은 물론 갑골문甲骨文과 청동 금문金文, 그리고 고고 유물 자료는 제사공동체에 필요한 이러한 모든 요소를 입증해주고 있다. 그러한 양상은 이미 앞서 검토하였듯이 선사 시대 신석기 유적에서도 충분히 확인할 수 있었다. 그러나 초기 사회의 제사에 참여한 사람들이 누구였으며, 제사의 대상이 구체적으로 무엇이었고, 그러한 제사의식이 통치에 왜 필요하였는지에 대해서는 여전히 의문이 제기될 수 있다. 이러한 의문에 대한 실마리를 본격적으로 풀 수 있었던 계기는 역시 상대 은허유적의 발굴과 갑골甲骨 복사卜辭의 해석이 진전되면서였다.

1926년 발굴 이래 현재까지 은허유적에서만 약 14만 여 매의 갑골편이 출토되었고 거기에 기록된 복사는 동아시아 최초의 문헌자료이자 초기 왕조사회를 해명하는 열쇠와도 같다. 이들 내용 대부분이 제의와 관련된 주술적 의식의 과정을 기록한 복사였다는 점은 바로 고대사회의 성격을 단적으로 시사한다. 장광직張光直의 말을 빌리면 이들 복사는 크게 ① 농경과 풍요, ② 국가와 왕의 일상, ③ 전쟁, 사냥, 왕의 이동 등의 대외활동, ④ 왕실 가족의 생로병사는 물론 자연의 서상길흉瑞祥吉凶 현상 등에 대한 해석의 내용으로 분류할 수 있다고 한다. 또한 갑골에 의하면 상족商族은 조상신은 물론 애니미즘(animism)적인 자연숭배 의식도 강하여 하늘과 땅, 태양과 달, 수많은 별자리와 지상의 산천, 바람과 비 그리고 심지어 번개와 비 등 여러 자연을 신적 존재로 인식하고 제사를 봉헌하였다.

종합하면 상 왕조는 왕의 일상을 포함하여 거의 모든 국가대소사를 제의와 신탁에 의존했던 일종의 '신인공동체神人共同體'에 가까운 사회였음을 반영한다. 경외롭고 신비로운 대자연은 고대인들에게는 여전히 영험한 신의 세계로 비춰졌으며, 그러한 자연에 절대적으로 영향을 받는 한 그들은 신과의 호혜적인 소통과 공존이 중요했을 것이다.

그러나 이러한 결과를 근거로 고대국가가 전적으로 주술과 신탁에만 의존하였다고 단언할 수는 없다. 그들은 자연의 주기적 변화에 민감했으며 십진법에 기초하여 비교적 정확한 천문역법을 활용했고, 방대한 노동을 집약하면서도 정교한 토목건축을 통해 배수시설을 갖춘 둘레 약 7km의 거대한 성곽도시 정주상성鄭州商城을 구축했으며, 당대 유라시아 최고의 야금술을 통해 찬란한 청동기를 제작하고 있었다. 즉 그들도 당시의 모든 지식과 축적된 경험을 활용하여 국가대소사를 합리적으로 운영하였다. 그럼에도 불구하고 중요한 결정의 순간에서 제사와 신탁의 과

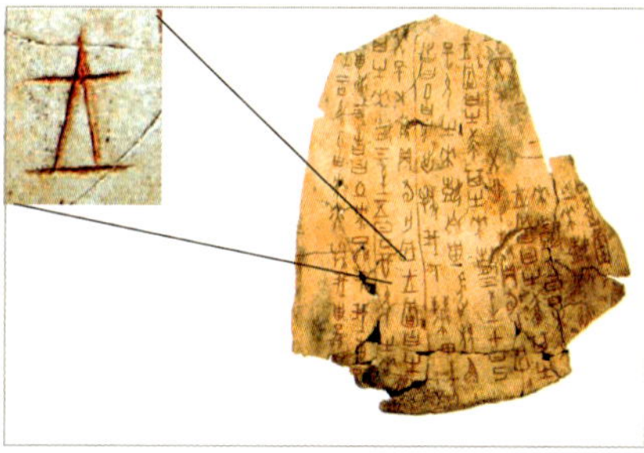

갑골 복사에 빈번히 등장하는 왕王

정을 거쳤다는 점이 중요하다. 실제 적잖은 복사에서 점복을 통해 신탁을 구하는 주체가 곧 상의 군주인 왕 자신이었다는 점은 왕이 세속적 군주이자 제사장을 겸한 무축왕巫祝王(Shaman-King)이었음을 입증한다. 많은 연구자들이 동의하듯 제사의식은 신인神人을 매개하는 상왕商王에게 종교적인 신권神權을 부여함으로써 복수의 씨족을 통합하고 세속적인 권력을 강화시켜 주었을 것이다. 따라서 이미 상대에 이르면 이러한 제사의식의 최대 수혜자는 왕 자신이었다. 그러나 양계兩系의 왕족집단에서 격세隔世로 왕위가 계승되기도 하였고, 주변 방읍方邑과의 동맹체제는 항상 유동적이었기에 상 왕조가 다섯 차례에 걸쳐 천도遷都하였다는 기사들은 상대의 왕권이 여전히 제한적이었음을 시사한다.

그런 점에서 상제上帝로부터 받은 멸은滅殷의 수명受命을 통해 소위 은주혁명殷周革命을 완수한 주周의 문文·무왕武王이 그 권위의 근거를 천天에 귀속시킨 점은 단순히 정당성 확보이상의 의미를 주왕에게 부여하였다. 주왕周王은 하늘의 상제上帝를 대신하여 하늘아래 모든 세상을 지배할 수 있는 권위체, 즉 '제천하帝天下'의 구현자가 되었으며 주족周族은 지상의 제후諸侯의 수장首長을 초월하여 天의 후손으로 규정됨으로써 주왕은 상제의 계승자인 '천자天子'가 되었다. 기존 ≪상서尙書≫에 산견하는 주周의 수천명극상受天命克商의 고사는 일찍부터 정립되었음이 출토유물을 통해 확인되었다. 가령 1965년 섬서성陝西省 보계현寶鷄縣 가촌원贾村塬에서 출토된 청동기 하존何尊의 명문('肆文王受兹大命, 唯武王旣克大邑商')이나 천망궤天亡簋, 대우정大于鼎, 사장반史墻盤, 모공정毛公鼎 등 여타 서주 청동기와 그 금문金文들은 이미 성왕 전후한 시기부터 수명천자로서의 주왕의 권위와 주왕조의 정당성이 분식되고 있었음을 분명히 제시하고 있다. 주周는 혈연적 친소에 따른 종법질서를 통해 왕실의 계승권을 안정시키고, 상商의 봉건제도를 보완하여 제후와의 관계도 공고히 했으니 이 모든 권위의 명분도 천명天命으로 환원하였음을(모공정毛公鼎, "丕顯文武, 皇天引厭闕德, 配我有周, 膺受大命, 率懷不廷方, 亡不閈于文武耿光") 이들 금문金文은 분명히 보여주고 있다. 이는 자연스럽게 여러 신 가운데 천신天神의 우위가 확실해졌음을 예고하는 것이었으며, 주왕周王은 응당 '천실天室'에 대한 제사를 올림으로써 천자로서의 역할을 다하였던 것 같다.(천망궤天亡簋, "王祀于天室, 降, 天亡佑王")

이 제천의식이 처음부터 태산泰山에서 거행되었는지는 정확치 않지만, 적어도 전국戰國시대를 전후하여 수명왕자受命王者는 태산에 올라 제천의식을 올리고 그 배사配祀로서 지신地神에게도 제사를 거행하는 봉선封禪의식이 정립되기 시작했던 것 같다.(≪사기史記≫, 권28, 봉선서封禪書) 그러나 봉선의식이 왕권의 권력과 결합되며 중요한 통치의 기제로 작용하기 시작한 것은 역시 진시황제秦始皇帝(재위 기원전 247~210)로부터 비롯되었는데, 이에 대해서는 이후 장에서 다시 논의하기로 하자.

3. 제사와 청동기

은허 유적을 통해 확인된 상의 문명을 압축하여 표현한다면 '고도의 청동기문명'이라고 단언할 수 있다. 청동기문명에 진입했다는 것은 문명사적으로 어떠한 의미를 갖는 것일까. 석기와 금속기는 고대 문명에 어떠한 변화를 초래하였을까. 단순한 소재의 전환을 의미하는 것일까. 그리고 고대 중국에서 청동기는 무슨 용도로, 어떠한 역할을 하였을까. 물론 기존의 수많은 선학들의 연구로 적잖은 답변이 제시되었지만 여전히 이 문제는 중요한 연구과제로 남아있다. 아마도 자연에 노출되었던 동이나 금은을 발견했던 고대인들은 이들이 돌과는 '다른' 고형 물질임을 알았을 것이다. 특히 이들 광물은 열에 민감했는데, 장시간 고열을 받으면 액화되어 외형의 변형이 자유롭다가, 식으면 변형된 형태로 다시 고형화되었다. 물론 오늘날에도 손색없는 도구로 사용될 수 있을 정도로 섬세한 신석기시대 마제磨製석기들이 발견되고 있지만, 액화상태에 그 전성展性과 연성延性이 높은 금, 은, 동은 돌과는 차원을 달리하는 형태로 변형 가능한 신소재였다.

미르치아 엘리아데(M. Eliade)의 연구에 의하면 금속과 관련하여 여러 문명에 흥미롭고 성스러운 신화가 많이 전해지고 있다고 한다. 금속은 지상에 없던 천상의 물질이었다거나, 우연히 혹은 신의 의도에 따라 운석처럼 땅에 깊이 심어 놓은 하늘의 정수精髓라고도 하며, 땅속 깊은 곳에 매장된 금속은 대지모大地母의 품속에서 오랜 시간 수태되고 배양되어 성숙되면 완성태인 황금이 된다는 것이다. 물론 이러한 신화는 훗날 유럽에서 연금술의 모티브가 되기도 했는데, 때문에 황금이 되기 이전 단계의 미성숙된 여러 금속을 인간이 채취하는 것은 천지자연의 교호交互과정을 훼손하는 불결한 행위이므로 금기되었다고 한다. 고대 사회에서 금속을 다룰 수 있는 자는 반드시 정화淨化의식을 거쳐 신명神命을 받은 선택된 자이므로 때론 비범함이 분식된 불구자이거나 대개는 극소수의 남성 지배계층에 국한되었다. 그리스 신화로 표현하면 그것은 불과 금속의 신 절름발이 헤파이스토스의 영역인 것이었다.

금속에 대한 이상의 신성관념도 한몫했지만, 우연히 자연에 노출된 금속이 아니라면 실제 이 물질을 이용하기 위해서는 안정적인 동광銅鑛의 확보, 대규모 원석의 채취, 고온의 열에너지, 주조와 문양을 새겨 기물을 제작할 수 있는 기술력과 장인匠人의 확보 등 복잡하고 지난한 과정이 결합되어야 하였다. 동광은 어디에나 있는 것이 아니었으며, 흙과 돌이 섞여있는 원석을 채취하는 것은 막대한 노동력이 없이는 불가능한 것이었다. 단 1kg의 구리를 얻기 위해서는 때론 수 십 kg의 원석을 채취해야 했으며, 이 원석을 1,100℃ 이상의 열에너지로 장시간 가열하기 위해서는 다시 수백 kg의 땔감이 확보되어야 하였다. 이 정도의 고온에도 균열되거나 파괴되지 않으면서 섬세한 문양을 새길 수 있는 주조 틀을 제작하기 위해서는 밀도와 점도가 높은 양질의 황토가 대량으로 필요한데 이 점에서 황하유역은 천혜의 조건이었다. 그러나 문제는 또 있었다. 일견 금속이 돌보다 강할 것이라고 생각되지만, 주지하다시피 금은은 물론 구리도 실제 돌보다 내구성이 취약하며, 구리는 쉽게 산화되어 녹이 슬면 무용지물이 되었다. 즉 단순히 금속이 곧 돌을 대체하거나 극복할 수 있는 우월한 물질이라는 것은 단견이다. 여기서 고대인들은 합금의 주조라는 놀라운 기술적 진보를 이루게 되었다.

고대 장인들은 고열로 액화된 구리에 첨가물을 섞어 새로운 물질을 만들어내게 되었다. 구리의 높은 전성과 연성을 유지하면서도 내구성을 제고시키고, 식는 과정에서 균열되는 수없는 시행착오 끝에 드디어 구리와 주석이 약 8:1을 유지하는 황금 비율의 합금인 청동을 만들어 낸 것이다. 이후 제기, 병기, 악기 등의 용도에 따라 주석의 함량을 달리하고 소량의 납과 아연 등을 혼합시켰다. 자연물에 '물리적' 변화를 가하여 사용하던 기존의 목기木器, 석기石器, 골기骨器, 옥기玉器, 그리고 단순한 금속을 초월하여 청동은 인간의 자유의지와 노력으로 '화학적' 변화로 창조해 낸 새로운 합금이었으며, 그 과정은 신의 영역에 인간이 접근한 과학의 위대한 진보였다. 그러나 더욱 중요한 것은 이상의 모든 과정을 조직화해낸 권력의 출현이다. 이 과정을 통해 완성된 청동기는 당시의 부와 권력, 노동력과 기술력의 결정체이며, 희소가치가 매우 높은 보물이었으므로 청동기를 제작해내고 소유하며 때론 이를 분배할 수 있는 것은 최고의 권력자만이 가능하였다. 즉 초기 국가에서 청동기는 권력과 통치기제의 총아가 되었다.

그렇다면 황하유역의 고대 중원지역에서는 청동기로 주로 무엇을 제작하여 통치의 기제로 활용하였을까. 일견 청동무기로 무장한 문명이 석기문명을 정복하였다거나, 청동 농기구를 통해 생산이 비약적으로 증가하고, 야금冶金과정에 여성을 배제함으로써 남녀의 분화를 촉진하여 더욱더 남성중심사회로 재편되었을 것으로 추론할 수도 있다. 물론 이러한 양상은 중국도 예외는 아니었다. 그러나 오늘날 황하유역을 중심으로 출토된 상주商周 시기 청동기의 압도적인 다수를 점하는 것은 놀랍게도 청동 제기祭器들이었다. 고대 중국 사회가 제사공동체이자 군사공동체임은 주지의 사실이지만, 당대의 인적·물적 자원과 기술력이 응집된 청동기의 주 용도가 제사 용기였다는 점은 중국의 초기국가의 성격을 단적으로 시사한다. 전술했듯이 제사의식의 핵심은 신을 위해 준비한 희생제물(sacrifice)의 봉헌이었으며, 이 제물이 초기 사회 기술의 총아인 청동기에 담기면 이제 청동기는 단순한 기물이 아니라 신과 교통하는 성스러운 수단이 되는 것이었다. 오늘날 출토된 대규모의 청동 제기와 심지어 제사 희생을 위해 봉헌된 대량의 인신공양人身供養의 흔적은 황하유역의 왕조가 얼마나 제사의식에 국가적 역량을 집중하였는지를 적나라하게 보여준다.

청동기의 표면에는 도철饕餮, 비肥, 기夔, 용龍, 봉황鳳凰과 같은 신수神獸나 혹은 불꽃이나 번개같은 섬세하고 다양한 문양들이 각주되었다. 장광직張光直의 주장을 빌면 이러한 문양들은 신과 소통하기 위한 신력神力의 표현이었을 수 있다. 즉 그것은 장인의 주관적인 탐미의식의 결과라기보다는 주술적인 목적이 중요하였다는 것이다. 그럼에도 불구하고 그 찬란하고 정교한 문양이 고대 청동 예술의 정점이었음을 부정할 수는 없다. 하夏의 시조 우禹임금이 주조하였다는 '구정九鼎'의 전설이나 춘추시대 초

왕권의 상징, 청동제기 정鼎 (상대商代)

장왕楚莊王의 '문정問鼎' 기사, 시황제가 2차 순행 중 사수泗水에서 찾고자 했던 '주정周鼎'의 고사 등에서 알 수 있듯이 청동기 가운데 가장 큰 정鼎은 곧 권력의 상징이었다. 일국의 멸망은 곧 종묘사직의 파괴를 통한 제사권의 박탈을 의미하는데, 그 멸滅의 핵심은 곧 청동 제기를 파괴하거나 녹여 없애버리는 것이라는 해석은 충분히 타당성이 있어 보인다.

이처럼 소중한 청동제기는 아무나 소유할 수 없었으며, 상주商周의 왕을 비롯한 극소수의 지배계층의 전유물이었음은 당연하였다. 주지하는 바와 같이 봉건제도는 왕이 제후에게 채읍采邑을 하사하여 세습적인 관리를 위임하고, 제후는 왕에게 제사와 군사적 의무를 수행하는 쌍무적인 권력 분배 체계였다. 이 봉건제도는 주대周代에 이르면 혈연적인 친소親疎관계를 우선하여 지배계층의 서열관계를 규정하는 종법宗法제도와 결합하였다. 상주 왕은 제후에게 책명冊命을 통해 봉지封地의 권한을 위임했으며, 제후는 합법적으로 권위를 사여賜與받아야 봉지 통치의 정당성을 확보할 수 있었다. 책명 의식의 일환으로 행해지는 중요한 절차는 왕이 제후에게 청동기를 하사하는 것이었다. 왕으로부터 하사받은 청동기는 곧 왕의 권위이기 때문이었다. 하사받은 청동기가운데에는 정鼎이나 대敦, 두豆, 존尊, 궤簋, 언甗, 호壺, 반盤

등 다양한 기물이 망라되어 있었다. 그 가운데에는 오늘날 출토된 청동기 가운데 양적으로 가장 많이 발견된 청동 술잔 작爵도 포함되었을 것이다. 실제 책명 의식에서 왕은 봉지로 떠나는 제후에게 한 잔의 술을 작爵에 담아 하사했을 것이며, 이러한 '사작賜爵'의식은 중요한 관행이 되어

작爵 (상대商代)

훗날 군주로부터 부여받은 권위와 은혜를 의미하는 '작위爵位'로 추상명사화 되고, '작제爵制'로 제도화되었다. 춘추·전국시대를 지나며 점차 농기구와 공구, 그리고 병기兵器에서 철기가 청동기를 대체하는 과정에서도 청동 제기의 위상은 크게 변하지 않았다. 신에 대한 봉헌에서 여전히 청동 제기는 영험하며 신성했기 때문이었다.

4. 전쟁, 형벌, 그리고 청동기

선사시대 이래 전쟁이 일상화되면서 고대사회는 전쟁에 참여하는 지배계층을 중심으로 군사공동체를 형성하였다. 대형 깃발[;方] 아래 모인 사람을 나타낸 갑골문 '어旅'자나, 깃발아래 모인 궁시弓矢를 형상화한 '족族'자가 군사공동체인 군려軍旅를 반영한 것이란 점은 의심의 여지가 없어

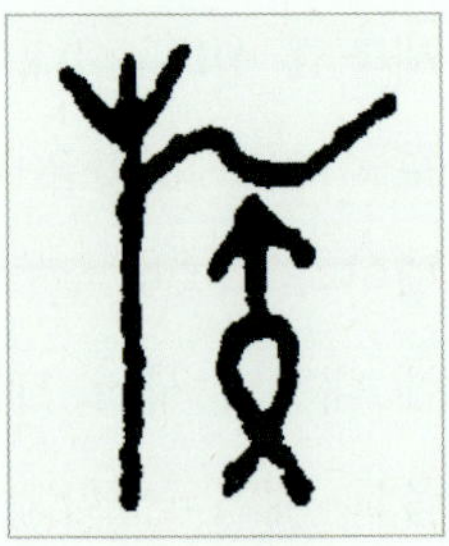
족族(갑골문甲骨文)

보이며, 공동의 부계혈족 집단들이 자신들의 선조나 토템을 상징화한 족휘族徽가 '씨氏'의 근원이란 설명도 타당해 보인다. 비단 군사적 출정이나 훈련만이 아니라 제사의례나 혼례婚禮·상례喪禮 및 씨족공동의 제반활동을 위해 씨족 성원을 소집·통합하고 정체성을 환기하는 가장 좋은 수단이 족휘族徽를 현양顯揚하는 것이었음은 대부분 동의하고 있다. 이미 신석기시대 이래 많은 문명에서 전쟁은 일상적인 문제였으며, 부족의 안전과 번영을 담보하기 위한 타 부족과의 갈등과 반목, 충돌과 전쟁은 불가피하였다. 이미 선사시대 유적을 통해 돌도끼[石斧], 돌칼[石刀], 돌화살촉[石鏃] 등의 무기류는 물론, 군권君權을 상징하는 의기儀器로서 옥도끼玉斧와 옥장玉璋 등도 다수 출토됨으로써 고대인들의 전쟁 상을 능히 짐작시켜 주고 있다.

그러나 청동기 문명에 진입하면서 전쟁의 양상과 폭력성은 그 강도가 더해졌으며 청동무기류의 장악을 둘러싸고 읍제 국가 간의 역학 관계와 지배 계층 내의 위상도 재편되었다. 일찍이 언사偃師 이리두二里頭 유적에서 출토된 청동 도끼[銅越]는 군권과 관련하여 초기국가의 핵심이 무엇이었는지를 상징적으로 대변해주고 있다. 상대 갑골편에 기록된 전쟁과 수렵 관련 복사卜辭도 이러한 상황을 대변하며, 상왕商王과 주왕周王의 주기적인 순행이나 외출이 곧 제후나 군사적 동맹관계에 있는 주변 방국方國에 대한 군사적 시위의 의미가 담긴 소위 '성덕省德'의 일환이었음도 제기되었다.

초기 전쟁의 참가 자격은 국인층을 포함한 소수의 지배계층에게 국한되었다. 고대 국인층에게 전습傳習되는 육예六藝 가운데

이리두유적(좌)과 상대 유적(우)의 청동도끼[斧鉞]

활쏘기[射]와 전거戰車의 운전[御]이 포함되어 있음은 지배계층의 교육과 재생산에 군사 교육이 매우 중요했음을 시사한다. 그러나 상주商周 시대 왕에 대한 제후의 가장 중요한 의무가 군사적 봉사였음은 역설적으로 각 읍제 국가들의 군사적 역량의 한계를 반영한 것이기도 하였다. 적어도 서주 춘추시대까지도 중원의 읍제 국가 간의 군사적 충돌과 공벌은 빈번하였지만 전쟁 양상은 단기적인 교전 수준이었고 그렇게 치열하지도 않았던 것 같다. 당시의 전쟁관련 기사를 분석하면 동원된 군대가 야전野戰 막사幕舍에서 하루이상 숙영宿營하며 전투를 벌이는 경우에는 이례적인 장기전(?)으로 특별히 기록되었을 정도였다.(≪좌전≫ 장공莊公 3) 군사적 원정도 대부분 시령時令적 질서에 따라 가을 이후에 집중되었으며, 전쟁을 할 때에도 여전히 주술呪術이 중요하였다.

종법에 기반한 중원의 읍제 국가 간에 공유하고 있던 소위 계절존망繼絕存亡의 질서가 미진하나마 여전히 유효했기 때문일 수도 있지만, 국인 층에 국한된 전쟁의 규모는 그리 크지 않았기 때문이기도 하며 당시의 전쟁은 수레를 중심으로 한 거마전車馬戰이었다. 당시의 인구 규모를 역추산해도 알 수 있지만, 가령 북진하는 초楚와 이를 견제하려는 패자국霸者國 진晉이 벌였던 유명한 성복城濮전투(기원전 631)에 진晉이 동원한 병력은 7백승百乘으로 전해지고 있고, 역시 패자였던 환공시기 제齊의 병력 규모도 8백승정도였다고 한다. 공자孔子가 가히 치부治賦할 수 있다고 인정한 소위 '천승지국千乘之國'이라 하더라도(≪논어論語≫, 공야장公冶長) 어御·궁弓·과戈 3명을 1승一乘 단위로 한 거마전車馬戰에 동원할 수 있는 갑사甲士의 최대치는 3천여 명 정도이며, 여기에 전거戰車 1승乘 당 20~30명 규모의 보병인 도졸徒卒이 종행從行한다 해도 총 병력은 3만여 명 정도라고 추산할 수 있다. 때문에 당시의 전쟁은 거마車馬를 운행할 수 있는 넓은 평원에 모여 숙련된 국인층들이 하루 남짓 벌이는 화려한 군사 의식에 가까웠으며 비례非禮에 대한 응징으로 열국 간에 벌이는 공벌攻伐의 과정도 일종의 군사적 시위와 위협에 머무르는 경우가 많았다.

형벌은 일종의 체제로부터 '용인된 폭력(Sanctioned Violence)'이었으며 전쟁의 폭력상과 긴밀한 관계가 있음은 법제사 연구자들이 이미 지적한 바이다. 특히 청동 무기류의 출현은 제사 용기 못지않게 형벌에 중요한 변화를 초래하였다. 가령 이리두 유적이나 상대 유적에서 이미 확인된 대형 청동 도끼류[斧鉞] 들은 의전용으로 보이지만, 군사공동체 수장의 권위를 상징하는 것 같다. 이미 전쟁은 신석기시대에도 일상화되었으며 돌도끼와 돌칼, 그리고 활과 화살만으로도 고대인의 폭력성은 이미 상당했음을 짐작할 수 있다. 그러나 청동 무기가 점차 도입되면서 황하 유역이 주변 문명을 압도하게 되는 물리적 기제로 작용하였으며, 그로부터 천여 년이 흘러 춘추시대 장강長江 유역의 초楚, 오吳, 월越 등의 열국들이 중원을 압박할 수 있었던 요인도 금속 무기의 발전에 기반한 것이었다. 1965년 호북성湖北省 강릉현江陵縣 망산望山에서 출토된 '월왕구천검越王勾踐劍'과 1983년 호북성 강릉현 마산馬山에서 출토된 '오왕부차모吳王夫差矛' 등은 춘추 말기 장강 유역의 청동 병기가 이룬 기술적 정점을 확인시켜 주었다.

상대 청동기에는 사회의 각 고유 직역을 담당한 씨족을 상징하는 다양한 족휘族徽들이 각주되어 있는데, 이 가운데에는 청동으로 주조된 칼이나 도끼 등을 사용하여 동물을 도축하거나, 그 문양으로 보면 사람의 목을 베는 듯한 형상의 처형자의 족휘도 보인다. 갑골문에도 제사의식과 관련된 신탁이 상당히 많이 보이며, 특히 살아있는 동물을 도축할 때 복문卜問하는 '~용물用物'의 사례도 많이 보인다. 뿐만 아니라 갑골 복사에는 여러 상장례喪葬禮와 제사의식에서 살아있는 사람의 목을 베어 바치는 '벌제伐祭'라는 참혹한 희생의 용례들도 확인되었다. 복사에 의하면 이들 인신공양의 대상들은 강족羌族을 비롯한 당시 상족

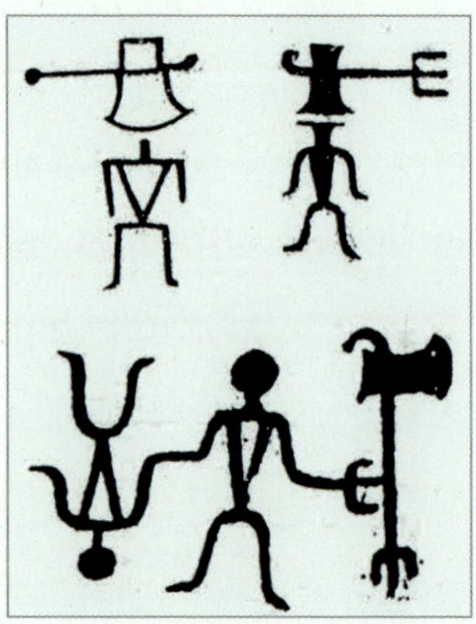
벌제족휘伐祭族徽 (상대商代)

商族과 경쟁관계나 대립관계에 있던 주변 부족들이 대부분이었는데, 아마도 이들 타 부족들은 전쟁과정에서 잡아들인 전쟁포로들로 추정되고 있으며, 한 번의 의식을 위해 수십에서 백여 명에 이르는 이족異族들이 단번에 벌제伐祭로 처형되었을 것으로 추정되었다.

그러나 이러한 추정이 구체적인 물적 증거로 확인되는 데에는 그리 오랜 시간이 걸리지 않았다. 1950년대 은허殷墟 주변에서 후가장侯家莊 유적과 서북강西北岡 유적 등 상대 대형 묘군墓群이 발굴되면서 그 폭력적인 역사상은 세상에 드러나게 되었다. 이들 십여 좌의 십자형 대형묘들은 그 엄청난 규모와 방대한 부장품, 그리고 일부 순장자들의 유골 등으로 추측컨대 상대 왕족들의 무덤으로 추정되고 있다. 그러나 그에 못지않게 연구자들이 주목한 것은 이들 대형묘들의 주변에 점처럼 산재한 수백여 개의 작은 배장갱配葬坑들이었다. 정식 무덤이라기보다는 구덩이라고밖에 볼 수 없는 수백 좌의 작은 갱들이 발굴되었고, 갱 안의 실체는 가히 충격적이었다. 이들 갱 하나에는 수구에서 십수 구의 유골들이 철저하게 파괴되고 유린당한 채 빼곡하게 폐기되어 있었다. 이들은 모두 정상적인 최후를 맞지 못한 체 처참하게 희생된 자들의 주검이었다. 특히 두개골만 결여된 채 매장된 다량의 유골, 혹은 두개골만 매장된 갱들은 바로 벌제伐祭의 희생자들로 추정되고 있다. 2천 5백여 년 동안 공자孔子를 필두로 한 수많은 성현聖賢들이 이상사회로 공고히 믿었던 삼대三代의 실체가 실은 참혹한 폭력에 기반하고 있음이 드러난 것이었다. 사실 고대 사회에서 근대적인 인권을 기대할 수는 없지만, 청동무기가 도입

벌제伐祭에 희생된 유골 (상대商代)

되면서 보다 강화된 배타적이며 적나라한 폭력 상, 그것은 그들의 찬란한 고대 황하문명의 엄연한 일부였다.

폭력의 형식에는 벌제만 있는 것은 아니었다. 참형시키지는 않되 수십 명에서 백여 명에 이르는 이민족의 다리 하나를 칼이나 도끼로 잘라 내거나[刖刑], 생식기를 거세시키며[且刂刑 또는 宮刑], 때론 코를 베거나[劓刑] 피부를 벗기고 문신을 새기는[黥刑 또는 墨刑] 등 소위 신체를 훼손하거나 절단하는 '육형肉刑'을 가하는 것이었다. 육형은 타 부족에게 행하는 주술적 폭력에서 기원하여 점차 사회 내의 일탈자나 범죄자에게 가하는 형벌로 발전하였다. 한 문제 13년(기원전 167) 육형제가 폐지되기까지 신체를 직접적으로 훼손하는 육형은 천 수백 년 동안 시행되었던 고대 형벌의 근간이었다.

그런데 참형을 시키지 않으면서도 신체를 절단하여 불구를 강제하는 육형의 목적은 무엇이었을까. 가령 다리 하나가 잘리는

월인수문격刖人守門鬲 (서주西周)

월형刖刑으로 인한 신체불구자에게는 궁宮·조朝나 원유苑囿 등의 성소聖所에서 문을 지키는 수문守門 직능이 부과되었다고 한다. 육형을 받은 신체불구자에 대한 수문직의 부과는 고성왕古聖王들과 관련된 신화적 원형에서 유래하여, 악귀惡鬼와 오예汚穢를 불제祓除하고 벽사辟邪하는 일종의 액막이로서의 주술적 역할이 기대되었던 것 같다. 그것은 범인凡人의 단순한 노동력으로는 수행할 수 없는 이형異形 혹은 비인非人들의 초월적 능력을 기대했기 때문일 수 있다. 서주 시대 청동기 월인수문격刖人守門鬲의 하단에는 여닫이 형식의 문을 지키는 월인수문자刖人守門者의 미니어처가 사실적으로 조형되어 있어서 흥미롭다. 이러한 불구자의 직능은 합리적인 관점으로는 설명이 어려운 고대인의 주술적 관념이 크게 작용하였다. 다만 신체불구의 '성聖'적 원형은 이미 당시에도 대부분 희석되어 가고, '비인非人으로서의 이형성異形性과 주술적인 기재奇才'는 상징이 되어, 월형을 받은 이민족들은 이제 '속俗적 기휘忌諱'의 대상으로 전락한 형도刑徒나 제사관의 보조직 등 천인賤人에 다름 아니었다. 황하 유역에서 발전한 초기 국가 상주商周왕조는 이렇듯 조직적이며 대규모적인 폭력을 행사하는 문명이었다.

서주·춘추시대는 이미 육형제가 변화하는 과도기였다. 그 변화의 가장 큰 특징은 대체적으로 ① 전쟁으로 야기된 대량의 이민족 포로를 주 대상으로 삼아 시행되던 육형이 주나라의 일반 평민을 대상으로 확산되었고, ② 주술呪術적인 목적보다는 죄과罪過에 상응한 처벌이라는 죄형법정주의적 형벌체제가 형성되었으며 ③ 월형刖刑·궁형宮刑을 비롯하여 묵형墨刑·의형劓刑이 함께 갖추어지면서 오형五刑 체계가 정착되었다는 점 등이다. 물론 춘추·전국시기의 대규모 전쟁이 가져온 폭력상은 차치하더라도 형법사적인 측면에서 육형이 형벌로서 정비되었다는 점은 중요한 변화라고 할 수 있다.

이러한 변화상은 짐이㑆匜를 비롯한 일련의 재판 관련 서주 금문金文에서 확인할 수 있다. 금문 기록들은 이미 서주 중기이후 점차 사적 재산권의 추구와 더불어 그에 따른 분쟁이 발생되어 가는 사회상을 반영하고 있지만, 법제사적으로는 국가 행정법과 형법 등의 소위 실체법實體法과 민사·형사 소송법과 관련된 절차법節次法이 분화되어 발전해가고 있음을 보여 주고 있다. 이러한 형법의 변화상은 춘추·전국시대의 사회 변화와 무관하지 않았다. 일찍이 서주 왕조는 천명사상으로 통치의 정통성을 삼았으며 주술적인 제사에만 의존하기보다는 보다 합리적인 통치체계를 모색해 갔다. 가령 비인非人을 통한 관념적인 불제祓除나 전쟁 주술보다 현실적이며 실용적인 대책이 강구되었다. 따라서 관제에서도 무축巫祝 제사관 지위는 점차 하락되어가고 경사료卿事寮 중심의 관료군이 대두되었다.

벌제伐祭를 통해 사람을 직접적인 제물로 삼는 인신공양의 형벌 양태도 상대 말기를 통해 급격히 감소하기 시작했고, 춘추에서 전국 시대를 통해 형벌 관념도 변화를 맞게 되었다. 東夷를 복속시키기 위해 증자鄫子를 희생으로 삼아 토지신에게 봉헌하려던 송宋 양공襄公에게 맞서 제기된 사마자어司馬子語의 반론이나,(≪좌전左傳≫, 희공僖公 19년) 초楚 영왕靈王이 채蔡나라 은태자隱太子를 희생 제물로 바친 것에 대한 당시의 비난(≪좌전≫, 소공昭公 11년) 등은 대표적인 일화였다. 심지어 전쟁포로에 대한 인신공양이나(≪좌전≫, 소공 10년) 육축六畜의 희생마저도 기휘한다는 점을 다소 우화적으로 표현한 기사(≪좌전左傳≫, 희공僖公 29년) 등은 춘추·전국 시대 형벌의 변화상을 시사하고 있다. 특히 기원전 256년, 촉蜀의 태수로 부임받은 진秦의 이빙李氷이 당시 민강岷江의 범람을 막기 위해 젊은 처자를 하신河神에게 제물로 바치던 촉 지역의 관행을 폐지하고 효율적인 치수 시설인 도강언都江堰을 건설한 일화는 유명하다. 순장殉葬의 관행도 변화를 맞았는데, 가령 기원전 621년 진秦 목공穆公이 죽고 당시 수도 옹雍에 안장되며 177명이 함께 순장되자 당시 진인秦人들이 황조黃鳥라는 시가를 지어 비판하고 풍자하였다는 기사는(≪사기≫ 권5, 진본기) 그러한 변화상을 반영한다. 결국 진은 기원전 385년 헌공獻公 원년에 순장을 폐지하게 되었다.

제5장

문자의 출현과 고대 사회의 변화

1. 선사시대의 역사와 음악

원시사회의 언어발달 과정에서 음성언어의 발전이전에 동작動作언어와 부호符號언어가 우선하며, 인간의 음성구조의 발전에 따라 음성과 동작은 상호보완의 방향으로 진행했음을 제시한 모간(Morgan)의 유명한 언어기원에 대한 연구나,[1] 이성적 지식을 전달하는 문자언어의 발전 이전에 감성적인 구어의 발전이 선행했으며, 그러한 구어口語는 기본적으로 음악과 노래에서 연원했음을 제시했던 루소(Rousseau)의 연구,[2] 혹은 의미를 중심으로

[1] Lewis H. Morgan, *Ancient Society : Researches in the lines of Human Progress from Savagery through Barbarism to Civilization*, London: Routledge Thoemmes Press, 1998.

[2] 장 쟈크 루소, 주경복·고봉만 역, ≪언어 기원에 관한 시론≫, 책세상, 2002 (Jean-Jacques Rousseau, *Essai sur l'origine des langues, où il est parlé de la mélodie et de l'imitation musicale*, Genève: Du Peyrou, 1781). 그러나 이 저작의 프랑스어 原題는 ≪언어의 기원에 관한 시론 : 멜로디와 음악적 모방에 대해서≫로서, 사실 음악과 언어와의 관계가 언어기원에 대한 루소의

한 신화神話와 소리를 중심으로 한 음악이 모두 무문자無文字 사회 때부터 음성언어에 뿌리를 두고 있다는 레비스트로스(Lévi-Strauss),[3] 심지어 음악이야말로 '범우주적 언어'라고 평한 아도르노의 지적[4] 등은 모두 음악의 언어성을 지적했다는 점에서 본질적으로 상통한다. 오늘날에도 음악이나 동작언어의 전통이 문자언어 이후에도 지속적으로 잔존하여 지금도 많은 문명권에서 여전히 노래나 무용의 동작이 내포하는 감정의 표현과 의사전달의 기능이 암묵적으로 용인되어 오고 있다고 한다. 물론 문자가 여전히 선사시대와 역사시대를 가늠하는 가장 중요한 기준이요 수단임은 부정할 수 없지만, 그렇다고 문자가 반드시 문명진화의 절대적 기준일 수만은 없다는 점도 선사시대의 고고발굴이 진척됨에 따라 더욱 자명해지고 있다.

선사시대의 인류도 문자의 활용이전부터 신화, 예술, 의례, 점복, 제전, 우주론 등의 기본적이며 원초적인 행위와 세계관을 구상하고 공유했으며 또 그것을 '전승'해 왔다. 때문에 선사시대의 사회를 설명할 수 있는 사료史料는 유물, 유적, 조형예술 등을 포함한 실물자료만이 아니라 구전, 신화, 의례, 시간예술 등을 포함한 행위 자료도 이용해야 한다는 가와다의 지적은[5] 타당한 것

주요 관점임에도 불구하고 번역된 제목에서 그 부제가 생략된 점은 다소 유감이며, 본고에서는 원제에 따르고자 한다.

3 끌로드 레비스트로스, 임옥희 역, ≪신화와 의미≫, 이끌리오, 2000(原著 Lévi-Strauss, Claude, *Myth and Meaning*, London : Routledge Thoemmes Press, 1978), pp.105-109.

4 아도르노, 권혁면 옮김, ≪음악사회학≫, 문학비평사, 1993(原著 Thodor W. Adorno, *Die Einleitung in die Musiksoziologie*, 1962), p.170.

이며, 무용, 시가, 음악 등의 악무樂舞 활동이 바로 시간예술임은 잘 알려진 바이다.

가령 이집트 최고의 신神인 오시리스(Osiris)의 재상으로서 과학과 지혜, 천문과 역법, 언어와 주술을 주재하는 신神 토트(Toth)가 곧 악기와 음악의 신이며, 토트의 재현으로 보이는 그리스신화의 헤르메스는 그리스 최고의 신 제우스의 전령사이자 언어와 통역, 교역과 도둑의 신이자, 리라라는 악기를 처음으로 발명하여 아폴론에게 주었음은 유명하다. 이들 신화의 공통적인 특징은 언어와 문자, 또는 역사를 주재하는 신들은 대부분 음악의 신이기도 하다는 점이다. 이러한 신화적 모티브는 아마도 음악의 언어성, 혹은 언어의 음악성과 무관하지 않을 것이다.

그런데 당대사회의 사회구성원간의 소통의 문제만이 아니라 과거와의 소통, 혹은 미래에의 전승의 문제에서 음성언어는 상대적으로 제한적이었다. 현대의 음향·영상기술이 등장하기 이전까지, 적어도 동작언어, 음악언어, 음성언어의 찰나적인 일회성과 현장성은 과거와 미래와의 소통을 불가능하게 하였다.

결국 인간의 언어문화에 가장 후대에 등장한 매체이지만 이후 지식의 확산과 계승에 결정적인 기여를 한 것은 문자언어였으며, 동아시아의 경우는 유구한 '사史'의 전통으로 발전하였다. 가령 신석기 앙소문화기 도편陶片들에서 발견된 도상부호圖象符號들은 아직까지 문자나 언어의 범주라고 하기에는 무리지만, 그럼에도 대부분의 연구자들이 중국 고대 수자와 문자의 원형

5 川田順造, ≪無文字社會の歷史≫, 岩波書店, 1976, pp.7-9.

앙소문화기 채도에 각화된 도상부호들

으로 지적하는 것은 약 5천여 년이 지났음에도 시각적으로 남겨놓은 그들의 도상부호가 현재의 우리에게 그 상징성이라도 전승되었기 때문이다.

이처럼 무문자사회의 역사상은 도상 자료나 화상畵像자료를 통해서 제한적이지만 접할 수 있다. 가령 청해靑海지구 신석기시대 채도彩陶에 표현된 무도舞蹈 문양은 다른 어떤 매체보다도 생생하게 당시의 사회상을 전하고 있다. 그러나 적어도 양적으로 가장 다양한 도상자료를 전하는 것은 암각화岩刻畵이다. 암각화는 구석기시대부터 신석기시대에 걸쳐 先史시대 인류 여명기를 대표하는 표현예술로서 유라시아 전역은 물론 심지어 남반구지역에 이르기까지 광범하게 발견되었으며, 그 내용에서도 많은 보편성을 지니고 있다. 중국의 경우 동남연해 지방[복건福建·광서廣西]과 서남 지방[운남雲南·귀주貴州·서장西藏]에서도 발견되었지만, 역시 서북 지역[내몽고內蒙古, 감숙甘肅, 영하寧夏, 신강新疆]에서 가장 많은 암각화가 발견되었다. 암각화의 내용은 농경, 유목, 해양문화 등 각 암각화가 발견된 지역의 풍토와 경제활동이 반영되어 있으며, 토템숭배, 자연숭배, 생식숭배 등 그들의 생활과 밀접한 관계가 있는 원초적인 주술관념도 묘사되어 있다. 가령 부족 성원 다수가 참여하여 어깨동무를

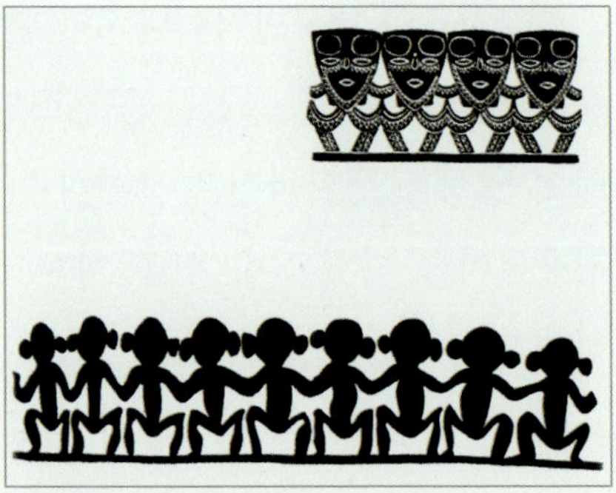

군무群舞 (좌: 중국 하란산賀蘭山 암각화, 우: 솔로몬군도 암각화)

한 채 펼쳐지는 군무群舞의 모습은 집단적 희락喜樂을 표현한 전형적인 조형예술로 지역과 문명을 초월하여 많은 암각화에서 보편적으로 확인되고 있으며, 앞서 본 채도彩陶의 무도舞蹈 문양처럼 집체의식을 표현한 것으로 볼 수 있다.

이처럼 고대 도상들은 그림을 통해 충분히 그 사회상이 전승될 수 있음을 입증하는 것이며, 특히 이들 도상에 종종 표현되는 악무는 그것이 신神을 향한 것이든, 부족의 집체의식 혹은 개인의 성정性情의 표현이든 인간이 표현하는 가장 원초적인 언어이자 몸짓으로, 오히려 어떠한 문자나 부호보다도 선사인들의 생활 면면을 가장 구체적이며 사실적으로 재현하고 있다. 고대 선사시대부터 심지어 근대에 이르기까지 중국의 서북변경의 초원지역에 집중적으로 암화가 각화되었다는 점은 이들 지역의 무문자전통과도 깊은 관계가 있다는 점에서 주목된다. 이들 지역은 오늘날까지도 유목 경제를 하며 때론 여전히 기록보다는 노래와 악무를 통해 자신들의 역사를 재현하고 전승하고 있기 때문이다.

도상자료의 내용만큼이나 주목할 점은 그 도상들을 제작한 의도와 결과이다. 즉 그들은 구전이나 벽화, 암각화 등을 통해 그들의 일상과 생활과정을 묘사하여 의사주술擬似呪術의 방편으로 활용하기도 하였으며, 신을 향한 종교의식의 일환으로 삼기도 하였지만, 또 그것들은 결과적으로 당대인들에게는 비非 문자 기록이 되어 후손들에게 전승이 되었다. 그런 점에서 선사시대 고대인들이 표현한 암각화가 선사시대의 문자와 같은 기능을 했다는 일부 연구자들의 지적은 충분히 설득력이 있어 보인다. 전술했듯이 중원의 농경 정주지역이 일찍이 문자를 활용하여 역사시대에 진입한 이후에도 심지어 근세 때까지 변경지역에서는 여전히 암각화가 각화刻畫되거나 시가詩歌를 통한 역사전승의 풍습이 존속했던 이유도 그것들이 담고 있는 '역사성歷史性'에 기인한다.

서구문화의 여러 원형을 제공하고 있는 그리스신화는 그런 점에서 보편성을 더하는 것 같다. 음악(music)의 어원은 그리스어인 '무지케(musike)'에서 연원했으며, 그 의미는 그리스신화의 음악과 예술의 신인 무사이(Mousai) 즉 뮤즈(Muse)들이 관장하는 기예技藝를 뜻한다고 한다. 즉 서구문명에서 음악은 악신樂神인 뮤즈와 그들의 기능에서 연원했던 것이다. 그리스신화에 의하면 이들 뮤즈들은 '기억'을 의미하는 여신 므네모쉬네(Mnemosyne)와 그리스 최고의 신 제우스 사이에서 태어난 9명의 딸들로서, 그들은 각기 비극·희극·서사시·서정시 등의 시가詩歌는 물론 음악·무용·악기·역사·천문 등을 관장했으며, 때론 기억을 의미하는 므네모쉬네의 복수형인 므네아이(Mneiai)로도 불렸다고 한다. 그렇다면 음악의 신인 뮤즈는 시가와 무용, 그리고 음악을 관장함은 물론 역사와 천문을 담당했다는 것인데, 이것은 어떤 의미에서 고대의 지식체계 전반을 의미한다고 해도 과언은 아닐 것이다. 음악의 향연이 끊임없이 이어지는 그들 뮤즈의 신전神殿(Museum)이 곧 지식의 전당인 박물관으로 후대에 불려진 것도 어쩌면 당연한 것 같다. 이러한 신화는 결국 악신樂神과 역사전승 혹은 악무樂巫와 지식의 전승과의 밀접한 관련성을 시사해주고 있다.

뮤즈들이 기억의 여신의 자녀들이란 점도 흥미롭다. 앞서 시가의 낭송에 음악이 주요했다고 했는데, 음악은 신과의 소통을 위한 방법이자 시가의 명료한 기억과 원활한 반복재현을 제고하는데 기여했을 것이다.[6] 그리스 신화에 의하면 트라키아의 악사인 타미리스의 재능을 시샘한 뮤즈들은 그의 기억력을 상실케 하여 악무樂舞능력을 무력하게 했다고 하며, 실제 무문자사회의 많은 사례들에서 부족의 악사는 자신의 기억을 악무樂舞와 결합하여 그 부족의 역사나 추장 가계의 역사를 반복 재현한다고 한다. 때문에 악인樂人에게 요구되는 가장 중요한 능력은 시詩의

---

[6] 음악학에서는 음악의 반복적 자극을 통해 기억이 환기(rehearsal)되고 강화됨을 이미 논구했으며, 더욱 성공적으로 기억되기 위해서는 음악과 그 내용이 하나로 합치된, '연상작용'이 유효하다고 한다. 음악을 통해 기억을 '암묵적 기억(implicit memory)'이라 하는데, 이러한 암묵적 기억은 일반적인 기억보다도 때론 더 오래 지속된다고 한다.(박유미, ≪음악심리학의 이해≫, 음악춘추사, 2004). 가령 각 시의 구절마다 지닌 고유의 음율이 있기에 암송과 그 전승이 용이했던 고대 시가가 고유의 음률이 잊혀져 가면서 시가도 쉽게 사라졌을 것이라는 馬承源씨의 견해도(〈采風曲目〉, 馬承源 主編, ≪上博楚竹書(四)≫(上海古籍出版社, 2004) 그런 점에서 일맥상통하는 것 같다.

내용과 가시歌詩의 음계를 재현할 수 있는 고도의 '총명함'과 '기억력', 그리고 상당한 '관찰력'과 '리듬감' 등이라고 한다. 무문자사회의 악사들에 대한 다음의 인류학적 보고들도 이러한 입론을 더욱 공고히 해주고 있다.

(1) 서아프리카의 모시(Mossi)족 중에서도 지금까지의 추정으로 가장 오래된 왕조를 수립했던 남부 모시족의 템코도고왕의 궁정에서 내가 무문자사회에서의 역사전승자료를 수집하기 시작할 즈음의 일이다. 농작물을 수확하고 조상들을 위한 대제大祭가 거행될 때에도 매우 엄숙하게 왕의 계보가 낭송되지만, 21일에 한번씩 대시大市가 열리는 날 아침에도 궁정의 앞뜰에서 벤다(Venda; 사관史官이자 악사樂師)가 왕의 계보를 낭송하니까 우선 그때에 녹음해도 좋다고 왕이 나에게 말했다. 다음 대시大市가 열리는 날, 아직도 어두운 이른 아침에 일어나 인적도 없는 궁정의 앞뜰로 나는 갔다. 이윽고 낯익은 벤다 들이 와서 차양 아래에서 정좌를 하고 앉아 큰 표주박 모양에 소가죽으로 싼 큰 북을 양손으로 두드리며 장단을 맞추었다. …… 그 후 나는 여러 기회를 통해 벤다들은 역대 왕들과 각 왕에 대한 찬미를 그 북의 리듬만으로 표현했다는 것을 알게 되었다.(川田順造, 1976)

(2) 아프리카 월로프(Wolof)족의 악사계층인 그리오(Griot)들은 특정 가문들에 의탁하는데, 그들은 그 가문의 어릿광대나 풍각쟁이들이다. … 그들의 임무는 함께 있는 자들을 즐겁게 하는 것이며, 그들은 음유 시인으로서 그 가문과 국가의 역사를 배우고 암송한다. … 그들은 그 집안의 주술사로서 모든 의례에 참석할 의무가 있고 그들의 조언은 반드시 채택된다. 그들은 신생아를 받는 최초의 사람이요, 죽은자[死者]의 몸에 손을 대는 최후의 사람이다. 그들은 그들의 후원자에게 오는

> 선물 대부분의 실질적인 수혜자들이며, 젊은이들의 영적인 선생(mentor)이요 지도자이기도 하다. … 그들은 가장 비천한 하인보다도 신분이 낮기도 하지만, 때론 주인보다도 부유하거나 유력하기도(powerful) 하다."(Alan P. Merriam, 1964)

(1) 은 서아프리카의 모시족을 대상으로 한 일본의 인류학자 가와다 준죠川田順造의 무문자사회에 대한 인류학적 연구의 일부로서, 가장 원초적인 악기인 큰 북[太鼓]를 연주하며 부족과 추장가계의 역사를 전하는 악무樂巫 계층 Venda의 실체가 보고되고 있다. 그들은 탁월한 기억력記憶力과 청음력聽音力을 이용하여 매 의례에서 반복적으로 음악을 연주하고 그 음률로 역사를 전승하지만 그들이 재현하는 태고太鼓의 음계와 그 의미는 매우 자의적恣意的이고 비전적秘傳的이어서 심지어 부족의 추장과 원로들도 이해할 수 없다는 사실은 고대 사회에서의 악무의 기능과 성격을 짐작케 한다.

영국의 인류학자 고어러(Gorer)가 서아프리카 여러 부족들의 악무樂舞 활동, 특히 악무樂巫 계층인 그리오에 대해 조사 보고한 (2) 도 고대 부족사회에서 담당하는 악무樂巫의 직능은 물론 그 위상을 이해하는데 매우 시사적이다. 그리오들은 광대이자 악사 그리고 때론 교사의 역할은 물론 출생에서 죽음까지의 여러 통과의례를 주관하며, 벤다 계층처럼 가문의 역사와 계보에 정통하고 때론 세속적 위상을 초월한 독특한 권능을 지녔던 것 같다. 이들의 기예도 비전적 성격이 강했으며 벤다 계층과 마찬가지로 악사로만 규정할 수 없는 복합적인 직능을 수행하는 것 같다. 이러한 인류학적 보고는 마치 고대 중국의 악무樂巫가 재현된 듯,

여러 면에서 매우 유사한 성격을 보여주고 있다.

2. 문자의 출현과 역설

흔히 문자의 출현과 역사기록으로 인해 축적된 지식과 과학을 얻게 된 반면, 이제 음악과 신화의 시대는 점차 종말을 고하고 무문자시대의 비범한 직관의 능력도 상실하게 되었다는 레비스트로스의 관점은 지나친 비약만은 아닌 것 같다. 문자가 가져온 문명사적 순기능은 더 이상의 췌언을 요하지 않지만, 플라톤의 ≪대화≫ 편 〈파이드로스〉에서 소크라테스가 전하는 다음의 신화는 문자가 가져올 변화의 단면을 잘 시사한다.

> 내가 들은 이야기는 이집트의 나우크라티스라는 도시에서 시작되는데, 그곳에는 이집트인들이 이비스(ibis)라고 부르는 새를 봉헌하는 토트(Theuth)라는 신神이 있었다. 이 신은 수, 산술, 기하학, 천문학은 물론 장기와 골패 등의 게임, 그리고 특히 문자의 발명자이기도 했다. 그리스인들이 '이집트의 테베'라고 부르는 내륙지방의 도시를 수도로 하고 있던 당시의 이집트를 다스리던 왕은 타모스(; Thamous. 그리스인들은 Amon이라고 부르는)였다. 토트 신은 타모스왕에게 가서 자신의 발명품들을 보이면서 그것을 이집트 전체에 널리 보급해 달라고 부탁하였다. 토트가 하나씩 발명품을 설명할 때마다 타모스는 그것이 무엇에 쓰이는가를 묻고, 토트의 설명에 대한 품평을 하여 그 자신이 그 호불호를 표현했다. 그러다가 문자를 품평할 차례가 되자, 토트는 말했다. "오, 위대한 왕이시여, 이 발명품(science)은 이집트인들의 지식을 확산하고, 기억력을 신장시킬 것입니다. 왜냐하면 이 발명품은 기억과 지혜의 영약靈藥입니

> 다." 여기에 대해서 타모스는 이렇게 답변했다. "당신은 가장 영리한 신이요, 토트. 우리 중의 한쪽은 발명을 할 수 있는 능력을 가졌고, 또 한쪽은 그 발명품이 얼마나 인간에게 이로운지 혹은 해로운지를 평가하는 능력을 가지고 있습니다. 문자의 발명자로서, 당신의 문자에 대한 애착이 문자가 가져올 진정한 결과의 정반대만을 설명하게 하고 있습니다. 오히려 문자는 사람들의 기억을 감퇴시킬 것입니다. 기록의 맹신은 자신 내부의 근거가 아닌 타인의 언급에 근거한 것만을 기억하게 함으로써, 자신이 스스로 배운 것을 그 정신에서 사라지게 할 것입니다. 당신의 발명품은 기억의 약이 아니라 회상의 약입니다. 당신은 (문자를 통해) 학생들에게 진정한 지식이 아닌 지식의 외양만을 제공하는 것입니다. 학생들은 이제 스승과의 소통 없이도 광범한 독서로 박학다식하게 될 수도 있겠지만, 바로 그때 그들은 사실 무지하게 될 것입니다. 그리고 (문자를 통한) 이 지식의 허상은 그들을 상호교류하기 어렵게 만들 것입니다.." (274c~275b)

소크라테스의 강론을 빌려 이 이야기를 전하는 플라톤은 문자가 지니는 명징성과 개방성의 순기능에도 불구하고, 인간이 지나치게 문자에 매몰되고 창의적인 지성의 발상이 제한받을 수 있다는 문자의 역기능을 경고한 것으로 보인다. 문자의 출현과 확산은 동아시아문화에 위대한 경사經史의 전통과 권위를 부여했지만 이후 소위 '문인文人'의 문화가 활자화된 경전에 지나치게 집착하고 매몰되었던 점도 간과할 수는 없다. 그럼에도 불구하고 황하문명과 비황하문명의 가장 중요한 분기점의 하나가 또한 문자였음은 여전히 중요한 연구과제이다.

3. 갑골문甲骨文, 도상과 문자의 경계에서

황하유역에서 갑골문이 출현한 이래 이 문자는 중국 전 지역에 확산되어 다소 다른 이체자로 발전되었지만 기본적으로는 그 뿌리가 동일했으며 훗날 '한자漢字'로 정착되었다. 당대사회의 사회구성원간의 소통은 무문자 언어만으로도 충분했을지 모르지만 과거와의 소통, 혹은 후속세대로의 전승의 문제에서 음성언어는 한계가 있을 수밖에 없었다. 현대의 음향·영상기술이 등장하기 이전까지, 적어도 동작언어, 음악언어, 음성언어의 찰나적인 일회성과 현장성은 과거와 미래와의 소통을 불가능하게 하였다. 결국 인간의 언어문화에 가장 후대에 등장한 매체이지만 이후 지식의 확산과 계승에 결정적인 기여를 한 것은 문자언어였으며, 동아시아의 유구한 '사史'의 전통은 분명 문자를 전제하지 않으면 불가능한 것이었다.

앞서 언급했지만 신석기 앙소문화기 도편陶片들에서 발견된 도상부호들이 아직 문자나 언어라고 볼 수 없음에도 불구하고 그 시각적 이미지는 약 5천 여 년이 시간을 넘어 우리들에게 상징적 의미를 전하고 있다. 황하유역에서 발견된 이 도상부호들의 전통은 훗날 각 부족들의 전통과 정체성을 상징하는 족휘族徽로 계승되었으며, 상나라의 족휘들 가운데 상당부분이 갑골문에도 계승되었음은 황하유역이 오랜 기간 동안 문자를 출현시키기 위해 노력했음을 시사한다. 황하유역에서 출현한 초기 문자는 어떠한 성격을 지니고 무슨 영향을 미쳤을까.

황하문명이 고안해 낸 갑골복사甲骨卜辭는 현재까지도 그에 선

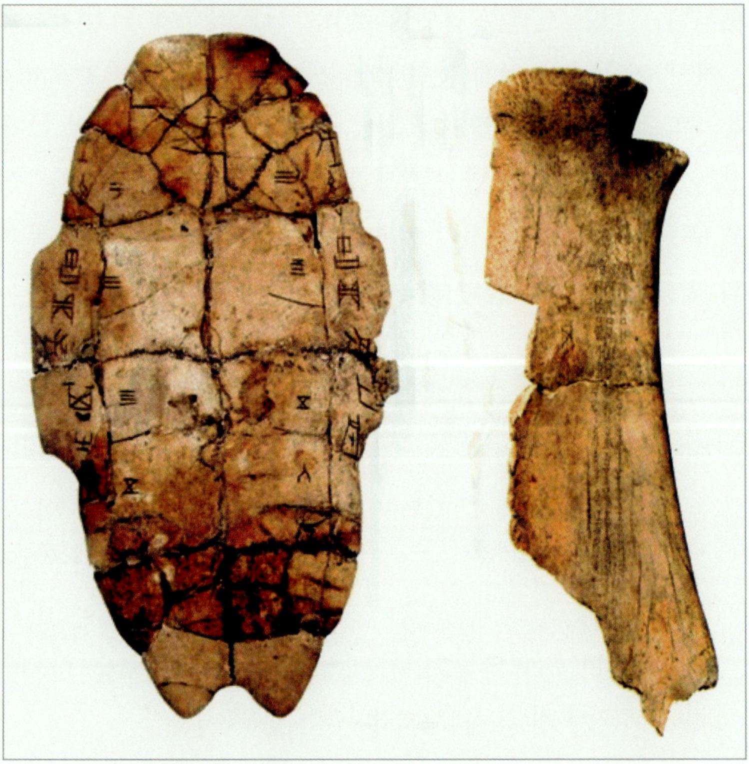

갑골복사 – 도상에서 문자, 신성문자와 역사의 과도기를 반영한다.

행하거나 비견될 만한 문자가 확인되지 않은 점에서 동아시아 최초의 문자로 공인받고 있으며, 동아시아 전체가 그 문자문화의 수혜를 받았다. 이들 초기 문자가 기록된 매체가 거북이의 배 껍질[甲]이나 동물의 뼈[骨]이었기 때문에 이 문자를 갑골문甲骨文이라고도 하며, 그 내용을 해독한 결과 상商왕조가 국가 대소사를 망라하여 신탁神託을 받기 위해 점복을 행했다는 점에서 복사卜辭라고도 한다. 점괘는 갑골에 열을 가하여 균열되는 모양으로 판단했는데 대개 홈이 파인 부분을 중심으로 '복卜'자 형태로 균열되어 그러한 신탁의 방법을 점복이라고 칭하게 되었다.

복사卜辭 내용을 크게 분류하면 각종의 제사, 기후와 천시天時, 농사의 풍흉, 군사적 정벌과 형벌, 수렵이나 출행, 그리고 다가오는 조석朝夕과 열흘 단위로 상왕과 국가의 안위安危를 묻는 소위 '복순卜旬'이란 정례적인 점복도 함께 있다. 이어서 갑골 복사의 몇 가지 사례를 살펴보자.

> 오늘 을일乙日에 왕께서 사냥하려는데 하루 동안 재앙이 없고, 큰 비도 만나지 않을까요?
>
> 양 세 마리, 개 세 마리, 돼지 세 마리를 [희생제물로 바치면] 바람이 잠잠해 질까요?
>
> [왕비] 부호婦好가 분만하는 날이 정일丁日이라면 좋을까요? 만일 [3일이 지나] 경일庚日까지 지나도 여전히 좋을까요? [그러나 5일까지 지난] 임술壬戌일이라면 불길할까요?
>
> 작雀을 불러 떠오르는 태양에게 희생물의 목을 베어 봉헌하고, 지는 태양에게는 한 마리의 동물을 바치면 좋을까요?
>
> 강족羌族 세 명과 개 아홉 마리를 [희생제물로] 바치면 사방의 병病이 진정될까요?
>
> ○○일에 신神에게 점을 쳐서 묻겠나이다. ○○일에 강족羌族 백 명의 다리 하나를 자르려고[월刖] 하는데 어떻겠습니까?
>
> 계사癸巳일에 왕이 직접 신에게 점을 쳐서 묻겠나이다. 앞으로 열흘 동안 재앙이 없겠나이까? [점괘의 결과는] 길하다.
>
> (민후기, 2008. 참고)

이처럼 상왕조는 국가의 거의 모든 대소사를 결정할 때 신탁의 과정을 거쳤다. 이는 일견 신비적이며 비합리적인 방식일 수 있지만 고대 사회가 전적으로 주술에 의존했다고 볼 수는 없다. 그들도 수천 년 간 축적된 지식과 경험, 그리고 합리적인 데이터에 근거하려 최선을 다했겠지만 결정적 모멘트에 '신의 계시와 용인'이라는 형식을 거쳤다. 이는 신의 권위를 활용한 통치의 정당성을 얻기 위한 것으로 보인다.

이들 복사가운데에는 상왕 자신도 직접 신탁을 묻는 점복을 했다는 점에서 상조가 신정정치적 성격이 농후했음도 알게 되었다. 물론 이러한 신탁과 점복은 선사시대 무문자사회에서도 분명 행하였지만 문자의 활용은 좀 더 특별하였다. 갑골의 균열을 통해 점괘를 확인하는 점복은 대단히 자의적이며 비전秘傳적인 과정이었으며 그 결과는 악무樂巫의 노래와 음성으로 전달되었다. 그러나 이 모든 점복과정을 기록한 복사는 가장 중요한 신탁의 결과물이자 증거였으며, 상왕의 권위가 신에 근거했음을 드러내는 데 매우 효과적인 장치였다. 그런 점에서 복사는 지식과 정보의 공유라는 기능보다는 신성문자의 성격이 강하며 그 자체가 권력의 수단이기도 하였다. 그럼에도 불구하고 문자의 출현과 사용은 무문자사회와 비교하여 새로운 단계의 사회진입을 의미했다.

오늘날의 점자點字가 아닌 바에야 문자는 전적으로 시각에 의존한 매체이다. 가령 점괘를 해독하고 그 결과를 문자로 기록했던 무축왕巫祝王이나 무사巫史 계층 혹은 복인卜人들을 시각장애자로 상정하기는 어려워 보인다. 물론 고대 초기사회에서 점복과 문자의 기록이 극소수만의 비전적인 전수과정을 통해 권력 독점의 수단으로 활용됐던 것은 사실이며, 이후의 한자도 지식과 정보의 보급을 위한 수단보다는 소수의 문인文人계층의 재생산을 위한 수단이었음도 분명하다. 이집트의 상형문자와 메소포타미아의 설형문자가 일찍이 상형성과 표의성을 벗어나 표음문자로 전이되었던 점에 비해 고대 문자가운데 거의 유일하게 현재까지도 상형성과 표의적 전통을 유지하고 있는 한자는 지금도 대단히 난해하고 오랜 습득과정을 요구하는 문자임도 사실이다.

그러나 시의성示意性이 강한 문자는 일단 기록되면 명징하게 남아 재확인이 가능하고, 시력視力과 식자識字 능력만 있다면 기록자가 아닌 타자도 문자를 통해 내용을 공유할 수 있다. 때문에 제자諸子의 사상이나 육경六經이 모두 사史에서 비롯되었다거나, 갑골의 균열을 통한 비전적인 복점에서 시초를 이용한 서점筮占으로의 점진적인 전이과정이 계사繫辭의 증가와 역학易學의 발전과정과 함께한 점, 무사巫史의 독점적이던 능력이 국인國人층으로의 확산되는 등의 일련의 역사과정이 비록 점진적이지만 '문자'를 배제하고는 불가능하다는 지적이나,(이성규, 2002) 신비적이며 주술적인 '무巫(shaman)'에서 문자를 통해 기사記事를 전담하는 '사史'로 고대중국의 지배·지식계층이 점진적이며 중층적으로 전이되었다는 해석,(이성규, 2001) 특히 전국戰國시대 이후 제자諸子들에 의한 경전의 기록과 정리가 새로운 지배계층의 구축에 기여했다는 설명도 모두 그런 점에서 타당하다.

그러나 고대 초기사회의 지식계층이 '무巫에서 사史'로 전이되었다는 통설 못지않게 '악樂에서 사史'로의 분화 혹은 전이과정도 결코 간과할 수 없는 것 같다. 접신接神과 강신降神을 호소하는 수단이며, 암기하고 있는 부족의 역사를 음률에 맞춰 낭송하는 주체와 방법은 '악무樂巫의 악무樂舞'였다. 악무樂巫가 체현體演하는 노래와 연주와 춤은 그 만이 알고 있는 내용·리듬·가락·동작 등을 통해 매번 현장적이고 찰나적으로 재현되었으며, 재현과 동시에 악무樂舞의 실체는 명멸明滅해 버리고 말았다. 만약 다른 악인樂人이 재현하려면 그는 그 악무樂舞를 자신의 총명聰明함으로 관찰하고 기억한 후 반복하여 부단히 연습하거나, 또는 그 악사樂師에게 비전적으로 전수받아 역시 반복하여 연습을 해야 했을 것이다. 이 과정은 문자의 전수보다도 더욱 난해하며 비전적인 과정이다.[7] 그러나 전술했듯이 중국 고문자古文字가 여전히 난해했지만 일단 식자識字층이 형성되어 기록에 담긴 우주宇宙와 성신聖神의 비밀이 타자에게도 공개되면 더 이상 무사巫史만의 독점이 될 수 없었을 것이다. 창힐蒼頡이 문자를 만들게 되자 귀신이 울었다는 ≪회남자淮南子≫의 전설(≪淮南子≫, 本經訓, "昔者, 蒼頡作書, 而天雨粟, 鬼夜哭.")은 귀신이 인간의 탄핵을 두려워했기 때문일 수도 있고, 귀신만이 독점했던 천지의 비밀이 인간에게 문자를 통해 공개되었음을 상징하는 것 같기도 하지만, 선사시대부터 유지해왔던 악樂의 독보적 능력과 위상의 변화도 암시하는 것 같다.(이성원 2007)

---

7 예컨대 그리스신화의 음악의 신 뮤즈들이 때로는 '연습'을 의미하는 '멜레테(Melete)'로도 통용되었다는 점은 시가·무용·연주 등의 퍼포먼스가 천부적 재능 혹은 지난한 숙련의 결과임을 반영하는 것 같다.

제6장

장강長江의 사라진 청동기 문명

: 삼성퇴三星堆 문명과 촉蜀

1. 삼성퇴 문명과 촉

앞서 살펴보았듯이 고대 동아시아 여러 지역에서 동시 다발적으로 다양한 신석기문명이 독자적 혹은 상호 교류하며 발전했음은 분명해졌다. 그렇다면 이러한 문명의 다원적 발전의 토대에서 '금속문명의 다원성'도 충분히 예상되었지만 신석기문명의 다원적 발전에도 불구하고 금속문명의 진입이 지역마다 편차가 컸다는 점은 역사학계의 큰 수수께끼였다. 즉 주지하다시피 1920년대 후반 은허殷墟 유적에서는 대량의 청동기유물이 출토됨으로써 고도로 정교한 이들 청동 제기들은 단연 황하유역의 초기왕조를 상징하게 되었다. 오늘날의 하남, 하북, 섬서, 산동 지역을 아우르는 화북지역은 물론 호북, 호남, 강서 등의 장강 유역에서도 청동기가 출토되었다. 다만 남방지역이더라도 청동기가 출토된 지역 대부분은 상왕조의 세력권 범위 내였으며, 그 청동의 성분과 청동기의 제작방식, 문양의 양식 등도 상나라 양식을 크게 벗어나지 않았다. 물론 이어지는 고고발굴로 가령 하남성 언사현偃師縣 이리두二里頭 유적이나 하남성 왕성강王盛崗 유지 등 상대 전기 혹은 오늘날 중국학계에서는 하夏 왕조의 유적으로 추정되는 지역에서 이미 초보적인 청동기들이 발견됨으로써 고대 동아시아 청동기시대의 연대를 기원전 2천년 이전까지 소급되었지만, 이들 지역 역시 황하유역을 크게 벗어나지는 못함으로써, 연구자들은 신석기시대의 다원성에도 불구하고 결국 황하유역이 선도적으로 금속문명에 진입하면서 군사적·기술적으로 주변지역을 압도하게 되었다는 결론에 이르게 되었다. 적어도 1986년까지는 그랬다.

오늘날도 지리적으로 중원과 격절된 지역인 장강長江 상류의 한 지류인 민강岷江 유역의 사천四川 지방은 고대에는 촉蜀으로 불렸다. 이 지역이 실제 중국역사상에 전면적으로 부각되었던 것은 3세기 삼국시대로서, 유비와 제갈량이 '천하삼분지계天下三分之計'를 추진하며 조조와 손권이 이미 화북과 강동지방을 차지한바 결국 그들은 소극적 의미에서 촉蜀지방을 차지함으로써 촉한蜀漢으로 불리었던 것은 주지하는 바이다. 그러나 이 촉지방의 고대문명에 대해서는 현대까지도 거의 알려진 바가 없었다. 다만 이 촉지역의 신화·역사지리에 대해 전하는 후한시대 문헌인 ≪촉왕본기蜀王本紀≫나 동진東晋시대의 문헌 ≪화양국지華陽國志≫에는 이 지역의 기원에 대한 짧지만 흥미로운 신화적 고사가 전하고 있다. 이들 기록을 정리하면 '일찍이 고대 사천지방 촉국에 고성왕古聖王이 있었는데, 그의 이름은 잠총蠶叢[누에고치]이며 그

촉蜀 지역의 수원이자 치수의 관건인 민강岷江

눈이 늘어진 모양이었다(其目縱)'라고 기술되어 있다. 누에고치라는 의미의 이름도 독특하지만, 외모에서 눈을 특별히 묘사한 점도 이채롭다. 잠총 이후로는 아마도 농경 및 치수관개治水灌漑와 관련있을 것으로 추정되는 백관柏灌이라는 고성왕, '물고기와 새'라는 뜻의 어부魚鳧라는 왕이 기록되어 있다. 이들이 어느 시대의 고성왕들인지는 정확히 알 수 없지만, 이 기록에는 홍수洪水·치수治水 신화의 문화영웅으로 유명한 황하유역의 고성왕 우禹 임금이 실은 촉蜀지방 출신이며 훗날 우禹가 이 지역에서 장강의 지류인 민강岷江의 치수사업도 벌였다는 전설에 가까운 일화들을 전하고 있다.

그런데 잠총蠶叢, 백관柏灌, 어부魚鳧 등의 왕들에 이어 훗날 두견새 전설의 기원이기도 한 두우杜宇라는 군주가 있었을 때 민강岷江에 또 큰 홍수가 났다고 한다. 그리고 두우가 치수에 실패한 후 촉은 새로운 개척지를 찾아 떠났다고 한다. 이 소략한 문헌의 기록은 그 고성왕들의 실존 여부는 물론 왕들의 명칭이 갖는 의미 등 그 어느 것도 명확히 제시하지 않은 채 수수께끼로 남긴 채 잊혀져가고 있었다. 적어도 1986년까지는 그랬다.

1986년 7월 어느 날, 중국 사천성四川省 광한시廣漢市 삼성촌三星村에서 일군의 농민들이 들에서 우물을 파던 중 우연히 발견된 2개의 갱坑은 일거에 동아시아 고대문명의 새로운 장을 제시하였다. 이들 갱坑에서는 다량의 옥기玉器와 청동기靑銅器가 발견되었는데, 연대 추정결과 기원전 1,500~1,000년경으로 동시대에 황하유역에서는 상 왕조가 병존하였다. 문제는 이 갱에서 발견된 청동기들은 그 거대한 규모와 형태, 용도, 그리고 그 주조鑄造기술에서 지금까지 발견된 어떠한 기물과도 이질적인 것이어서 세계학계의 비상한 관심을 불러일으켰다. 특히 대형 청동 가면假面(폭 1.37m), 대형 청동 입신상立身像(높이 2.62m), 대형청동 신수神樹(높이 3.84m), 황금 장杖(길이 1.5m) 및 여러 청동 동물들은 지금부터 약 3000천여 년 전 삼성퇴三星堆 문화인들이 설정한 신화 속의(혹은 엄연한 역사로 확신했던) 고성왕古聖王들을 연상케 하고 있어 흥미롭다.

삼성퇴 유지에서 출토된 유물들 가운데 단연 돋보이는 것은 대형 청동 가면이다. 직접 얼굴에 착용하기에는 너무 큰 규모의 이 청동 가면은 비범하고 신성한 고성왕을 묘사한 것으로 추정되는 데, 전체적으로 이목구비가 큰 모습에 특히 눈은 크다 못해 앞으로 돌출된 기형적인 모습이다. 이 거대한 눈을 목도하며 적잖은 연구자들은 자연스럽게 《화양국지華陽國志》에 묘사되었던 잠총의 눈['蠶叢其目縱']을 연상하게 되었다. 만약 그 청동 가면이 촉의 고성왕 잠총을 묘사한 것이라면 '그 눈이 종縱이었다'는 묘사는 곧 앞으로 돌출된 모습에 대한 표현으로 볼 수 있을 것이며, 따라서 일부 연구자들이 이 가면을 '종목縱目 가면'이라고 칭하는 것도 무리는 아닐 것이다. 여기서 또 주목할 부분은 고대로부터 이 지역을 '촉蜀'이라 칭했는데, 문자학적으로 고문자 촉의 구성 요소는 눈[目]과 벌레[虫]이다. 지역 이름에 눈을 강조한 것도 흥미롭지만 벌레는 또 무엇일까.

삼성퇴 청동 종목縱目 가면. 촉의 고성왕 잠총의 '총명성인상聰明聖人像'의 구현일지도 모른다.

촉蜀의 고문자

여기서 우리는 이 지역이 고대로부터 양잠업養蠶業이 발전했던 지역임을 상기할 필요가 있다. 나일론과 같은 합성섬유의 등장 이전에 인류가 구현한 최고의 섬유가 비단임은 주지의 사실이다. 그러나 이 비단의 원사原絲는 알다시피 뽕나무를 먹고 성충이 된 애벌레가 나방으로 변태하기 전 자신을 보호할 누에고치를 만들기 위해 몸에서 뽑아낸 섬유이다. 인간이 창조해 낸 것은 아니지만 생명체의 이 놀라운 변화를 착목하고 그것을 활용한 고대 누군가의 안목과 눈썰미는 실로 위대한 것이었으리라. 우리는 고대 문명의 이러한 위대한 기술적 진보와 발견이 대부분 '신화'에서 문명의 영웅으로 분식됨을 잘 알고 있다. 미천해 보이지만 작은 벌레의 변태과정에서 파생된 섬유를 이용해 비단이라는 최고의 섬유를 만들어 낸 신 혹은 고성왕을 고대 촉사람들이 설정했다면 즉자적 표현이지만 '누에고치[잠총蠶叢]'왕으로 표현한 것은 자연스러워 보이고 그 고성왕의 '총명聰明'한 통찰력과 눈썰미를 강조하기 위해 그의 눈과 귀는 과장되지만 비범하게 묘사된 것 같다. 그리고 그 문명의 영웅과 양잠의 상징이 조합되어 그 지역은 고대로부터 '촉蜀'으로 불렸던 것이다.

그렇다면 삼성퇴에서 출토된 유물들은 단순한 조형물들이 아니라 그들 부족의 신화적 역사상과 밀접한 관련이 있을 수도 있을 것이다. 가령 높이가 무려 4m에 육박하는 대형 청동 신수神樹를 일부 학자들은 양잠과 관련된 뽕나무[扶桑]로 칭하기도 하며 그 청동 신수 가지에 앉아 있는 9마리의 새는 태양을 상징하여 소위 '태양신조太陽神鳥'라고도 불리고 있다. 즉 이러한 조형물은 이 지역의 고대 양잠 전통은 물론 흔히 동방東方의 신목神木인 부상扶桑에 앉은 새를 통해 태양숭배의식을 반영한 것으로도 해석해 볼 수 있다. 황금 지팡이[黃金杖] 표면에는 새와 물고기문양이 집중적으로 표현되었는데, 고대의 조어鳥魚 토템의 전형을 보여주거나 혹은 실제 가마우지과의 새를 이용해 물고기를 잡는 이 지역의 전통적인 어로[鵜飼漁撈] 문화를 반영한 것으로 보는 관점도 있다. 어쨌든 군주의 권위를 상징하는 황금지팡이에 묘사된 새와 물고기의 문양은 이 지역의 고성왕 어부魚鳧와 관련된 것으로 보는 것은 타당해 보인다.

그렇다면 일찍이 생업의 근간으로 사천분지에 발달했던 농경문화와, 농경에 절대적인 관개灌漑와 치수治水의 중요성을 감안하면 이를 주재하는 고성왕古聖王의 설정이 없었다면 오히려 이

삼성퇴 대형청동입신상-치수와 농경을 주관한 고성왕으로 추정된다.

상할 것이다. 문헌상으로는 그 이름 외에 어떠한 설명도 전해지고 있지 않지만, 촉蜀의 고성왕 백관柏灌의 '백柏'은 일찍이 파촉巴蜀 지역에 번성했던 낙엽수였다거나, '관灌'자는 곧 농경에 필요한 물을 대는 관개수리를 의미하며 지금도 민강岷江 중류 도강언都江堰 유적이 있는 곳의 지명이 관현灌縣이고, 도강언都江堰으로 지류가 양분된 민강岷江이 주류主流는 사천분지四川盆地로 흐르고 그 외의 지류가 합류하는 하천이 곧 백조하柏條河라는 사실, 그리고 민산산맥岷山山脈에서 발원한 민강이 퇴적층을 형성하며 비옥한 선상지扇狀地를 이룬 곳이 곧 다름 아닌 지금의 관현灌縣이란 점 등은 백관柏灌과 이 지역 수리농경水利農耕 문화와의 오래된 관련성을 시사한다. 그런 점에서 삼성퇴 청동유물을 대표하면서도 단지 무축巫祝이라고 추측되어 왔던 대형 입신상이 고대 촉국蜀國의 수리농경 문화를 주재하는, 이를테면 고성왕 백관柏灌을 표현했을 가능성도 배제할 수 없다.

결론적으로 삼성퇴문명은 청동기문명에서도 중원이외의 다원적인 발전의 가능성을 제시하게 되었으며, 신화와 역사의 경계를 보여주는 매우 흥미로운 문명이었다. 적어도 청동주조술에 있어서 당대의 상나라를 능가하는 이 경이로운 청동문명인들 역시 중원에서 설정했던 야만적 만이蠻夷의 모습과는 너무도 거리가 멀었다. 그러나 삼성퇴유적이 발굴될 지 30여년이 되어감에도 불구하고 이 문명에 대해서는 여전히 많은 미스테리가 남아 있다. 이 문명의 주체가 누구였으며, 이들 유물들은 어떠한 용도로 제작되고 또 갱坑에 왜 폐기되었을까. 청동주조기술로 미루어 어떤 면에서는 황하유역보다 오히려 발달했던 이 문명은 왜 갑자기 역사 속에서 사라졌는가. 황하유역의 상주商周 문명과 장강유역의 삼성퇴 문명은 어떠한 관계였으며 어느 정도의 문화교류를 하였을까. 아직까지도 이러한 중요한 의문이 많이 남겨진 이유는 이 문명에서는 뜻밖에도 문자 자료가 발견되지 않았다는 점이다. 동시대에 상나라가 갑골문을 통해 문자, 즉 역사시대에 진입했음을 입증했다면, 주변 성곽의 흔적, 청동기, 신정정치 등의 소위 문명의 요소들을 갖추었음에도 불구하고 현재까지의 유물에 근거해 볼 때 삼성퇴문명이 무문자無文字 사회였다는 것은 이례적이다. 그렇다면 이러한 고도의 기술문명을 문자가 없다는 이유만으로 '선사先史' 문화 혹은 '야만'의 문화로 평가받을 수 있는가 하는 점은 회의적이다. 이처럼 삼성퇴 문화는 '문자성(literacy)'과 '문명'과의 관계에 많은 시사점을 던지고 있다. 그러나 이 기술문명이 지속되지 못하고 갑자기 사라진 원인과 이 문명의 '무문자성(illiteracy)'과는 또한 무슨 관계가 있을까도 재고되어야 할 것이다. 다만 점차 이 유적과 고대 촉국과의 연관성은 점차 구체화되고 있다.

금사金沙 청동상(좌)과 삼성퇴三星堆 청동상(우)

기왕에 출토된 유물들만으로도 삼성퇴문명의 기술적 선진성과 독자성은 이론의 여지가 없어 보이는데, 마침 21세기 벽두부터 삼성퇴 유적으로부터 그리 멀지않은 사천성 금사金沙에서 기원전 1000년경 촉국蜀國의 수도로 추정되는 대규모의 궁전유적과 청동기를 포함해서 삼성퇴문명과 유사한 유물들이 다량 출토됨으로써 이 지역이 당시 중원의 상商·주周에 비견되는 역사체요, 문명의 한 축이었음이 입증되어가고 있다. 어느 문명보다도 청동기술에 있어 정점을 자랑했던 중원이 중화사상과 화이관념을 구체화하던 그 시기, 중원 밖의 또 다른 문명 촉은 중원에 견줄만한 경이로운 청동 기물들을 제작했다. 일견 ≪산해경山海經≫의 Imago를 연상케 하는 이형異形의 신상神像들은 아마도 촉의 고성왕들이 재현된 것으로서 이들은 이 지역의 농경과 치수, 양잠과 어로 등의 문화를 전수해 준 문명의 영웅들이었을 것이다. 이는 3천여 년의 시간을 거슬러 신화와 역사의 접점이었던 시대를 우리에게 전해주고 있다.

2. 민족의 이동과 강남의 개발

선사시대부터 청동기시대를 거쳐 발전했던 장강지역은 각각 상류지역의 파촉巴蜀 문화, 중류지역의 초楚 문화, 그리고 하류지역의 오吳·월越 문화로 재편되어 중원의 종법질서와 거리를 두며 발전했다. 이들은 중원문화에 대한 열등의식과 소외의식을 극복하고자 힘쓰면서도 군사적으로 중원을 능가할 수 있다는 자부심은 대단하였으며 실제로 춘추전국시대를 통해 중원의 열국들을 압박하였다. 특히 초장왕楚莊王, 오왕부차吳王夫差, 월왕구천越王句踐 등은 스스로를 칭왕稱王하면서 중원中原의 질서로부터 벗어나려 했으며, 훗날 역사가들은 이들을 춘추오패春秋五覇의 반열로 인정할 정도였다.

오늘날의 연구결과 장강중하류지역은 일찍이 동광과 철광이 개발되었으며 이를 통해 야금술冶金術 또한 발전하였다. 청동기 문명에 있어 황하유역이 선진적이었다면 춘추전국시대 장강유역은 황하를 능가하였다. 때문에 고대부터 이 지역에서 주조된 금속무기는 유명하여 오왕부차가 오검吳劍을 수장水葬시켰다는 '호구검지虎丘劍池'의 전설이 오랫동안 회자되었는데, 지난 1983년 실제 이 지역에서 오왕부차 시기의 모矛와 검劍, 그리고 1965

오왕부차모
吳王夫差矛

월왕구천검
越王句踐劍

년에는 월왕구천 시기의 검劍도 출토되어, 2500여년의 세월을 넘어 영롱한 빛을 발하면서 그 무위武威의 진가가 드러났다.

그러나 결국 천하를 일통하고 제국을 수립한 진秦(기원전 221~206)은 화북華北의 관중關中 평야에서 발원한 국가였으며 전술했듯이 제국의 출현과 더불어 중국의 역사는 화북문명중심으로 재편되고 서술되었다. 장강의 여러 문명은 진한제국의 남방변경의 일개 군현郡縣들로 재편되었으며 그렇게 장강문명은 약 4백여년간 역사의 중심에서 소외되었다. 주지하다시피 이 지역이 다시 주목받기 시작한 것은 제국이 분열되어 분할된 삼국시대(220~280)였다. 장강하류의 비옥한 경제력에 기반한 손권의 東吳정권은 삼국의 한 축을 이루며 이 지역의 개발에 일조하였다. 위魏와 촉蜀·오吳 연합군간 장강의 적벽赤壁에서 전개된 일대 격전(208)은 삼국분할의 분수령이 되었음은 유명하지만, 한편으로 화북문명과 장강문명의 반복된 충돌의 재현이기도 했다.

그러나 삼국분열에서 서진西晉 정권의 수립이 중국 내부에서 일어난 일종의 '찻잔에서의 파란'이었다면, 유라시아 대륙의 역사를 요동치게 할 거대한 쓰나미가 초원너머 북아시아에서 전개되고 있었다. 아마도 기후변화와 생태변화가 주원인으로 지목되는, 역사상 유례가 없는 대규모의 인구이동이 동아시아에서 지중해지역까지 연쇄적으로 발생하였다. 그 결과는 동아시아의 한漢에서 지중해유역의 로마까지 제국질서가 모두 붕괴되고, 유라시아 대륙은 기나긴 중세시대로 진입하게 되었다. 그동안의 중세역사관은 제국의 붕괴로 인한 정치적 분열과 갈등, 이민족들의 유입으로 인한 제국시대 문화의 왜곡, 이성과 과학의 정체와 신학과 종교의 발흥 등으로 대변되었으며 그것은 고대(ancient)와 근대(modern)의 '사이에 낀(middle)' 소극적이며 부정적인 시대였다. 그러나 오늘날 학계의 중세역사관은 점차 수정되고 있다. 결론적으로 말하면 새로운 문명의 융합을 위한 역동적이고 창조적인 혼돈일 수 있었으며, 이민족의 유입은 새로운 문화를 창출할 수 있는 새로운 자극이었고, 그것은 혼란이라기보다는 다원적인 문화가 발현되는 시기였다. 그리고 가장 중요한 점은 중세시대를 통해 중국역사의 공간이 확대된 점인데, 그 핵심은 바로 강남江南으로도 불리는 장강유역 화중지방의 개발과 강남 귀족문화의 성숙이었다.

흉노와 선비계통의 유목민들이 장성長城을 넘어 한족의 근거지인 화북에 수립한 북조北朝정권은 한족의 우수한 인재들을 중용하여 그 문화와 행정체계를 받아들이고 중국문화에 동화되었다. 그러나 상당수의 한족들은 이민족치하의 세계를 거부하고 초야에 은닉하거나 화북의 근거지를 버리고 장강지역으로 망명하여 남조南朝정권을 수립하였다. 그들은 유배의식과 낙향의식으로 참괴慙愧해 했으며, 풍토와 환경이 전혀 다른 남만南蠻의 땅 장강유역의 생활은 너무도 낯설었다. 그러나 곧 회복되리라는 신념을 품고 남조에 정착한지 한세대 두세대, 남북조 정권은 오히려 고착되어가고, 낯설게 느껴지던 강남지역은 파종만 하면 1년 2모작 2년 3모작이 가능할 정도로 비옥하고 윤택하였다. 문을 나서면 곧 만나게 되는 녹원綠園과 수택水澤이 펼쳐진 강남의 풍광은 삭막한 화북과는 대조적이었으며, 소위 죽림칠현竹林七賢으로 대표되는 이 시대 사대부들의 풍류風流는 남조에 와서 귀족문화로 난숙爛熟되었다. 바로 이러한 풍토에서 중세시대 강남을 중심으로 시詩와 서화書畫, 음악과 청담淸談의 문화가 발전하였다. 혹자가 평하듯 금욕적인 고대시대의 유교적 예교정신에서 벗어나 중세시대에는 자유로운 성정性情의 표현이 용인되었던, 그럼으로써 문화예술이 비로소 발전할 수 있었던 '인간이 발견'되는 시대였으며, 그 중심에는 풍요로운 경제력과 아름다운 자연이 함께하는 장강과 강남이 있었다.

이후 주지하다시피 화북에 근거한 수隋·당唐제국의 출현이나 송宋·명明과 같은 한족왕조도 수립되지만, 요遼·금金·원元·청淸처럼 유목민 출신으로 화북의 일부 혹은 중국대륙 전체를 장악하는 정복왕조도 교체 출연하였다. 여기서 주목할 점은 점차 비중이 높아지는 강남의 경제력도 한 요인이지만, 이처럼 북방의 이민족에게 빈번히 정복당하고 문화적으로 융합되는 화북지역에 대해 상대적으로 이민족의 충격에서 자유로왔던 강남인들이 중국문화의 정통성을 자부하게 되었다는 점이다. 즉 고대에 남만南蠻지역이었던 강남이 오히려 순수한 중국문화의 정체성이 온존한 지역으로 대두되는 일종의 '반전'이었다. 광대한 오늘날의 중국을 크게 2개의 지역으로 구분하면 전통적인 한족의 강역이었던 내지와 이민족들의 영토였던 외지로 나눌 수 있는데, 그것을 다시 세분하면 내지는 황하유역의 화북華北, 장강유역의 화중華中, 그리고 장강이남의 화남華南으로, 외지는 동북東北, 서북西北, 서남西南으로 나눌 수가 있을 것이다. 이러한 강역의 구성은 결국 고대이래 상대적으로 협소하던 황하유역의 중원에서 출발한 중국문명이 장강유역의 화중-화남으로의 확대로, 더 나아가 광대한 외지로까지 역사공간을 확장했던 지난한 역사과정을 반영하는 것이다. 장강유역의 화중지방은 어느덧 내지의 중심이 되었다.

제7장

서주 춘추 사회와 회맹會盟 질서

1. 서주의 봉건제도와 '주례周禮'

씨족적 전통과 읍제邑制에 기반하여 봉건제도를 시행했으며, 종법宗法 질서와 신정神政정치를 운용하는 등 중국의 고대 왕조 상商과 주周는 여러 면에서 공유점을 지닌 연속선상의 왕조라고도 할 수 있다. 그럼에도 불구하고 기원전 11세기기경 목야牧野에서의 전쟁을 통해 주나라가 상나라를 멸망시키고 중원 지역을 장악한 소위 '상주혁명商周黃命'은 중국 고대사의 새로운 전환을 촉진시킨 사건이었다. 불안정한 왕위계승권, 동성同姓 제후의 취약성, 이성異姓 제후를 포함한 주변 방국方國들과의 유동적인 동맹 관계, 여러 차례에 걸친 천도遷都 등은 결국 상왕商王 권위의 한계와 상대적으로 이완된 상조商朝의 봉건 제도를 반영한다. 周나라는 제후들에게 읍을 분봉하여 그 영토와 인민의 영속적 지배를 보장해 주었다는 점에서는 기본적으로 商의 봉건제도를 계승하였다. 그러나 주족周族 내 장자長子 계승권을 제도화하여 대종大宗과 소종小宗을 엄분하고 주왕과의 혈연적 친소親疎에 따라 공公-경卿-대부大夫-사士의 지배 계층 내 누층적인 서열(hierarchy)을 명확히 하여 소위 종법제도를 확립한 점은 주周와 상商의 뚜렷한 차이를 보여준다.

주周는 초기에 약 1,500개의 읍邑에 제후들을 분봉시켜 일종의 번병藩屛으로 삼음으로써 왕기王畿와 중원의 안전을 도모하고 각 읍에는 주왕이 주관하는 전쟁과 제사에 참여할 의무를 부과시켰다. 가령 중원 외부 이민족의 군사적 침략이나 영토 분쟁 등이 발생하면 제후들은 출병하여 중원을 방어할 의무가 있었으며, 주왕이 주관하는 각종 제의에 직접 참여하거나 적어도 제사에 필요한 인적·물적 자원을 제공할 의무가 있었다. '부세賦稅'의 기원은 이러한 제사공동체의 물질적 진상에서 비롯되었을 가능성이 높다. 주가 분봉한 읍 가운데 3분의2에 해당하는 읍의 제후가 주왕실과 같은 희성姬姓을 지닌 동성同姓 제후였던 점은 봉건제도가 종법 질서의 외연적 확대임을 의미하였다. 이들은 마치 병풍처럼 왕기 지역에 포진하여 주 왕실을 보위하고 이적夷狄의 침입으로부터 중원을 방어했다. 소위 '피는 물보다 진하다'는 가장 단순하면서도 근본적인 인륜에 호소한 종법질서는 주의 통합과 발전의 근간이었다. 중원 전 지역에 걸친 주족周族의 분봉은 자연스럽게 문화적 통합과 확산을 촉진시켰다. 오늘날의 감숙성甘肅省 동부, 섬서성陝西省, 산서성山西省, 하남성河南省 서부에 기초한 주 왕조의 역사와 문화는 봉건제도를 통해 하남성河南省 동부, 하북성河北省, 산동성山東省, 강소성江蘇省, 호북성湖北省 북부 지역으로 확산되었다. 특히 상족의 근거지였던 제齊·노魯지역은 강태공姜太公과 주공周公이 분봉됨으로써 지역적으로는 동이東夷 지역에 속하면서도 주원周原의 문화를 보지하고 강화하는 역할을 하였다. 그런 점에서 주의 봉건제도는 중원문화의 교류와 전파에 결정적인 기여를 한 제도였다.

봉건제도를 통한 문화적 교류와 확산의 실례는 청동기를 통해서도 확인할 수 있다. 청동기는 왕과 제후의 공고한 유대의식을 지속적으로 보장하고 확인시키는 중요한 기물器物이었기 때문이다. 앞장에서 청동기에 대해 상술되었듯이 왕이 제후에게 권위를 사여할 때 청동기를 하사한 점에서 상과 주는 기본적으로는 동일하였다. 고대 중국에서 청동기는 옥석玉石이 아니면서도 '영원성'을 담보할 수 있는 성聖스러운 기물이자 당시 기술 문명의 총아였다. 제사 용기로서의 청동기는 신과 교통하는 가장 중요한 수단이었으며, 병기로서의 청동기는 군사적 권위와 전쟁의 실질적인 도구였다는 점에서 청동기는 제사공동체이자 군사공동체의 수장인 왕의 권력을 상징했다. 때문에 청동기의 사여는 곧 왕의 권력의 분배이자 사여였다. 제후입장에서 청동기는 분봉받은 읍의 인민들에게 왕의 대리자로서 책명册命받았음을 입증하는 기물이었다. 바로 이점에서 서주시대에 진입하여 청동기는 새로운 질적 전환을 맞게 되었다. 상대 청동기에는 신령함을 분식시키기 위한 다양한 신수神獸 문양이 특징이었지만, 명문銘文 즉 문자를 각주刻鑄하는 경우는 거의 드물었다. 그러나 상대 말기에 이르면 청동기에 2자字, 4자 혹은 10자 미만 정도 청동기 소유자나 제작을 명한 사람의 간단한 명칭이 새겨지기 시작하더니 서주시대에 진입하면서 청동기에 각주된 문자 즉 금문金

文은 십 수자에서 수십 자, 심지어 일 이백자를 넘는 문자가 각주되었고 내용과 문장의 형식도 정형화되었다.

금문의 양식은 모두 동일하지는 않지만 대체적으로 다음과 같다. '청동기를 제작한 연대(: 주왕의 연대와 일시), 제작한 배경(: 주왕의 영광과 특정한 국정國政이나 전쟁에서 제후가 세운 공업), 청동기가 사용될 제사, 송사頌辭(가문과 일족의 영광을 기원)' 등의 내용이 각주되었다. 청동기가 녹아 없어지지 않는 한 금문은 주왕과 제후가 이룩한 역사役事를 영원히 전했으며 금문은 양자의 관계를 끊임없이 각인시키고 환기시켰다. 금문 대부분의 말미에는 '~자손 대대로 이 청동기를 영원히 간직하고 사용하라~子子孫孫 永保(寶)用[之]'라며 축원하는데 소위 '가보家寶'의 어원은 바로 청동기를 의미했다.

그러나 정말로 자손들은 그 청동기를 대대로 간직하며 사용했을까. 물론 주왕이 하사한 청동기는 정말로 가보와 다름없었으며 공신들과 제후들은 여러 신과 조상신을 모시는 각종 제사에서 이들 청동기를 통해 가문의 영광을 현양하였을 것이다. 그러나 청동기들은 때론 자손에게 계승되지 않고 그 공훈을 세운 제후나 국인이 죽으면 저승에서도 자신의 신분과 업적을 과시하기 위함이었는지 그의 무덤에 함께 부장되는 경우가 많았다. 고고발굴을 통해 출토된 당시의 방대한 청동기들은 대부분 이처럼 무덤에 부장되었던 것이었기 때문에 오늘날 우리가 확인할 수 있었던 것이다. 그러나 그 제후의 무덤에 청동기를 부장하더라도 장자가 그 읍을 계승하면 선대에 이어 주왕에 대한 충성과 봉건적 의무를 확인하기 위해 주왕은 다시 청동기를 제작하고 과거의 기념비적인 공훈을 금문으로 기록한 후 하사하는 경우가 많았다. 이처럼 주왕과 제후와의 지속적인 유대관계를 공고히 하기 위해서라도 주왕은 다량의 청동기를 제작하고 금문을 각주하였다. 청동기와 그 금문은 봉건제도를 유지하는 중요한 수단이자 결과물이었기 때문이다.

가령 청말 섬서성 기산岐山 주원周原 유지에서 출토된 청동기 모공정毛公鼎은 그 형태와 금문이 고석考釋된 결과, 주 선왕宣王(기원전 827~기원전 782) 때 제작된 것으로 선왕 초기 주 왕궁을 보위하며 군공을 세웠던 모공毛公의 공적을 치하하기 위해 제작된 것으로 확인되었다. 이 금문의 문자는 무려 499자로 현재까지 확인된 금문가운데 가장 많은 문자에 해당하는 것으로 이 정도면 한권의 작은 사료집에 가까울 정도였다. 때문에 이 금문을 통해 기존의 사료에서는 거의 확인된 적이 없었던 주 선왕宣王과 모공毛公의 역사는 오롯이 복원될 수 있었다. 신탁의 결과를 각석한 신성문자 갑골문에 비하면 세속적인 주 왕조의 역사를 기록한 금문은 본격적인 역사의 기록이라고 해도 과언은 아닐 것이다.

모공정毛公鼎과 명문(서주)

상조의 갑골문 대부분이 상대 후기 수도였던 은허에서 출토되었던 것은 중요한 제사와 신탁이 대부분 왕도王都에서 거행되었고 극소수의 제사관들만 갑골의 제작에 참여하고 해독할 수 있었음을 시사한다. 그러나 금문이 각주된 주대 청동기는 중원 전 지역에 걸쳐 출토되었다. 이는 금문의 문자와 서식 그리고 금문이 담고 있는 주 왕조의 역사가 중원 전 지역에 확산되고 공유되었음을 의미하는 것이다. 당시는 분명히 '금문金文의 시대'였으며 그것은 주 왕조의 봉건제도가 낳은 결과물이었다.

2. 춘추春秋와 전국戰國 시대

시대 구분은 역사학자의 사관史觀이 투영된 결과이기에 학계의 쟁점이 되어 왔다. 그런 점에서 고대 중국의 '서주-춘추-전국' 시대라는 시대 구분은 매우 흥미로우면서도 고전적인 시도이다. 기원전 9세기 이후 점진적으로 주왕의 권위가 실추되는 가운데 실정失政을 반복하던 주 유왕幽王(재위 기원전 795~771)이 기원전 771년 서북방의 이민족 견융犬戎의 침략에 패사하는 사건이 발생하였다. 계승권분쟁 끝에 유왕을 이어 즉위한 주 평왕平王(재위 기원전 770~718)은 용단을 내려 수도를 지금의 서안 부근의 호경鎬京에서 지금의 낙양인 낙읍洛邑으로 천도遷都하였다. 이 사건은 후대 역사학자들에게 단순한 천도遷都 이상의 역사적 전환점으로 평가받고 이때부터 서주西周 시대가 끝나고 동주東周 시대의 전개로 인식되었다. 그러나 동주시대라는 개념보다 '춘추春秋'시대라는 표현이 보다 일반적으로 통용되고 있다. 당시

노魯나라의 사관들이 기록하였던 역사책이 현재까지 전하고 있는데, 이 역사책은 노 은공隱公 원년(기원전 722)부터 노 애공哀公 14년(기원전 481)까지 노나라와 주변 열국들의 역사를 편년체 형식으로 기록하고 있다. 이 사서가 ≪춘추春秋≫로서 마침 동주시대를 관통하고 있기에 후대인들은 그 시대를 춘추 시대라고 명명하게 되었다. '봄과 가을의 시대', 참으로 낭만적인 시대 명칭이 아닐 수 없다. 춘추는 봄과 가을, 즉 계절과 시대의 흐름이요 곧 '역사'라는 의미로 일반화되었다.

춘추 시대의 상한선이 기원전 770년임은 모두들 동의하지만 하한선이 언제인지에 대해서는 의견이 분분하다. 사서 ≪춘추春秋≫의 기록이 끝나는 기원전 481년 설도 있고, 사마천의 ≪사기史記≫에서 전국戰國시대 6국 연표가 기원전 475년부터 시작되기 때문에 춘추 시대의 하한선을 기원전 476년으로 보기도 하며, 최근에는 중원의 패자국인 진晉이 대부들의 권력 찬탈로 한韓·위魏·조趙 세 나라로 분할되었던 기원전 453년으로 주장하는 경향도 있다. 그렇다면 전국시대의 상한선도 이처럼 의견이 분분하다고 할 수 있지만, 그 하한선은 모두가 동의하는 바이다. 즉 진秦이 역사상 초유의 천하일통을 이루고 황제지배체제를 수립한 기원전 221년, 전국시대도 종식되고 중국에 처음으로 제국이 출현한 것이다. 전한前漢 성제成帝(재위 기원전 33~기원전 7) 시기 궁중 장서를 담당하던 유향劉向(기원전 77~기원전 6)은 방대한 문헌을 정리하는 과정에서 특히 선진先秦 시기 유세가遊說家와 책사策士들이 군주와 치열한 책략을 모색했던 이야기를 모아 ≪전국책戰國策≫을 편찬하였다. 서명대로 그것은 실로 '격렬하게 전개되는 각 열국들의 전쟁과, 부국강병을 모색하는 다양한 책략策略'을 담은 내용이었다. 이 서명을 모티브로 후대 역사가들은 중국의 기원전 5세기 중엽에서 기원전 3세기까지의 시기를 '전국戰國 시대(Warring States Period)'라고 명명하였다.

그 표현은 차치하고 춘추 전국시대는 실로 동아시아 역사상 가장 초기의 격변의 전환시대였으며 사회 총체적인 영역에서 전방위적인 변화를 맞았던 시기였다. 일견 정치적으로는 혼란한 시기임은 사실이지만 사회, 경제, 문화적으로는 역동적인 변화가 진행되었던 과도기였다. 철기의 보편화와 철기 농기구로 인한 생산의 발전, 씨족제의 해체와 소농 중심의 재편, 호구 조사로 인한 인민에 대한 통제의 강화와 수취체제의 정비, 고전적인 경사經史 문화의 발전 등 전통적인 봉건 시대에서 중앙집권적 제국의 출현을 위한 점진적인 변화가 진행되는 전환기였다.

3. 회맹會盟과 춘추 패자霸者

반목과 갈등을 넘어 멸망의 파국이 점차 일상화되기 시작하던 춘추전국春秋戰國시대에 전쟁과 더불어 외교가 읍邑의 안전을 도모하는 또 하나의 관건임은 주지의 사실이다. 당시에 각 열국들은 제후의 즉위, 혼례, 장례 등 각국의 중요 행사와 의례에 참가를 위해, 서로의 우호 관계를 확인하거나 갈등을 조정하기 위해, 혹은 타 열국을 침공하거나 이적의 침략을 막기 위한 군사적 동맹을 맺기 위해 제후나 국인층의 외교 사신들이 서로 모이곤 했다. 이렇게 함께 제의에 참여하고 친목을 도모하거나 합의를 이

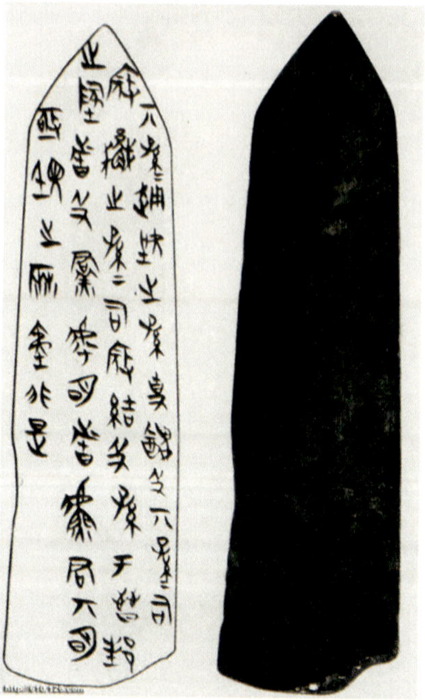

후마맹서侯馬盟書 일부 (춘추春秋)

끌기 위해 모이는 일종의 외교적 모임을 '회會'라고 한다. 회에서 결정된 합의 사항이나 의결 내용에 대한 준수를 구두로 약속하는 것을 서誓라고 하는데 서약誓約만으로는 강제성과 구속력에 한계가 있으므로 당시 회에 모인 제후나 국인들은 좀 더 강력한 기제를 활용하였는데, 그것이 바로 맹盟이다.

맹盟의 본질은 목숨을 걸고 그 합의 사항을 지키겠다는 의지를 직접 시연하는 것이며 이를 통해 회會의 합의사항에 대한 준수를 강제하는 것이다. 죽음을 불사하겠다는 비장함을 확인시켜 주는 가장 좋은 방법은 생명을 상징하는 피를 내어 보이거나 피를 나누는 것으로, 이것이 바로 '혈맹血盟' 의식이다. 그러나 그 많은 회會에서 제후나 대부들이 번번이 직접 몸에 상처를 내어 혈맹을 할 수는 없었기 때문에 가장 일반적으로는 양羊과 같은 살아있는 동물을 현장에서 잡아 그 피를 참가자들이 함께 마시거나 입에 바르는 것으로 자기희생을 대체하는 것이다. 이렇게 피를 나누는 것을 '삽혈歃血' 의식이라 한다. 그리고 '신인공동체神人共同體'와도 같았던 고대 사회에서 이 모든 의식은 신과 하늘이 지켜보는 것으로 믿었기에 신에게 맹약의 준수를 서약하는 의미에서 신에게도 쟁반 형식의 제기에 희생 동물의 피와 고기를 봉헌했던 것 같다. 갑골문이나 금문에서 확인된 고문자 맹盟은 바로 그 봉헌의 모습을 형상화한 상형문자이다. 신과 함께 한 이 맹서盟誓는 구두에 그치는 것이 아니라 문서의 양식으로 기록하여 확인했던 것 같은데, 이러한 맹약의 문서를 '맹서盟書' 혹은 '재서載書'라고 한다. 맹서에는 맹약한 일시, 맹약의 주체, 맹약의 내용 등이 기록되며 대부분 그 문서의 말미에는 '만약 이 맹약을 어기는 자는 신이 반드시 천벌을 내릴 것이리라'는 일종의 저주咀呪로 마무리 되고 있다. 그런 의미에서 맹은 씨족사회 이래로 계승되어 오던 주술적인 결맹結盟 습속의 전통이 반영된 의식이었던 것이다. 신에게 기탁한 이러한 맹약 의식은 고대인들에게는 상당한 구속력을 발휘했던 것 같다. 지난 1965년 산서성山西省 후마시候馬市 진촌秦村의 춘추시대 진국晉國의 유적에서 5,000 여개의 옥편玉片이 출토되었는데 표면에 붉게 주서朱書된 문자를 해독한 결과 춘추시대 진晉의 제후와 대부들 간에 맹약한 내용을 기록한 맹서盟書임이 밝혀졌다. 아마도 회맹 이후 맹서盟書를 매장했던 것으로 추정된다. 소위 '후마맹서候馬盟書'로 불리는 이 문서도 맹약의 엄격한 준수를 약속하고 위반했을 시에 가해질 신의 저주로 끝맺고 있다.

사료를 검토하면 때론 회會는 했으나 맹盟을 하지 않은 경우도 있는데 가령 노魯나라 은공隱公은 즉위 2년(기원전 721)에 융족戎族과 우호 관계를 추진하기 위해 잠읍潛邑에서 회동을 하였는데, 이민족인 융족의 입장에서는 서약의 실효성을 확보하고 그 내용을 문서로 확보받길 기대했는지 노나라에게 맹盟을 요구했지만 은공隱公은 거절했던 회會가 있었다. 맹盟이 없었다면 그회會의 구속력은 상대적으로 미약할 수밖에 없었을 것이다. 맹盟은 완결성과 구속력을 담보하는 회會의 마침표와 같은 의식이기 때문에 함께 수반되는 경우가 많았지만 회會와 시차를 두고 다른 장소에서 별도로 맹盟의 의식을 갖는 경우도 많았다. 가령 노나라 은공隱公, 제齊나라 리공釐公, 그리고 정鄭나라 장공莊公이 함께 송宋나라 공벌攻伐을 도모하기 위해 회會를 한 것은 기원전 713년 2月 중구中丘에서였지만, 이후 이에 대한 맹盟을 한 것은 그 달 26일 경 등읍鄧邑에서였다. 그러나 기원전 548년 제齊나라에 대한 공벌攻代 문제로 노나라 양공襄公과 진晉나라 평공平公이 회맹會盟을 했던 경우는 이의夷義에서 회會했던 시기는 봄이었지만, 중구重丘에서 맹盟을 맺은 시기는 약 3개월이 지난 가을이었다. 이처럼 각 열국들은 나름대로 자국의 실리를 고려하여 회會와 맹盟을 선택적으로 운영했음을 짐작케 한다.

이러한 會盟의식을 적극적으로 활용하여 중원 내 열국간의 분쟁을 조정하고 질서를 통제했던 이들이 제환공이후 등장한 패자霸者였다. 맹자孟子가 비판한 것처럼 패도霸道가 군사적 물리력에 의존한 권위였음은 사실이지만, 인仁을 가장한 부도적한 권력이라기보다는 주의 동천이후 권위가 부재한 왕도王道를 대신하여 중원을 보지해야한다는 시대적 요구로 인해 출현한 '필요권력체', 더 나아가 '필연적 결과'로 보는 것이 역사적 실체에 부합할 것이다. 패자의 시대에 강대국들이 통치의 주요 기제로 활용하였던 회맹질서는 열국들이 교류하고 소통할 수 있었던 가장 중요한 장이었음은 확실하며, 아울러 패자질서의 한계가 노출되기 시작했던 균열의 간극이었음도 사실이었다.

왜냐하면 춘추 초기에는 맹약盟約을 위반하는 '배맹背盟'의 사례도 많지 않았지만, 만약 배맹背盟을 하였을 경우 하늘이 내리는 천벌을 대신하여 패자霸者가 회맹에 참관했던 열국들의 연합군을 동원하여 군사적인 '공벌攻伐'을 감행하는 것이 현실적인 조치였다. 공벌은 회맹과 배맹에 수반된 물리적인 제재였으며 패도의 실질적 강제력이었다. 그러나 춘추시대를 통해 반복되는 회맹-배맹-공벌의 악순환은 제후들에게 일종의 학습효과를 주면서 회맹질서와 패자질서의 권위도 점차 약해지게 되었다. 회맹의 주술적 저주는 고사하고, 패자가 주관하는 공벌의 물리력도 그 한계가 노출되면서 열국의 제후들은 또 다른 물리력과 저울질하며 부화뇌동하였다. 때문에 패자는 고정 불변한 것이 아니라 후대에 오패五霸로 대표되는 또 다른 패자를 요구하며 교체되었다. 가령 기원전 563년 남방의 강대국 초楚가 중원의 정鄭나라를 공벌하자 초나라와 화평和平을 맺으려는 정나라의 공자公子들과, 중원의 전통적인 패자국 진晉과 그 해에 맺었던 회맹을 상기시키며 이를 반대하는 또 다른 공자公子들이 나누는 다음 대화는 당시 국인國人들의 회맹에 대한 인식을 적나라하게 보여주고 있다.

[정鄭나라] 공자公子 공孔과 교蟜가 말하였다. "대국大國인 [진晉]과 맹약盟約을 맺으며 [삽혈歃血한] 피가 입에서 마르기도 전에 배맹을 하여도 괜찮단 말이오?"

공자公子 사駟와 전展이 대답하였다. "우리가 [진晉]과 맹약을 맺을 때 '단지 [진晉이] 강국强國이기에 맹약盟約을 따른다.' 라고 했었소. 지금 초군楚軍이 임박했는데도 진晉이 우리를 구하지 않는 것은 초楚가 강국强國이기 때문이니, [초와 화평을 맺은들 진과의] 맹서盟誓를 우리가 배반하는 것이라고 어찌 할 수 있겠소. 또한 맹盟을 맺음에 진실이 없으면 신神도 강림하지 않으시며, 신이 강림하는 바는 오로지 [그 맹약에] 신의信義가 있을 때뿐이오. 신의란 언약의 부서符書이자 맹을 맺게 하는 근본이니, [그런 맹약일 때] 신神도 강림하는 것이오. [만약] 신神도 성결聖潔치 않으셨는데 [억지로] 맹약盟約을 맺었다면 배맹背盟해도 되는 것이오."

정鄭나라는 드디어 초나라와 화평을 이루고 정나라의 중분中分에서 楚나라 공자公子 파융罷戎과 맹약盟約을 맺었다.

(≪좌전左傳≫, 양공襄公 9년)

위의 기사는 남방의 강대국 초楚가 호시탐탐 중원으로 확장하려는 즈음, 이를 견제하려는 중원의 강대국 진晉과 초楚 사이에서 전전긍긍하는 정鄭과 같은 소국小國들의 딜레마를 잘 보여준다. 정나라 공자公子들의 상반된 입장에서 쟁점이 되는 것은 회맹會盟의 성聖스러움은 이미 퇴색했고, 회맹이 곧 자국의 이익을 담보하지 못하며 열국 간 역학관계의 핵심은 곧 '힘의 논리'임을 명확하게 인식하고 있음을 잘 보여주고 있다. 특히 소국들에게 있어 회맹과 배맹의 악순환적인 반복은 이제 일상이 되었음을 반영한다. 춘추전국시대를 통해 광범위하게 진행된 회맹은 분명 왕도에서 패도로 대체되는 권력의 추이과정을 보여주는 장이자, 더불어 패도의 쇠퇴과정도 노정하고 있으며 바야흐로 도래할 새로운 권력의 시대를 예고하는 것이었다.

적과 우방을 불문하고 불신과 사위詐僞가 난무하는 전국戰國시대의 외교外交는 비록 유가를 비롯한 제자諸子들로부터 비난받아 왔으나, 그럼에도 불구하고 소진蘇秦과 장의張儀를 비롯한 종횡가縱橫家들의 대두와 득세는 소국들에게는 생존을 위해, 그리고 진秦과 같은 대국은 일통천하一統天下를 위해 취할 수밖에 없는 그야말로 '비공非攻의 전략과 전술'이었음을 반증하는 것이었다. 이러한 전국시대 외교의 발전은 이미 춘추시대부터 열국들의 관계 모색에서부터 배태되었다. 사마천司馬遷이 지적했듯이 '주군主君의 시해弑害가 36차례, 멸국滅國이 52차례, 그리고 제후諸侯들이 도망가서 사직社稷을 돌보지 못함은 헤아릴 수 없을 정도로 많았던 것'이(≪사기史記≫, 권130, 태사공자서) 춘추 후기의 상황이었다.

4. 회맹會盟과 인시引詩

계절존망繼絕存亡의 견지와 회맹의 준수, 그리고 대부 간의 조빙朝聘을 통한 열국간의 화평和平의 확인과 갱신을 골간으로 한 춘추시대의 외교가 비록 시대적인 절박함이나 긴장도에서 전국시대와 같지는 않지만, 국익을 최우선으로 한 열국간의 관계모색이라는 외교의 본질에서는 별반 다르지 않았다. 제齊나라의 관중管仲, 정鄭나라의 자산子産, 진晋나라의 숙향叔向, 제齊나라의 안자晏子, 오吳계찰季札, 그리고 노魯나라, 위衛나라, 제齊나라 등을 오가며 활동했던 자공子貢 등은 이미 춘추시대가 배출한 걸출한 외교가外交家들로서 이미 전국시대 종횡가縱橫家의 서막을 알리는 것이었다.

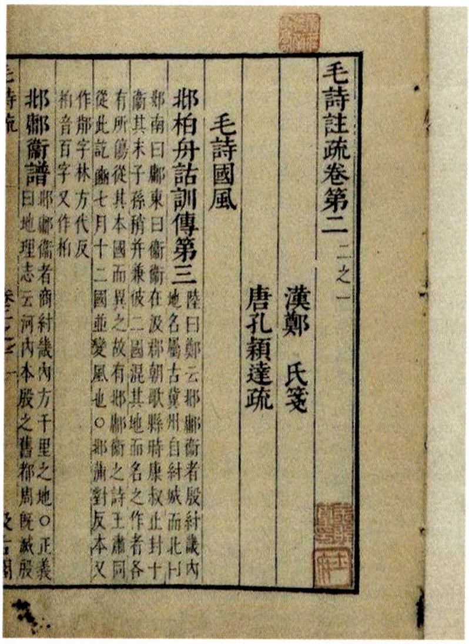
毛詩註疏卷第二 二之一
漢鄭氏箋
唐孔穎達疏
毛詩國風
邶柏舟詁訓傳第三
邶鄘衛譜

시경詩經, 가장 초기에 편찬된 경전으로 고대 사인의 능력과 교양의 기준이었다.

일신一身의 안전보다 세치 혀의 건재健在함을 우선했던 장의張儀의 일화는(≪사기史記≫, 권70, 장의열전) 다소 희화화된 면도 없지 않지만 시대를 막론하고 외교능력의 가장 중요한 미덕은 단연 뛰어난 언변言辯이었다.

열국간의 조朝·빙聘·회會·맹盟에 참가한 각국의 제후나, 혹은 제후를 대신한 '사使'들은 그 나라를 대표하는 최고의 지식인들이어야 했을 것이다. 그들은 정치·경제·군사·행정 등의 실무능력은 물론, 특히 예법禮法에 따른 의전儀典 절차와 논리 정연한 언어구사력, 즉 변술辯術이 요구되었다. 물론 그들의 정치적 입론이 일반 언어와 언변을 통해 전달된 것은 사실이다. 그러나 특히 춘추시대 외교담당자에게 요구되는 중요한 능력 가운데 하나는 ≪시경詩經≫에 있는 시詩를 적절하게 인용[引詩]하거나 혹은 창의적인 시부詩賦를 지어 표현하는 것이었다. 외교담당자들은 경우에 따라서는 가장 미묘하면서도 결정적인 순간에, 자국의 이익을 관철하고 상대국을 풍자하거나 비난하기 위해서 직설적인 언사보다는 '은유적이며 통렬한' 인시引詩로써 완곡하게 표현했기 때문이다. 가령 다음의 기사를 보자.

> (노 소공魯昭公 12년) 여름, 송宋나라 대부大夫 화정華定이 노나라에 내빙來聘한 것은 송宋나라의 새 군주인 (원공元公이 작년에) 즉위한 사실을 알리기 위한 것이었다. (그를 위해 노 소공이) 연회를 베풀고 ≪시경詩經)≫의 노래 〈소요蓼蕭〉편을 노래 불렀는데, 송나라의 화정은 그 노래의 뜻을 이해 못하고, 또 그에 대한 화답和答의 노래도 부르지 않았다. (그러자) 노나라의 숙손소자叔孫昭子는 말하였다. "그의 일신一身이 반드시 망하게 될 것이다. 연회宴會에서 할 말을 생각지 못하고, 칭찬을 받고서도 그에 대한 감사의 화답和答을 못했으며, 미덕美德이 무엇인지를 알지 못하고, 함께 나누는 복福을 받지 못했으니, 장차 어떻게 일신을 보존할 수 있겠는가?"
>
> (≪좌전左傳≫, 소공昭公 12년)

위는 노魯 소공昭公 12년(기원전 530) 노나라를 방문한 송나라의 대부 화정을 위한 연회에서 일어났던 사건을 옮긴 기사이다. 춘추시대 열국 간 조빙朝聘의 가장 중요한 목적 가운데 하나는 제후들의 즉위와 관련되어 있었다. 송나라의 대부 화정의 방문도 송나라의 후사後嗣를 계승한 당시 송 원공元公의 즉위를 알리기 위함이었다. 열국간의 조빙朝聘에는 향연饗宴과 주악奏樂이 빠질 수 없었으며, 노 소공은 송 원공의 즉위를 축하하는 의미에서 특별히 ≪시경詩經≫ 〈대아大雅·요소蓼蕭〉편을 불렀다고 한다. ≪좌전左傳≫에서는 시구의 직접인용은 하지 않고 그 편명篇名만을 전하고 있는데, 오늘날 전하는 ≪시경詩經≫과 내용이 동일하다는 전제하에 그 시를 음미해 보자.

> 길게 자란 다북쑥에 이슬이 촉촉이 내리네.
> 우리 님을 만나 뵈니 내 마음 시원하네.

기쁘게 웃고 얘기하니[燕語] 즐겁고 편안하네.

길게 자란 다북쑥에 이슬이 촉촉이 내리네.
우리 님을 만나 뵈니 영광스런 일일세[爲龍爲光].
그분 덕은 어긋남이 없으니 끝없이 오래 사시리.

길게 자란 다북쑥에 이슬이 촉촉이 내리네.
우리 님을 만나 뵈니 매우 즐겁고 속편하네.
형제간에 우애 좋으니 아름다운 덕[令德]은 오래 가고 즐겁네.

길게 자란 다북쑥에 이슬이 촉촉이 내리네.
우리 님을 만나 뵈니 고삐는 처져 있고,
수레의 방울소리는 달랑달랑 온갖 복이 다 모이네[萬福攸同].

〈요소蓼蕭〉 편은 일반적으로 주왕周王이 제후諸侯들의 조빙朝聘을 맞이하여 향연饗宴을 베풀 때 잘 부르는 노래로 알려져 있으며, 시구에서 알 수 있듯이 주왕周王을 중심으로 형제와도 같은 제후들의 친목과 우의를 확인하는 노래라는 점에서 이 잔치에 매우 어울리는 노래를 노 소공은 선택하였던 것 같다. 당시 노나라의 숙손소자叔孫昭子도 지적했듯이 송나라의 화정은 그날 두 가지의 결정적인 과오를 범하였는데, 첫째는 이 노래의 의미를 인식하지 못했다는 점이고 둘째, 그로인해 이에 대한 답가를 하지 못한 점이다. 위에 〈소요蓼蕭〉 편 전체를 다시 인용한 것은 ≪좌전左傳≫에 기록된 노 숙손소자의 논평論評을 다시 음미하기 위함이다. 즉 노 숙손소자가 송의 화정을 안타깝게 여기며 지적했듯 '연회에서 할 말을 생각지 못하고, 칭찬을 받고서도 그에 대한 감사의 화답을 못했으며, 미덕이 무엇인지를 알지 못하고, 함께 나누는 복을 받지 못했으니[**宴語**之不懷, **寵光**之不宣, **令德**之不知, **同福**之不受]'라는 말은 실은 ≪시경詩經≫ 〈소요蓼蕭〉 편의 각 절마다의 키워드를 숙손소자가 각운처럼 재인용하여 그 시편 조목조목의 의미를 화정이 몰랐음을 절묘하게 지적한 것이다. 숙손소자의 비평 자체가 고도의 수사修辭이자 일종의 재인시再引詩라고 할 수 있다. 결국 송나라를 대표하여 내빙來聘한 외교가外交家로서의 화정의 결정적인 결함은 시악詩樂에 대한 무지와 그로인해 상대국의 시부詩賦를 '이해하지[得志]' 못한 점이다.

그렇다면 다음의 또 다른 고사는 어떨까.

> 위衛나라의 영무자甯武子가 노나라에 내빙하자, 노 문공文公은 그에게 연회宴會를 베풀어 주고 ≪시경詩經)≫의 노래 〈담로湛路〉와 〈동궁彤弓〉을 연주해 주었다. (그러나) 영무자는 감사의 말도 하지 않았고, 또 답시를 올리지도 않았다. 문공은 담당자를 시켜 은밀히 그 이유를 알아보게 했는데, 영무자가 답했다. "신臣은 (연회에서의 그 노래를 악공樂工이) 그저 연습으로 한 것으로 생각했습니다. 옛날 제후들이 주왕周王을 조빙朝聘했을 때 주왕周王이 연회로 그들을 반기며 〈담로湛路〉를 연주해 주니, 그 뜻은 주왕은 태양에 해당하고 제후는 명을 받드는 것이었습니다. (그리고) 제후가 주왕을 성내게 하는 자를 공벌攻伐하여 그 공功을 바치면, 왕은 이에 동궁彤弓 하나와 동시彤矢 백 개, 자궁玈弓 하나와 자시玈矢 백 개를 하사下賜하시어 공功에 대한 보답의 연회임을 환기시켜 주었습니다. 지금 제가 양국의 우호를 위해 (이렇게) 왔는데, 공公께서 그것을 (주왕이 제후에게 들려주었던 곡목을 함부로 연주함으로써) 황망히 욕되게 하셨으니 그것은 감히 대례大禮를 범하는 것이온데 제가 어찌 (이에 감사하거나 답가를 올려 저 또한) 죄를 저지르겠습니까?"
>
> (≪좌전左傳≫, 문공文公 4년)

노나라 문공文公 4년(기원전 623) 노나라를 방문한 위衛나라의 대부 영무자甯武子를 환대하는 연회에서, 노 문공이 악공을 시켜 ≪시경詩經≫의 노래 〈담로湛路〉와 〈동궁彤弓〉편을 들려주었으나 영무자는 감사의 표시도, 답가도 하지 않았다. 연회자리에서 주빈에 대한 ≪시경詩經≫의 노래에 답가를 하지 못한 점은 앞선 소공 12년의 기사와 형식적으로 유사하다. 그러나 그 과정과 이유는 전혀 달랐다. 송나라의 대부 화정華定이 노나라에서 불러준 부시賦詩에 대해 전혀 이해하지를 못하여 답시答詩를 못한 반면, 위나라 대부 영무자는 위에서 피력되었듯이 그 노래의 의미를 너무도 정확하게 알고 있었기에 의도적으로 답부答賦하지 않았던 것이다. 노나라 문공이 부시賦詩한 〈담로湛路〉 편과 〈동궁彤弓〉 편은 모두 주周 천자天子가 제후諸侯의 공功을 치하致賀하는 내용으로서 이는 위나라의 군주를 대표하여 내빙한 영무자를 노 문공 자신이 마치 천자가 된 듯 맞이하겠다는 것이니, 영무자는 이를 '비례非禮'로 받아들인 것이다. 노 문공의 비례非禮에 대응하여 답부答賦하는 것은 또 다른 비례非禮를 범하는 것이니 영무자는 짐짓 모른 척하며 답부答賦를 회피함으로써 위나라의 국격國格을 지킨 것이다.

훗날 공자孔子로부터 '나라에 도道가 있으면 지혜롭고, 도道가 없으면 어리석었다.'고 칭송받았던 영무자甯武子나(≪논어≫, 공야장), 진秦 목공穆公이 베푼 부시賦詩에 적절한 답부答賦를 올리도록 진晉의 공자公子 중이重耳를 보좌한 조쇠趙衰(≪좌전左傳≫, 희공僖公 23년), 노 양공襄公 4년(기원전 569), 진晉을 방문하여 연회자리에서 진晉 도공悼公이 들려준 악곡의 역사성을 정확히

득지得志하고, 예법에 맞지 않는 곡과 예법에 어울리는 악곡을 가려 진의 도공에게 배례拜禮를 올렸던 노나라의 대부大夫 목숙穆叔(≪좌전左傳≫, 양공襄公 4년) 등은 모두 시詩에 대한 올바른 이해를 통해 자국의 명예와 국익을 지켜낸 국인國人들이었다. 반면 송나라의 화정은 일신의 운명은 물론 魯나라와 宋나라 양국에 대한 중요한 비례非禮를 범한 것이니, 고대 국인國人들의 사적·공적 생활에 시詩에 대한 교육과 이해가 얼마나 중요한 비중을 차지하고 있었는지를 단적으로 웅변하는 인시引詩 기사記事들이다.

때문에 '시詩를 배우지 않으면 할 말이 없다'거나(≪논어≫, 계씨季氏), '공자께서는 시詩와 서書를 음송吟誦하시고, 예禮를 집행하실 때 모두 바른 말[雅言]을 하셨다'는 것은(≪논어≫, 술이述而) 진지하게 뜻을 전달해야 할 모멘트에서 인시引詩를 통해 정제되고 올바른 말을 공자孔子가 구사했음을 이르는 말이었으며, 공자가 '비로소 나와 함께 시를 논할 수 있겠구나'라고 말한 것도(≪논어≫, 학이學而) 단순히 제자들의 학문적 성취를 인정하는 상투적인 표현만이 아니라, 그만큼 시詩의 각별한 의미를 표현한 '아언雅言'인 것이다.

공자시론孔子詩論 죽간竹簡 (전국戰國시대)

제8장

제자백가의 출현과 고전 문화의 발전

1. 제자백가諸子百家의 출현과 성격

춘추·전국시대가 정치적으로는 대 혼란의 시기임에도 사회·경제·문화적으로는 비약적인 발전이 있었던 대전환의 시대임은 전술한 바이다. 특히 문화사적으로 가장 위대한 유산은 제자학諸子學의 형성과 확산이라고 할 수 있다. 춘추시대 초반까지도 국가의 교육은 소수 지배계층의 자제子弟, 즉 '공자公子'나 '국자國子'들에게만 허용되었고 그런 점에서 국가의 교육은 기본적으로 관학官學이었다. 전하는 바에 의하면 옛날 요임금이나 순임금 등 고성왕들의 시대에도 학교가 있었는데 이를 '성균成均'이었다고 하며 실제 주나라 때 '성균(관)'이란 교육기관을 두었다고 한다. 지배계층인 국인國人 층의 자제들, 즉 국자國子들은 기본적인 글쓰기와 산술 능력을 익히고, 경전인 시서詩書를 배우며, 아울러 전사戰士로서 활쏘기[射]와 수레 운전하는 법[御]을 체득해야 했다. 이러한 교육시스템은 기본적으로 종법질서에 따른

공公-경卿-대부大夫-사士 계층의 안정적인 재생산을 위한 통치의 기제이기도 하였다. 물론 혈연적 친소親疏에 기반한 엘리트층으로서 이들이 서주 왕실은 물론 제후국의 주요 관료를 담당하며 정치적 지위를 향유했음은 사실이지만, 이 제한된 관학 체계가 그들의 능력까지 보장하는 것은 아니었다.

춘추 전국 시대는 국가의 존망이 걸린 대 위기의 시대였으며 살아남기 위한 부국강병을 위해서는 과감한 개혁을 추진할 수 있는 실무에 밝은 현실적 능력자들이 요구되었다. 소위 '상현尙賢'의 풍조라 불리는 능력 우선의 사회 분위기는 새로운 지식인의 출현과 교육 체계를 추동하였다. 후술하겠지만 소위 '멸읍치현滅邑置縣'으로 치닫는 전쟁의 시기에 기존의 전통 체계에 안주하는 약소한 읍邑들은 정복과 멸망을 당하였고, 새로운 토지, 조세, 군역 제도를 정비하여 부국강병에 성공한 나라들은 주변 읍을 정벌한 후 신현新縣을 설치하여 자신들의 영토에 편입하였다. 기본적으로 기득권자였던 국인층들은 현상 유지를 선호했고 개혁에 저항하였다. 이에 제후들은 과감한 개혁을 추진하기 위해서는 외국 출신이나 심지어 사士 계층이나 민 출신의 능력자를 중용하여 개혁을 맡기고자 하였다.

이러한 사회적 풍조에 편승하여 지식을 배우고 실무 능력을 익혀 열국에 중용됨으로써 신분 상승을 기도하는 사람들도 대거 등장하였다. 문제는 지식을 익히고 실무를 전수받는 방법이었다. 제한된 신분에게만 허용된 기존의 관학 체계로는 이들을 다 수용할 수 없었고, 기존 경사經史 중심의 교과목 내용으로는 새로운 개혁을 제시할 수도 없었다. 본래 '공자公子'나 '국자國子'에 사용되던 '자子'자는 점차 '~선생님'을 의미하는 존칭으로 범용되었다. 이에 사인士人들은 '공선생님[孔子]', '맹선생님[孟子]', '노선생님[老子]', '묵선생님[墨子]' 등 여러 지역에 산재한 고명한 선생님을 찾아 함께 생활하며 고금의 지식을 전수받고 당시 사회 문제의 원인을 분석하며 나름의 해결책을 제시하는 최초의 사학私學 공동체[家]를 구성하게 되었다. 소위 '다양한 학파의 선생님[諸子]을 모시고 지식을 전수받는, 여러 생활공동체이자 학문공동체[百家]'가 출현한 것이다.

다만 학파의 분류는 한대 황실 장서를 담당하던 태사령太史令 사마담司馬談이 고금의 지식을 일람하며 이에 대한 체계적인 정리와 분류가 필요함을 인식하여 정리한 결과였다. 본래 모든 학문의 원류는 고대 무사巫史 문화에서 연유하였고, 청대 고증학자 장학성章學誠(1738~1801)의 명제대로라면 '6경經도 모두 사史에서 비롯된 것'이겠지만[六經皆史] 사마천이 《사기》〈태사공자서〉에서 《역전易傳》을 인용하여 설명한 바대로 그 유파의 다양성에도 불구하고 제자백가의 근본 원류는 궁극적으로 일치하는 것[天下一致而同歸]이었다. 원류만이 아니라 제자학을 관통하는 시대적 보편성도 분명하였다.

우선 전술하였듯이 제자백가 집단은 당시 상현尙賢의 풍조가 반영되어 자연발생적으로 출현한 사학私學 집단이었고, 수업료는 정액제가 아니어도 제자들은 스승을 봉양하며 모셔야 하는, 사제師弟관계로 결성된 공고한 학문·생활공동체였다. 따로 변변한 교재나 학습 공간 없이 스승의 기억 속에 있는 경전의 지식과 지혜를 전수받았는데, 때문에 대부분의 수업은 스승이 물으면 제자가 답하고, 제자가 질문하면 선생이 답해주는 방식으로 현재까지도 범용되는 '대화법' 수업이었다. 선생이 언변으로 전하는 강의를 '총명聰明'한 제자는 듣고 고민하며, 질의하고 자신의 견해를 피력함으로써 스승과 제자가 '교학상장敎學相長'하는 고전적이며 이상적인 강학講學의 방식이었다. 우리는 ≪논어論語≫나 플라톤의 ≪대화≫를 통해 사제 간의 부단한 대화를 통해 고금의 지혜가 교호하는 고대의 보편적 강학의 실체를 접할 수 있다.

공자孔子의 경우처럼 제자諸子들의 신분은 대부大夫 급이거나 오히려 몰락한 국인층들이 대부분이었고, 오히려 제자弟子들의 경우는 대부급 이상부터 사士, 혹은 드물지만 민民 출신들도 있었다. 때문에 대체적으로 제자백가 집단의 중심계층은 상대적으로 소외된 지배계층이었던 '사인士人'으로 보는 것이 타당한 것 같다. 대부분의 제자학은 당시의 정치적 혼란을 종식하고 '평화와 안정'을 추구하였으며, 분열보다는 '통합'을 추구하였으나 그 통합의 실체는 학파마다 입장이 다소 차이가 있었다. 제자학은 무사巫史의 문화에서 출발하여 본격적으로 독자적인 입론을 전개하는 새로운 집단 지성의 활동이었지만, 관점의 차이에도 불구하고 그들의 논변의 공통점은 '고성왕古聖王'들의 권위에 기탁하여 자신의 입론을 전개하는 특징을 지니고 있었다. 즉 제자 자신의 입장을 전면에 내세우기 보다는 '요임금께서 말씀하시기를堯曰~', '순임금께서 말씀하시기를舜曰~', '문왕께서 이르기를文王曰~' 등등 전승 상의 고성왕의 언행을 인용하며 피력하는 것이 관행화되어 있었다. 공자의 표현을 빌리면 소위 '술이부작述

而不作', 즉 '자신은 성인聖人들이 만든[作] 고제古制를 정리[述]만 할 뿐이지 감히 성인처럼 새로운 제도를 만들지는 못한다.'는 것인데, 일종의 겸양의 레토릭일 수 있지만 주관이 매몰되고 고성왕의 전통에서 벗어나지 못하는 한계를 지니고 있었다. 이러한 경향은 유가儒家가 가장 강하였다. 그럼에도 불구하고 춘추·전국시대가 실로 중국사상사의 황금시대라는 논자들의 해석은 타당하며 그 시기에 분출되었던 제자학諸子學은 가장 초기의 체계적인 지적운동이자, 동아시아의 위대한 정신문명의 소산이었으며 이후 불가침적인 고전의 위상을 확보하게 되었다.

2. 간독簡牘과 제자서諸子書

여기서 몇 가지 의문을 제기해 보자. 동아시아의 공자孔子, 맹자孟子, 순자荀子, 노자老子, 묵자墨子, 한비자韓非子, 인도 지역의 고타마 싯타르타, 그리고 저 멀리 지중해 유역의 소크라테스, 플라톤, 아리스토텔레스에 이르기까지 유라시아 대륙에 등장하여 오늘날까지 인류 역사의 위대한 성현聖賢의 반열에 올라있는 인물들이 활동했던 시기가 모두 기원전 6세기에서 3세기 시기에 집중되어 있다. 소위 동서양의 '고전古典(Classic)의 시대'를 연 인물들이 거의 동시기에 활동했던 것은 우연일까. 그들에 비견할 만한 성현이나, 그들만큼의 치열한 지적 모색이 그 이전 시대에는 없었을까. 물론 정확한 답을 제시하기 어렵지만 그 이전에도 신화에 가까운 '전승 상의 성왕'들이 있었을 것이고, 그들도 이 시기 성현들 못지않은 시대적, 존재론적, 본성론적 고민을 하였을 것이다. 그러나 그 성왕들의 담론들은 오늘날의 경사經史와 제자서諸子書에 '구전口傳'의 형식으로 전승될 뿐이다. 그러나 앞서 언급한 성현들의 사상은 그들의 생졸 가까운 시기부터 오롯이 '기록記錄'되고 전저專著(monograph)로 남아 오늘날까지 전해지고 있다. 다시 말해 바로 기원전 6~3세기는 유라시아 대륙에 공히 '기록'이 보편화되기 시작하던 시대였다는 점이 그 이전 시대와 뚜렷이 구별되었다.

곽점초간郭店楚簡 〈치의緇衣〉 편 일부
(전국戰國 시대)

앞장에서 언급하였듯이 고대 중국의 경우 최초의 문자는 갑골에 기록되었으며 이는 신성문자에 가까웠다. 갑골문의 역사는 기원전 1600여 년부터 시작되어 서주 초기 갑자기 사라질 때까지 약 500년간 지속되었다. 이어 등장한 기록의 매체는 청동기였으며 청동 표면에 각주한 금문金文은 서주 왕실과 제후 간의 생생한 역사를 기록한 것이었다. 금문의 시대도 기원전 1200여 년부터 시작되어 기원전 8세기 경 절정을 맞다가 일부 무기武器류에 각주된 간략한 기록을 제외하고는 약 500여년 만에 쇠퇴하였다. 이어 등장한 기록의 매체가 간독簡牘 혹은 간백簡帛이었다.

훨씬 싸고 가벼운 소재인 목간木簡이나 죽간竹簡, 그리고 기록용 비단[帛]에 먹물과 붓을 이용하여 기록되기 시작한 것이 바로 춘추 전국시대로 추정된다. 가령 1993년 중국 호북성湖北省 형문시荊門市 곽점촌郭店村에서 발견된 700매가 넘는 소위 '곽점초간郭店楚簡'은 유가儒家, 도가道家 계열의 제자학을 담은 죽간竹簡들로서 학계의 비상한 관심을 모았다. 곽점초간의 연대는 대략 기원전 4세기 중엽으로 추정되며, 지금까지 발견된 간독 자료가운데 가장 이른 시기의 것이다. 다만 현존하는 문헌자료들을 검토하면 그러한 간백簡帛은 춘추 시대부터 사용되기 시작했을 가능성이 높다. 결론적으로 말하면 가볍고 저렴하며 묵필墨筆과 결합된 새로운 기록 매체인 간독의 시대를 맞이하면서 고대 중국은 본격적으로 기록물이 양산되는 시대로 전환되었다고 해도 과언은 아닐 것이다. 이때부터 문서량과 기록물이 폭증하고 개인의 사상과 입론이 정리되어 기록되었으며, 다량의 행정문서가 유통되면서 문서량과 기록물이 폭증하기 시작하였다. 물론 이 과정에는 전술하였듯이 스승과 제가로 이어지며 이들의 사상을 공유하고 전습하는 학문공동체로서의 학단이 구성되어 있었기에 가능하였다. 또한 춘추 전국시대 열국들이 조직적이고 정교한 행정체계와 행정문서를 전담하는 관제를 구축했던 요인도 주요하였다. 즉 이러한 포괄적이며 혁신적인 체제의 변화가 없었다면 그 위대한 제자諸子들의 사상도 오롯이 정리되지 못한 채 불완전한 구전으로 왜곡되거나 과장되어 전승되었을 가능성이 높다. 간독의 사용은 빠르면 기원전 7세기경에는 시작되어 종이가 확산되기 시작하는 기원후 약 3세기까지 약 천년 동안 지속되었다.

그런 점에서 기술·문화사적으로 춘추 전국시대는 가히 '간독의 시대'였다.

물론 진한秦漢 제국 이후에도 춘추 전국시대의 성현聖賢 못지않은 지혜와 식견을 지닌 다양한 제자諸子 계열 사인士人들이 등장하여 입론을 펼치고 제자서諸子書를 남겼지만, 감히 공맹孔孟과 묵한墨韓을 뛰어 넘을 수는 없었다. 고전의 시대는 본격적인 기록에 힘입어 이미 불멸의 시원始原이자 신화가 되었기 때문이다.

2. 제자학의 개요

1) 예악禮樂의 보루, 공자孔子와 유가儒家

공자孔子 상

유가儒家 집단은 노魯나라 출신의 공자孔子(기원전 551~479) 선생 수하에 모여 학단이 구성되었다. 동아시아 역사상 가장 위대한 성현으로 추앙받는 공자는 기원전 6세기에서 5세기를 관통하는 춘추 후기의 인물로서 비단 유가儒家의 조종祖宗만이 아니라 제자諸子의 전형이었다. 상족商族 계통의 송宋나라 세족世族의 후손이었으나 공자가 살았던 시대에 이미 그의 가문은 쇠락하였고 사마담이 '야합野合'의 결과였다고 표현한 것처럼 그의 출생 과정에도 곡절이 있었던 것 같다. ≪논어論語)≫와 ≪사기史記≫ 등의 문헌 전반에 드러나는 공자의 두드러진 특징은 그가 이미 어려서부터 고대의 '의례儀禮'에 상당히 조예가 깊었다는 것이다. 사마담司馬談은 제자학파를 분류하며 공자와 그 문하를 '유儒'라고 칭하였는데, 유의 어원은 '수需'로서 그 자형의 두 코드, 즉 비[雨]와 터럭[而]에서 알 수 있듯이 '머리를 풀어 헤치고 기우제祈雨祭를 지내는 제사관'을 가리키는 것이라고 한다. 공자 스스로 '괴력난신怪力亂神'을 경계했듯이(≪論語≫, 述而) 사마담이나 사마천이 공자와 그 문하를 무사巫史 집단으로 분류한 것은 물론 아니었다. 다만 공자를 비롯하여 유가들은 다른 어떤 학파들보다 각종 제사와 의례에 정통했던 것으로 보이며 그 사상과 강령을 관통하는 핵심 교리는 '예禮'였다.

애제자인 안회顏回가 스승인 공자의 위대함을 탄하며 '문文으로써 우리의 식견을 넓혀주시고 예禮로써 우리를 규약規約케 해주셨다(≪논어≫, 子罕, "博我以文, 約我以禮")'고 한 것은 정치가라기보다는 탁월한 교육자로서 평생 강학講學에 전념했던 공자의 가르침을 집약한 것이라고 해도 과언은 아니다. 노나라 애공哀公 6년(기원전 489), 60여년에 걸친 열국列國 주유周遊의 와중에 객지인 채읍蔡邑에서 또 다시 고단한 삶을 맞이해야 했던 공자가, 자신의 박학博學을 겸손하게 부인하면서도 자신이 '한 가지 원리에서만큼은 달통했다[一以貫之]'고 제자 자공子貢에게 말한 것은(≪사기≫, 권47, 공자세가孔子世家) 불우했던 자신의 삶에서도 끝내 지키고자 했던 자부심이자 자기성찰이었다.

공자가 그토록 일이관지一以貫之했던 것은 무엇이었을까. 아마도 그것은 그의 삶을 관통하여 예법禮法을 실천하고 시악詩樂에 정진하며, 고래로 전해지는 경사經史를 보존·정리하고 생활 속에서 도道와 인仁의 자세를 견지하는 것이었을 것이다. 급변하는 시대조류에 편승하여 예악禮樂이 점차 변질되어 가는 당시의 현실을 공자는 항상 개탄해 했으며, 그래서 예禮 와 악樂의 회복에 그가 얼마나 심혈을 기울이고 집착했는지는 여러 문헌에서 확인할 수 있다. '자신을 이기고 예로 복귀하면 곧 어질게 된다.(≪논어≫, 顔淵, "子曰, 克己復禮爲仁")'는 경구는 그의 예치禮治 사상을 압축하며, '시詩에서 일어나, 예禮로써 바로 서며, 악樂으로 완성한다.(≪論語≫, 泰伯, "子曰, "興於詩, 立於禮, 成於樂.")'는 경구는 그의 시악詩樂 사상을 대변한다. 홍콩 골동품 암시장에서 발견되어 상해박물관이 거금을 들여 매입하고 지난 2000년부터 출간되어 현재 9권까지 소개된 전국戰國시대 초楚지역 죽간竹簡, 즉 소위 ≪상해박물관장전국초죽서上海博物館藏戰國楚竹書≫(-약칭 상박초간上博楚簡)의 1권 제1장을 연구자들은 〈공자시론孔子詩論〉이라 명명하였다. 이 죽간의 서두에는 시악詩樂에 대한 공자의[혹은 그의 사후 유가의 문하에 의한] 간결한 담론이 기록되어 있었기에 죽간의 주석자들은 〈공자시론孔子詩論〉이라는 편명을 정한 것이었다. 그 핵심 내용은 다음과 같다.

> 공자孔子께서 말씀하시길, "시詩는 사람의 뜻[志]을 숨기지 않고, 악樂은 성정情을 감추지 아니하며, 문文은 말한 바[言]와 다르지 아니한다."
>
> (≪상박초간上博楚簡≫, 〈공자시론孔子詩論〉)

공자가 제자들에게 시악詩樂의 교육을 얼마나 강조했는지는 ≪논어≫ 전편에 산재되어 있다. 모름지기 사인士人으로서 시詩를 알아야 교양있는 대화가 가능하고 공직을 수행할 수 있었던 당시의 정황을 시사하고 있다. 70 여년의 생을 마감하며 마지막까지 주역周易과 시악詩樂에 정진했던 공자는 정치가로서는 실패했을지 모르지만 위대한 교육자이자 학자였던 것은 분명해 보인다. 이미 전국시대에 이르면 맹자를 비롯 유가 학단을 중심으로 공자는 성현의 반열에 올라 추앙되었으며 한漢 무제武帝 이후 유가 이념이 국가 지배이념으로 정립되면서 이후 역대에 걸쳐 '소왕素王'의 반열에 오르고 '만세의 스승[萬世師表]'이 되었다.

그러나 그러한 명망 못지않게 역사적 평가의 부침浮沈 또한 컸다. 공자는 동아시아 문화의 아이콘이자 상징이었기에 부정적이고 봉건적인 전근대 문화를 비판할 때에도 공자가 주 타깃이 되었다. 특히 19세기 이후 동아시아가 서양 열강의 침략을 받고 반 식민 상태로 전락하면서 동아시아의 낙후성과 봉건성의 모든 책임이 공자에게 전가되었다. 5·4운동을 전후한 신문화운동시기도 그랬지만 중국의 문

청대 강희제가 곡부曲阜의 공묘孔廟에 사액賜額한 '만세사표萬世師表' 현판이 문화대혁명 시기 홍위병에 의해 파괴되고 있다.

화대혁명 시기는 그 정점이었다. 유교와 관련된 사당과 서원, 그리고 석경石經들이 파괴되었고 한적본 경전經典들은 소각되었다. 물론 불교와 도교의 사원들도 많이 파괴되었다. 한 때 우리나라에서도 ≪공자가 죽어야 나라가 산다≫ 라는 도발적인 도서가 출간되었던 기억이 나는데 그 취지는 이해가 가지만 전 근대 봉건적 유재의 모든 멍에가 공자에게 부과되는 것은 적절하지 못하다. 유교가 지닌 고답적이며 비합리적인 인습이 유존했음을 부인할 수는 없지만 봉건적 유산의 모든 책임이 유교에 있는 것은 아니며, 유교는 여러 왕조와 시대에 따라 훈고학, 성리학, 양명학, 고증학의 형식으로 다양하게 변용을 해 왔고 공자의 주장과 이념은 그 유장한 유가와 유교의 가장 초기 사상일 뿐이었다.

그러나 전혀 다른 반전도 자연스럽지는 못 한 것 같다. 1976년 마오쩌뚱毛澤東이 사망하고 문화대혁명이 끝난 이후 중국은 개혁 개방과 함께 한 세대를 넘어 고도성장을 구가하고 있다. 1990년대 이후 미국을 비롯하여 서방 세계는 중국식 실용주의로 고도 성장하는 중국의 발전 모델에 주목하게 되었고 일부 전문가들은 중국, 일본, 한국 등 동아시아 국가의 발전의 공통분모인 유교문화를 그 성장 요인으로 분석하기도 하였다.

중국의 경제 성장이 도시와 연해지방을 중심으로 한 선택과 집중의 결과였기에 21세기 들어 중국 정부는 도시와 농촌 간, 연해지역과 내지 간, 그리고 민족 간 불평등과 갈등 문제에 직면하게 되었다. 전술했듯이 후진타오胡錦濤 집권 시기[(2003~2013)] 중국 공산당이 대통합을 지향하는 '화해和諧'사회 구현을 국가 비전으로 제시하면서 중국 역사상 통합의 전범을 제시한 성현으로 공자가 다시 추인되었다. 군자君子의 대승적 화합을 주장한 공자의 '화이부동和而不同'(≪논어≫자로) 사상은 그 자체의 의미 이상으로 공산당 정권에 의해 추존되는 반전도 정치적 목적이 농후했기에 부자연스럽기는 마찬가지였다.

2) 아성亞聖 맹자孟子와 종사宗師 순자荀子

맹자孟子 상

공자의 사후 제자들은 전국 각 지로 산재되었다고 하는데, 일설에는 그 제자가 3천여 명이었다고 하나 문헌에서 확인할 수 있는 제자는 대략 70여명 정도로 추정된다. 동서고금의 위대한 성현들이 그렇듯 자신의 당대 보다는 이후 누대에 걸친 제자弟子들에 의해 성현의 가르침과 지혜는 명맥을 이어갔다. 근래 남쪽 장강長江 유역에서 출토된 전국시대 자료에는 유가 계열의 제자서諸子書류 간독簡牘들이 확인됨으로써 그러한 역사적 정황을 확인할 수 있다. 그럼에도 불구하고 공자의 근거지이기도 했던 추로鄒魯지역이 유가의 본산이었음은 분명하였다.

공자의 사후 약 100여년 이후 곡부의 부근 추읍鄒邑 출신인 맹자孟子(기원전 372~289 경)는 유가의 명맥을 이으며 아성亞聖의 반열에 오른 제자諸子이다. 맹자는 공자를 성현으로 추대하였으며 자신의 입론에 공자의 권위를 적극적으로 의탁하였다. 공자 사상의 핵심인 예禮와 인仁을 계승하면서도 부자父子, 군신君臣,

부부夫婦, 장유長幼, 붕우朋友 등의 '인륜人倫'관계에 적용하여 그 엄연한 종적 질서를 강조하였다. 주왕周王이 하늘의 천명天命을 받아 지상 세계를 통치하는 소위 '왕도王道'의 정치가 이상적인 통치라면, 춘추시대 이후 힘의 논리를 인仁으로 가장하는[以力假仁] 패자霸者들은 모두 죄인이며 그 '패도'의 시대를 격렬히 비난하였다.

사회구조적인 문제도 중요하지만 맹자는 인간의 본성 문제에 주목하였다. 맹자는 '사람의 본성은 본래 온전하다[性善]'고 보았다. 그 온전한 본성이 속세에서 변질되고 타락하니[惡] 교육과 예치를 통해 본래의 선善으로 회복될 수 있다고 보았다. 맹자의 관점에서 사람이 교육을 통해 인위적으로 온전하게 되려는 과정은[人爲善] 적극적이며 긍정적인 노력이었다.

순자荀子 상

순자荀子(기원전 298~238)는 전국시대 후반의 유학자로서 비단 유가 계열만이 아니라 제자백가 사상을 아우르고 집대성한 종사宗師에 가까웠다. 공맹孔孟 사상을 계승하면서도 유가 사상이 일관되게 비판했던 '형벌刑罰'의 유효성을 인정하였다. 유가가 주장하는 예치禮治는 종법宗法질서에 근거를 둔 지배계층 내의 관습법적인 성격이 강하여 그 강제력에 한계가 있을 뿐만 아니라 비례非禮 행위에 대한 처벌도 분명하지 않았다. 순자가 살았던 기원전 3세기의 전국 시대 후반은 종법질서는 이미 붕괴되었고 열국 간의 약육강식이 난무한 시대이자 비례와 폭력, 전쟁이 일상화된 시대였다. 그 시대를 관통했던 순자는 예치의 한계와 더불어 형벌이 용인된 일정 정도의 '법치法治'를 수용했던 유연한 현실론자였다. 그런 점에서 순자의 문하에서 수학했던 이사李斯(기원전 284~208)와 한비자韓非子(?~기원전 233)가 훗날 법가法家로 성장하게 되었던 것은 결코 우연이 아니었을 것이다.

순자도 인간의 본성에 천착했는데, 다만 순자는 '인간의 본성을 온전하지 못한 불완전한 것[性惡]'으로 보았다는 점에서 맹자와 대비된다. 그러나 본래 불완전한 인간을 적극적 교육과 예의를 통해 온전한 존재로 개선시켜야 된다[僞善]는 점에서는 근본적으로는 맹자의 본성론本性論과 맥을 같이 하고 있었다.

전국시대 제자백가 사상에서 쟁점이 되었던 주제 가운데 하나가 '예악론禮樂論'이었다. 유가를 제외하면 대부분의 제자 학파는 번잡하고 형식적인 의례儀禮 문화에 대해서 비판적이었다. 특히 묵가墨家 계열은 음악에 대한 별도의 장을 마련하여(≪묵자墨子≫ 〈비악非樂〉) 악樂의 감성적 측면을 경계하고 의례에 수반되는 대규모의 악기 제작과 악공樂工의 운영이 미치는 재정적 부담과 사치스러움을 성토하였다. ≪순자荀子≫〈악론樂論〉은 음악에 대한 유가의 입론을 집대성한 가장 체계적인 음악론이자 묵가의 비판에 대한 반박에 가까웠다. 순자에 따르면 음악은 감성적이어서 지나치면 쾌락快樂이나 희락喜樂으로 경도될 수 있기 때문에 예에 의해 적절히 절제되어야[以禮節樂] 함을 주장하였다. 그렇게 적절히 조절될 수 있다면 음악은 희락喜樂이 아니라 예악禮樂으로 승화되어 이를 통치의 기제로 활용한다면 그 어떤 기제보다도 인간의 성정性情에 영향을 주고 전환시킬 수 있는[動感移情]

마성적 영향력이 있음을 갈파하였다. 순자는 비단 예禮가 악樂을 절제시키는 것만이 아니라, 예치가 지닌 종법질서의 분별分別적 통치를 궁극적으로는 음악이 통합하고 화합시킬 수 있음[以樂和禮]을 제시하여 예와 악의 상보相補적 관계를 역설하였다. 이처럼 순자의 악론樂論은 음악이란 주제와 관련하여 여타 제자 학파와 구별된 유가의 가장 독자적이며 차별화된 입론을 담은 매우 중요한 입론이었다. 그리고 이후 실제 역사는 그의 입론대로 모든 국가 의례와 절기 행사에 음악을 통치의 중요한 기제로 활용하였다.

3) 동아시의 영원한 낭만적 이데아, 도가道家와 도교道教

전근대 동아시아 문화를 조감하면 일견 유가와 유교가 지배하는 사회였음은 주지의 사실이다. 한 무제 이후 유가 이념이 국가 지배이념으로 정립되면서 대부분의 문헌을 기록하고, 공적인 제도를 집행하는 주체는 유가 계열의 사인들이었기 때문이다. 그러나 한 꺼풀, 두 꺼풀 중국 문화의 외피를 벗겨 보면 그 안에 엄연히 내재한 또 하나의 도도한 문화, 즉 도가道家와 도교道教의 일면을 목도할 수 있다.

노자老子로 불리는 이이李耳(?)는 춘추시대 공자와 동시대 인물로 ≪사기≫에 기록되어 있지만, 그가 실존인물인지 여부는 불분명하다. 다만 그의 사상을 정리한 것으로 추정되는 ≪노자老子≫ 혹은 ≪도덕경道德經≫이라는 제자서가 현재까지 전하고 있다. 그 제자서에는 노자의 사회사상을 압축하는 기록이 있는데 '소국과민小國寡民'이 그것이다. 즉 노자는 당시 사회 부작용의 원인이 인구가 늘고 사회가 복잡해지면서 수많은 이해관계가 얽히고 갈등이 충돌하기 때문으로 보았다. 이에 따른 인위적인 제도와 법률 등은 사회를 더욱 개악시키는 것으로 파악했다. 때문에 노자는 초기 취락공동체와 같은 크지 않은 공간에 동일 부계혈족 정도의 백여 명 미만의 소규모 공동체가 살아가는 작은 사회를 이상으로 확신하였다. 그런 점에서 '소국小國'도 아닌 '소읍과민小邑寡民'이 보다 적절한 표현이었을 것이다. 그러나 인구가 늘어나고 이에 따라 사회규모가 복잡해지는 것은 역사적으로 불가피한 과정이었기에 노자가 지향하는 초기 사회로 회귀가 현실적으로 불가능하기에 반문명론反文明論 가까운 이상론이었다. 보다 냉정히 평하면 잉여생산도 이루지 못하는 원시공동체에 가까운 초기 사회가 직면했던 기근과 열악한 보건 후생 및 낮은 기술문명을 고려하면 과연 그러한 초기 사회가 이상적이고 행복한 사회였는지 냉정히 고려할 필요가 있다.

노자기우도老子騎牛圖, 노자가 소를 탄 모습은 ≪도덕경≫에 근거하여 화가들이 즐겨 표현하는 주제였다.

유가에서는 온전한 존재가 되기 위한 인간의 인위적인 노력[人爲善≒僞善]을 긍정적으로 지향했다면 노자는 인위적인 노력을 회의적으로 보고 오히려 인간의 본성을 그대로 인정하고 어떠한 인위적인 행위도 하지 않는 '무위無爲'를 주장하였다. 즉 무위란 아무것도 하지 않는 것이 아니라 인위를 부정하고 본성에 따른 행위를 의미하였다.

장주몽접도莊周夢蝶圖, 호접몽의 고사 또한 화가들이 즐겨 표현하는 주제이다.

초기 도가 계열의 제자인 장자莊子도 실존성은 모호하지만 그의 사상을 담은 ≪장자≫가 현존하고 있다. 장자의 입론은 주제와 내용은 물론 파격에 가까운 수사修辭로 자유와 초월의 매력이 가득하다. ≪장자≫는 인간과 사회는 물론 자연과 우주를 넘나드는 웅대한 담론이며, 그 서사는 역설과 우화가 충만한 반전의 연속이다. '현실의 인간인 나와 꿈속에 나비로 분한 나' 중에 과연 무엇이 진실한 실체인지를 묻는 '호접몽胡蝶夢'의 우화(≪장자莊子≫ 제물齊物)는 그 단적인 예이다. 장자가 서술한 호방한 세계관은 이후 수많은 이들에게 낭만적 판타지의 영감을 주었다. 현실과 사이버의 세계가 교차하는 SF영화의 걸작 〈매트릭스〉를 감독한 워쇼스키 형제(자매?)가 장자로부터 영감을 받았다는 제작후기는 유명하다.

다만 장자의 입론을 따르다 보면 무엇이 옳고 그른지, 무엇이 진리이고 허구인지 혹은 그러한 고민 자체가 유의미한 것인지 자체에 대한 근본적 회의에 빠지기 쉽기 때문에 소위 '허무주의의 딜레마'에 함몰될 수 있다. 일찍이 전국시대부터 출현한 신선神仙사상은 자연스럽게 노장老壯사상과 결합되어 신비주의화 되었다. 전승 상의 황제黃帝와 노자老子 사상이 결합된 황노술黃老術은 대표적인 신선사상으로 점차 종교화되어 도가道家 사상이 도교道教로 발전하는 계기가 되었다. 특히 전쟁이나 왕조말기의 혼란기에 현실 도피적이며 탈세속적인 세기말적 징후가 확산될 때 도가는 재조명받고 도교로 발전하였다.

후한 말 환관과 외척 세력의 발호, 빈번한 자연 재해와 기근, 그리고 역병이 창궐하며 도탄에 빠진 백성들은 토지에서 유리되어 유민流民이 되거나 자신들의 생존을 보장하고 최소한의 위안을 제공해 준다면 지방의 장원 영주, 비밀결사나 종교집단, 그리고 난적亂賊 집단에 의탁하였다. 때마침 후한 말 형성된 태평도太平道나 오두미도五斗米道 계통의 초기 도교집단에 인민들은 귀의하였다. 그들은 생존을 위한 자위 조직을 구성하여 지방의 호족 세력이나 관군과 대치하면서 점차 무장 집단화 하고, 급기야 체제에 저항하면서 반란집단으로 전환하였는데, 황건적黃巾賊의 난亂은 도교와 민중반란이 결합된 효시이자 전형을 이루었다. 이후 중국의 역대 왕조말기에 발생하는 민중반란에는 도교와 밀접한 비밀결사가 결합하는 경우가 반복되곤 하였다.

유교는 감성의 절제와 예교주의를 강조했지만, 도교는 인간의 감성과 성정의 발현을 상당히 용인하였으며 특히 생로병사와 관련된 인간의 본능적 욕망을 어느 정도 충족시켜 주었기에 도도한 생명력이 있었다. 도교는 삼라만상의 자연신을 설정하고 숭배한다는 점에서 초기 종교인 범신론汎神論(animism)에 가까웠으며, 그런 점에서 기복 신앙을 선호하는 민중들에게 있어서 도교는 그들의 일상과 밀착되었다. 인구 대부분을 차지하는 인민들의 일상을 지배하는 것은 유교보다는 엄연히 도교였다. 지배계층인 유생들도 외형적으로는 유교적 상장喪葬의례를 준수하면서도 돌아서면 그들의 일상 이면에서 도교가 용인한 기복적 욕망을 추구하였다.

4) 강고한 결사 조직, 묵가墨家

춘추 후기 송宋나라 출신으로 알려진 묵적墨翟을 중심으로 결합된 묵가 집단에 대해서도 많은 의문이 제기되지만 그들의 사상을 정리한 ≪묵자墨子≫ 내용을 조감하면 그들은 규율이 매우 엄격하고, 토목건축과 수공업에 관련된 직능에 조예가 깊었음을 알 수 있다. 춘추 전국 시대 전쟁은 점차 공성전攻城戰 중심으로 전개되었기에 승패의 관건도 '어떻게 성곽을 공략할 것인가' 아니면 '얼마나 견고한 성곽을 축조하여 지키느냐'에 있었다. 실제 춘추 전국 시대 열국들은 막대한 재정과 노동력을 동원하여 내성內城, 외성外城 등 몇 겹의 견고한 축성築城에 매진하였으며 이를 담당할 전문가들이 필요하였을 것이다.

그런 점에서 묵가 집단이 일정 정도 병가兵家와 관련된 부분도 있지만 그들의 지향은 병가兵家와는 결이 달랐다. 그들은 단순히 공인工人집단에 불과한 것이 아니라 ≪묵자墨子≫ 전반에 걸쳐 보편적인 진리를 설파하였다. 묵가집단은 춘추 전국 시대의 문제를 해결하기 위해 무엇보다 평화와 안정이 급선무였기에 열국간 싸우지 말고[非攻] 전쟁을 종식하며 증오와 갈등보다는 서로간의 신뢰와 존중[兼愛]을 강조하였다. 일견 기독교적 박애주의

견고한 축성은 춘추 전국시대 열국의 안보에 관건이었다.
(영하회족자치구와 내몽고 접경지의 한대 황토 장성)

를 연상시키는 묵가의 사상은 실로 보편적인 지혜와 윤리로 보이지만 항상적인 전쟁 상황에서 국가의 존속과 안정을 도모하기 위해 부국강병에 매진하던 당시 열국의 제후들에게 '전쟁을 하지 말고 상대방을 사랑하라'는 입론은 너무도 공허한 이상론으로 인식되었을 것이다. 다만 출신 성분을 막론하고 능력자를 우대하고 중용할 것을 주장한 입론은[尙賢, 相同] 전국시대에 이르면 실제 제후들이 적극 수용하였다.

묵가에게 집은 이슬을 피할 정도면 족하고 먹고 마시는 것은 배고픔과 목마름을 겨우 면하면 충분한 것이었다. 묵가에게는 최소한의 욕구 충족 이외의 비용은 낭비요 사치였기에 검박함과 절약[節用]을 주장하였다. 그런 점에서 막대한 재정이 소모되는 각종 통과 의례와 상장喪葬 의례를 강조하는 유가에 묵가는 매우 비판적이었다.[節葬] 특히 화려하고 번잡한 각종 연회와 의례에 방대한 악기군을 제작하고 악공을 운영하였던 전국 시대 열국들의 상황에 묵가는 과민할 정도로 비판하였다.[非樂]

검박함과 절약이 고금의 보편적 지혜임은 사실이지만 묵자는 인간이 지닌 일상적 욕망과 감성적 측면을 다소 간과한 것 같다. 인간은 생존이 충족되면 보다 아늑하고 쾌적한 의식주를 추구하기 마련이고 이성적인 면 못지않게 인간은 감성의 충족을 강렬하게 희구하는 존재라는 점이다. 이 점에서 묵가는 유가보다도 금욕적이며 지나친 절제를 요구했다는 점에서 '현실적 이상론'이기도 하였다.

5) 전쟁의 전문가들, 병가兵家

보다 구체적인 역사적 정황은 다음 장에서 후술하겠지만 춘추 전국 시대를 관통하는 가장 큰 동인은 전쟁이었고, 정확히는 전쟁 양상의 변화였다. 요약하면 서주 춘추 시기까지 전쟁은 소규모의 국인층이 참여하는 거마전車馬戰 중심의 단기전이었다. 전쟁이라고 말하기 무색한 단 며칠간의 교전交戰에 가까웠다. 이러한 지배계층 중심의 전쟁은 궁술과 창술 그리고 정교한 거마술[御]이 결합한 개인 전술이 관건이었다. 그러나 춘추 전국 시대를 거치면서 전쟁은 공성전攻城戰을 중심으로 한 장기전으로 전환되었고 전쟁의 주체도 농민에서 징발된 대규모의 보병步兵이 중심이었다. 적게는 수만 명에서 많게는 수십만 명의 보병이 참가하는 전국 시대의 전쟁에서 개인전술보다는 진법陣法과 작전,

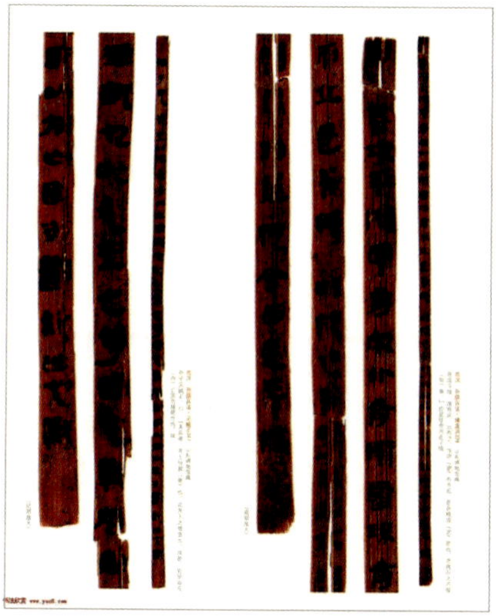

손자병법 죽간(한대, 은작산한묘銀雀山漢墓)

안정적인 군량의 보급과 수십만 명의 병사를 훈련시키고 일사분란하게 통솔할 수 있는 병법兵法을 제시하는 전문가, 즉 병가兵家가 열국들에게는 매우 필요하였다. 한마디로 병가는 춘추 전국 시대는 물론 역대를 통해 '잘 나가는' 제자 학파였다. 춘추시대의 오자서伍子胥와 전국시대의 오기吳起, 손무孫武, 손빈孫臏 등이 대표적인데, ≪손자병법孫子兵法≫과 ≪손빈병법孫臏兵法≫은 출토자료를 통해서도 그 실체가 확인되었다. 삼국시대 제갈량諸葛亮도 병가의 적통이라고 할 수 있다.

6) 부국강병과 전제 권력의 설계자, 법가法家

춘추 전국시대 제후가 가장 중용한 학파는 단연 법가法家였다. 법가는 대 전환의 시대를 촉진시킨 현실적인 개혁가들이자 부국강병을 주도하고 전국시대 왕권을 전제권력으로 강화시킬 수 있는 법적, 이론적 근거를 제공한 사상가들이었다. 이들을 사마담이 '법法'으로 표현한 것은 흥미롭다. 혹 일부 법학자들은 한자어 '법'자가 '물이[水] 흘러가듯[去] 순리에 따르는 것'이라고 해석할 지도 모르겠다. 법이 모름지기 그렇게 순리적이어야 함은 자의적인 지향일 수 있지만 고대 법法자의 의미와는 전혀 상관이 없다. 고문자 법자의 원형은 크게 세 가지의 코드가 결합되어 형성된 문자이다. 좌측으로는 강물이 흐르고 있고[氵], 그 강가에 사람이 멈춰서 있으며[去], 마지막으로 사람 옆에는 언뜻 소처럼 생겼지만 뿔이 하나 달린 짐승이[解] 있는 모습을 형상화 했다. 도대체 이 상형문자가 법과 무슨 관련이 있단 말인가.

고문자 법

고대 취락공동체의 소박한 씨족 사회에서부터 집단 내부의 규율과 관습법, 혹은 금기가 정해지고 공유되어 서로 갈등을 중재하고 질서를 유지하였다. 그럼에도 공동체를 위협하는 일탈과 위반 행위가 발생하면 부족장은 기존의 규율과 나름의 합리적 기준으로 판별하고 문제를 해결하였을 것이다. 그러나 때론 당시의 모든 노력으로도 문제를 해결하지 못했을 때는 '신판神判', 즉 신이 판결해 준다고 고대인들은 믿었던 것 같다. 부족장이나 무축巫祝이 신탁을 빌거나 직접 빙의되어 신판을 내릴 수도 있었을 것이다. 그런데 황하유역의 고대인들은 신판神判을 대리하는 신성한 동물을 설정하였다. 전승에 의하면 유니콘처럼 뿔이 하나 달린 신수神獸가 있었는데, 그 동물은 물의 신수이기도 했기에 물가에 가면 그 동물이 누가 가짜이고 거짓말을 하는지 혹은 누가 범인인지 진실을 통찰하여 그 죄인을 뿔로 들이받아 명징하게 판정했다고 한다. 즉 고대 법자는 이처럼 고대 중국의 주술적인 신판의 형식을 상형화한 글자였다.[8]

중국인들의 그 솔루션의 통찰력이 있는 신수를 '해치獬豸' 혹은 '해태獬豸'라고 칭하였다. 중국 남방의 초 지역은 물론 한대까지도 오랫동안 뿔이 달린 관모官帽를 해치관獬豸冠이라 하여 관리의 엄정한 복무와 판단을 기대했던 것 같고 특히 법관法官과 판관判官들의 관복 가슴 부위에는 해치의 문양이 장식되곤 하였다. 한자 문화권에서는 문제의 솔루션을 '해결解決'이라고 하는데 '해解'자 자체가 바로 '뿔 하나 달린 소 같은 신수'를 상형화한 것으로 해치獬豸의 해獬와 해解의 고문자는 본래 동일한 기

해치獬豸의 다양한 변주 - 시대에 따라 장식, 조형물, 관복, 관모 등에 다양하게 변주하여 표현되었다.

8 夏之乾의 민속지적 보고를 참고하면 중국 각지의 소수민족들 가운데에는 오늘날까지도 부족 내에서 실로 다양한 형식으로 신판神判의 방법을 활용하고 있음을 확인할 수 있다.(≪神判≫, 中華書局, 1989)

원이었다.

물론 사마담이 이들을 법가라고 칭했을 때에는 이러한 주술성 때문은 아닐 것이다. 씨족 사회에서 부족사회로 발전하고 인구는 수만에서 수십만 명에 이르는 대규모 사회로 확대되면서 다양한 사회 갈등을 결코 신판이 해소할 수는 없었다. 지배계층 내에는 예치를 통한 관습법이 적용되어 왔지만 이제 구속력과 강제력이 약한 관습법으로는 한계가 있었다. 무엇보다 관습법의 근간이자 왕을 정점으로 공公-경卿-대부大夫-사士-민民에 이르는 엄연한 분별分別을 요구하는 종법宗法질서가 와해되어 가고 있었다. 기존에 생산을 전담하던 농민들은 군역을 담당하게 되었고, 군공軍功에 따라서는 군주로부터 작爵을 하사받기도 하였다. 즉 소위 '경전지민耕戰之民'이 육성되면서 이들의 신분과 이해관계에 대한 법적 규정도 필요하였다.

일찍이 고대 바빌로니아에서 함무라비 법전을 돌에 새겨 넣었듯, 이러한 규정은 사회 구성원에게 공개되고 공유되어야 했기에 구체적 성문법成文法의 제정은 춘추 전국시대 각 열국들이 직면한 시대적 요구가 되었다. 이러한 성문법을 규정하는 새로운 개념이 적용되었는데 그것이 '율령律令'이었다. 오늘날의 오케스트라에서도 오보에가 조율의 기준이 되듯 '율聿'의 고문자는 피리같은 관악기로 악률樂律을 조율調律하는 모습을 묘사한 상형문자이다. 시대와 세상이 변해도 변함없는 절대음과 악률이 있듯이 사회의 보편적 가치와 법적 기준에 음악 용어를 차용하여 '율律'로 규정하였다. 율律을 근간으로 그때그때 율을 보완하는 시행 규정으로 '령令'을 추가하였다. 이러한 율령을 제정하고 전담하는 이들이 법가였다. 율령 제정의 이유와 법가의 수요는 보다 큰 사회적 요인이 있었다.

다음 장에서 좀 더 후술하겠지만 춘추에서 전국시대를 거치면 각 열국들은 국가 존망을 걸고 부국강병을 추진하기 위해 기존 체제에 대한 총체적 개혁[變法]을 추진하였다. 즉 기존 씨족질서에 기반한 농민의 호구제도, 토지제도, 조세제도, 요역제도, 군역제도 등을 소농 단위[戶]로 개편하였다. 위魏나라의 부국강병을 추진한 이회李悝는 소농단위 농가의 노동력과 생산력의 한계치를 추산하여 '진지력지교[盡地力之敎]'의 방법을 제언하였다. 역시 위魏나라 출신이지만 진秦나라에서 부국강병을 지휘한 상앙商鞅의 변법(變法–다음 장 후술)은 법가의 전형을 잘 보여준다. 상업이 발전하고 이윤이 신장되면서 상인들의 신분과 상업활동을 통제하고 조세[市租]를 징수할 수 있는 율령을 규정할 필요가 있었다. 이 모든 행정을 집행할 수 있는 관료제도와 문서행정제도를 정비하여 모두 법률에 기초할 수 있도록 율령을 제정하였다. 각종 재산권 문제와 폭력과 치안의 문제를 해결하기 위하여 민사·형사 (소송) 문제도 율령으로 규정하여 법률의 자의적 해석과 형벌의 남용을 막고 죄형법정주의를 관철하려 했다. 이 모든 문제 또한 법가들이 담당할 업무였다.

그러나 법가의 가장 중요한 업론은 이 모든 개혁을 추진하고 율령을 제정하는 주체인 군주에게 강력한 권위를 부여하는 것이었다. 춘추에서 전국시대로 진입하면서 약소한 읍들은 멸망당하여 사라지고 몇 개의 광대한 영토국가로 재편되는 과정에서 기원전 4세기 중엽이면 열국의 제후들은 서로 '칭왕稱王'을 자처하

한비자, 법가를 집대성하였다.

며 '제왕諸王'의 시대가 되었다. 법가는 제후 혹은 제왕에게 전제 권력자로서의 명분과 권위를 이론적으로 정립해 주어야 했다. 한나라의 개혁을 담당한 신불해申不害(?~기원전 337?)는 군주를 대신하여 행정을 집행하는 관료에 대한 엄격한 통제[술치術治]가 중요함을 역설하였는데, 한비자韓非子(기원전 280?~233)도 이를 계승하여 관리와 민에 대하여 일종의 '당근과 채찍'을 교묘하게 활용하듯 신상필벌信賞必罰의 운영을 주장하였다. 이처럼 법가는 춘추전국시대에 단연 제후들이 중용하였던 가장 경쟁력있고 현실적인 학파였으며, 이러한 법가의 위상은 역대 왕조에서 지속되었다. 한대 이후 표면적으로는 유가가 국가의 지배이념으로 고착되지만 국가 운영에 필요한 법가적 방법론은 그 이면에서 여전히 활용되었다.

7) 천하일통의 비전, 잡가雜家(?) ≪여씨춘추呂氏春秋≫

사마담에 의해 당당한 제자백가로 평가받지 못한 채 훗날 유생들에 의해 '잡가雜家'로(≪한서漢書≫, 예문지藝文志) 평가절하 받은 ≪여씨춘추呂氏春秋≫에 대해 일고할 필요가 있다. 여불위呂不韋(?~기원전 235?)는 전국 말기 열국을 넘나들며 막대한 이윤을 획득한 거상巨商이었다. 그때나 지금이나 상인들은 세상의 변화와 정보에 밝았는데 여불위도 기원전 3세기 후반 전국 말기의 대세를 통찰하였다. 그가 판단한 전국 말기 최강대국은 서쪽 변방의 진秦나라였다. 당시 전국 열국 간에는 세력 균형과 견제를 위해 마치 인질[質子]처럼 각 국의 왕자王子나 공자公子를 서로 초치招致하는 관행이 있었는데, 마침 조趙나라 수도 한단邯鄲에 진秦나라 공자公子 자초子楚가 있음을 확인하고 그의 후원자를 자처하였다. 여불위는 자신의 애첩까지 자초의 부인으로 맞아들이게 하였는데 곧 그 둘의 사이에서 아들 영정嬴政(기원전 259~210)이 출생하였다. 여불위의 후원 덕분이었는지 뜻밖에도 자초는 진秦의 장양왕莊襄王에 등극하게 되고(기원전 252) 그의 후원자였던 여불위는 일약 진秦의 상국相國이자 봉읍封邑 10만호戶의 문신후文信候가 되었다. 그러나 장양왕은 이내 병사病死하게 되자 불과 13세의 소년 영정이 강대국 진의 왕위에 즉위하게 되었다.(기원전 247) 그 소년왕 영정이 훗날 천하일통을 이루고 진제국의 첫 번째 황제가 되는 진시황제였다.

이상 ≪사기≫(권75, 여불위전)에서 전하는 여불위의 고사는 2천여 년 동안 호사가들이 가장 좋아하는 입지전적인 성공담이자 영정의 출생비밀과 관련된 흥미로운 음모론을 제공하고 있다. 지금까지도 많은 이들은 유약한 자초보다는 진시황제의 영웅적 면모에서 야망가 여불위를 쉽게 연상되기 때문이다. 여불위는 진나라의 국상이 된 후 자신의 애첩이기도 했던 영정의 친모 조씨趙氏의 치정 사건을 주도하고, 소년왕 영정과 정치적 긴장관계로 대립하는 등 그 행보로 훗날 유가들에 의해 비열한 모략꾼으로 비판되었지만 동아시아 지성사에서 주목할 만한 성과의 산파 역할을 하였다.

여불위는 진나라의 실권자가 된 후 휘하에 삼 천 여명의 빈객

賓客들을 초빙하여 천하와 고금의 지식을 모으고 정리하는 대규모의 편찬사업을 후원하였다. 이들 식객들은 다양한 학문적 경향과 관점이 혼효되었기에 당연히 그 내용에 통일성이 부족하고 산만하였다. 그러나 결과적으로 동아시아 최초로 백과전서식의 방대한 내용이 집대성되었는데, 그것이 바로 ≪여씨춘추呂氏春秋≫였다.

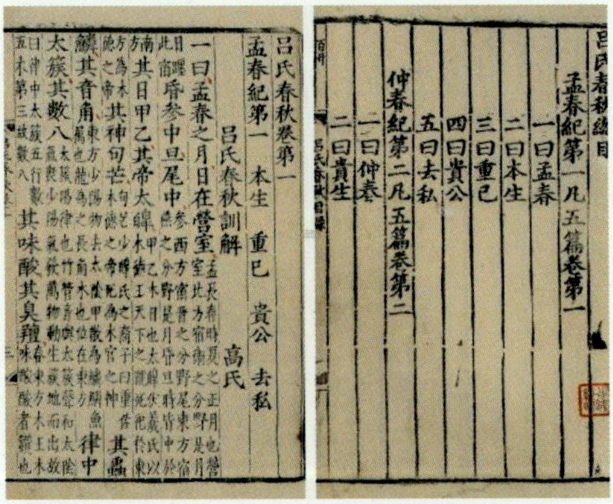
呂氏春秋總目
孟春紀第一凡五篇卷第一
一曰孟春
二曰本生
三曰重己
四曰貴公
五曰去私
仲春紀第二凡五篇卷第二
一曰仲春
二曰貴生
呂氏春秋卷第一
孟春紀第一 本生 重己 貴公 去私
呂氏春秋訓解 高氏

≪여씨춘추≫, 한漢 고유高誘의 훈해본訓解本

오랫동안 ≪여씨춘추≫는 폄하되었지만 오늘날 연구자들에 의해 재평가되고 있다. 전체는 수술數術적 정합성과 균형을 고려하여 8람覽, 6론論, 그리고 12기紀로 구성되었다. 도가를 기본으로 하여 유가, 법가, 묵가, 음양가 등 그야말로 제자백가가 망라되었다. 특히 12기는 봄, 여름, 가을, 겨울 4계절에 따른 시령時令적 규율과 지배를 12개의 편목에 정연하게 제시하여 ≪예기禮記≫ 〈월령月令〉편과 더불어 고대 시령적 질서를 이해하는 매우 중요한 자료가 되었다. 그리고 ≪여씨춘추≫ 전편에 걸쳐 '천하天下'와 '일통一統'이 빈번히 등장한다는 점에서 여불위는 바야흐로 도래할 일통체제를 예고하고, 어쩌면 자신의 아들일지도 모르는 영정[시황제]이 지배하게 될 제국 통치의 비전을 제시하려는 의도였을지도 모른다.

제9장

대전환의 시대

: 전국全國 시대의 변화상

1. 멸읍치현滅邑置県의 전개

이념적으로는 주周의 왕권王權은 천하의 모든 땅과 인민에게 미친다는 왕토王土사상에 기반하고 있었지만, 그것은 하나의 이상이었으며 역사적 실체와는 거리가 있었다. 주왕이 도덕적이어서 王土사상을 관철하지 '않은' 것이 아니라 실은 '못한' 것이었다. 때문에 봉건제도를 통해 제후들에게 분봉하여 통치를 위임하고 자신은 오늘날 섬서성陜西省과 하남성河南城 서쪽의 왕기王畿 지역만을 직접 통치하였다. 초기 왕권의 엄연한 한계를 의미하였다. 그러나 춘추시대 이후 변화의 양상이 진행되었다. 물론 공벌攻伐은 군사적 우열을 확인하고 회맹會盟의 준수를 확보하는 것이 주목적이었으며, 존왕양이尊王攘夷와 계절존망繼絕存亡을 우선하였지만 중원과 비 중원지역간의 영토분쟁은 물론 중원 내의 열국 간 영토분쟁과 갈등도 빈번해졌다. ≪좌전左傳≫의 사례들을 검토하면 공벌攻伐의 단계를 지나 초楚, 제齊, 진晉, 진秦나라와 같은 강대국에게 멸망滅亡당하는 소읍小邑들도 점점 늘어났다. 멸읍滅邑은 공벌攻伐과 차원이 다른 정치적·영토적 통합 과정이었다. 멸읍滅邑이란 그 읍邑의 핵심 공간인 종묘宗廟·사직社稷과 청동기靑銅器를 파괴하여 조상들과 소통할 수 있는 제사권을 박탈하고 읍민邑民에 대한 천사遷徙는 물론 생사여탈을 결정함으로써 읍邑의 존립을 더 이상 불가능하게 하는 것이었다. 멸읍滅邑에 수반되어 나타난 새로운 현상은 강대국들이 멸읍이후 그 지역을 영토로 편입시키며 새로운 행정구역으로서 '현縣'을 설치하는 것이었다. 진시황제가 천하를 일통한 후 봉건제도로 회귀하지 않고 전국에 36개의 군郡과 그 속하屬下에 현縣을 설치함으로써 중앙집권적인 군현제郡縣制를 실시했음은 주지의 사실이다. 그러나 현縣의 설치는 이미 춘추시대부터 서서히 진행되었다.

현縣은 도성都城과 교외郊外를 벗어나 전복甸服 외곽의 변경지역으로 통용되었고, 자형字形으로 보아 '매달아 놓다[繫]'의 의미로 중앙에 부속된 직할지적 성격으로 해석되기도 하였다. 초기 진晉나라와 초楚나라는 영토를 확장하면서 자연스럽게 타 열읍과 이민족이 군거하는 변경의 경계지를 우선 정복하고 멸읍하는 과정에서 이 지역을 영토로 편입시켰다. 새롭게 편입된 지역을 현이란 행정구역으로 지정하였는데 기존의 독립적이며 씨족적 유제가 강했던 읍邑과 달리 중앙에 대한 예속성이 강하며 씨족적 전통이 파괴된 새로운 형태의 행정단위였음이 분명하였다. 그러나 현縣의 고문자는 본래 '현県'자였으며, 이 글자를 거꾸로

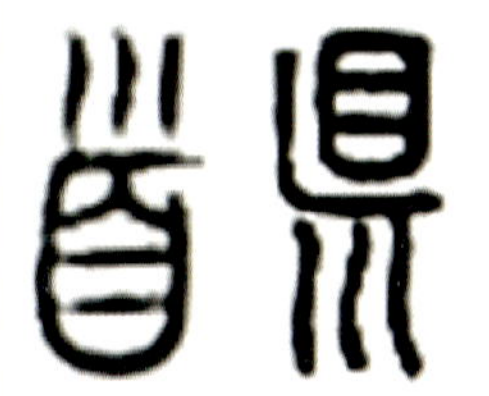

고문자 수首와 현県

세우면 머리 '수首'자로서 두 글자는 동일한 어원에서 파생되었다. 즉 현県과 수首자의 어원은 상대 갑골문이나 도상부호에 표현된, 변경이나 외곽지역에 목이 베어진 머리의 형상이었다. 그리고 부족 공동체 외곽에서 참수된 머리를 손에 쥐고 있는 형상이 표현된 고문자가 길 '도道'자이다. 그런 의미에서 현県과 수首 혹은 도道는 본질적으로 참수斬首를 통해 생명권을 완전히 박탈하고 지배하는 의미로부터 발전하였다. 참수된 머리는 주술적 의미와 더불어 형벌의 엄중함을 시위하는 효과로 나무나 걸개에 끈으로 매달아 '효시梟首'하게 됨에 따라 현県자에 끈을 의미하는 '계系'자가 훗날 첨가되어 오늘날의 '현縣'자가 되었다.

즉 오늘날 '매달다'라는 의미로 사용되는 '현縣'자의 선진先秦시대 자형은 '현県'이었으며 모두 그 훈訓의 본질은 눈[目]이 강조되어 표현된 참수된 머리[首]였다. 춘추 말기 오왕 합려吳王 闔閭와 부차夫差를 보좌하여 오吳나라가 패자국霸者國으로 성장하는데 기여하였던 오자서伍子胥(기원전 559~484)는 결국 오吳나라 권신들의 모함으로 부차夫差로부터 자결을 명받게 되었는데, 억울한 그는 자신이 죽으면 자신의 눈을 도려내어 오吳나라 동문東門에 매달아 줄 것을 유지로 남겼다.(≪사기≫, 권66, 오자서 열전) 그것은 죽어서도 오吳나라가 월越나라에게 멸망당하는 것을 눈으로 목도目睹하겠다는 일종의 저주詛呪였으며, 이는 '현県' 혹은 '효수梟首'의 원초적인 본질이 반영된 기사로 보인다.

본래 갑골문 '벌伐'의 의미도 도끼[斧鉞]이나 창[戈]으로 전쟁포로 등의 희생자를 참수斬首하는 형상을 표현한 상형문자로서, 춘추전국시대의 수많은 공벌攻伐은 곧 참수斬首의 군사적 표현일 수 있었다. 다만 공벌의 강도를 넘어 춘추 중기 이후에는 그 읍의 존망을 결정하는 직접적인 멸읍滅邑을 감행하기 시작하였다. 멸읍滅邑되었어도 유민遺民들의 저항은 만만치 않았으며 경우에 따라서는 멸읍滅邑을 회복시키는 경우도 있었다. 때문에 춘추에서 전국시대로 넘어가면서 강대국들은 멸읍滅邑지역에 대한 지배력과 통제를 강화하였으며, 행정적인 생존권을 박탈시킨 후 읍邑에 대한 참수斬首의 의미에서 현縣으로 전환시켰던 것도 자연스러워 보인다. 오늘날 동아시아 삼국의 광역행정단위에서 여전히 현縣이나 도道의 명칭이 사용되고 있다는 사실은 그 고대적 전통의 유구함도 놀랍지만, 그 함의에 담긴 폭력성을 고려하면 더욱 흥미롭다.

그런 점에서 주왕周王도 이상으로만 설정하고 실현시키지 못했던 '왕토王土'의 이상은 춘추전국시대의 패자를 비롯한 강력한 제후들이 멸읍滅邑과 치현置縣의 과정을 통해 영토를 확장하면서 실제 구현해 갔다고 보아도 대과는 없을 것이다. 춘추시대에 약 130여개 잔존하였던 읍들은 이 과정을 통해 거의 대부분 멸망하였으며, 대국의 영토에 편입된 읍들은 속속 현縣으로 재편되었다. 전국말기에 이르면 결국 7개의 열국列國으로 압축되었으니 이제 이들은 성읍城邑국가단계를 넘어 인구 수백만 명에, 여러 현縣으로 구성된 수십만 km^2 광대한 영토領土국가였다.

중앙집권제의 핵심적인 행정제도인 군현제郡縣制는 그런 점에서 이미 춘추시대부터 치현置県을 통해 점진적으로 전개되었다고 볼 수 있을 것이다.[1] 물론 진한秦漢제국이 출현한 이후 전국이 현縣으로 재편되면서 단순히 변경지역에 국한된 선진先秦 시대 유형의 현縣이 아니라, 수리관개水利灌溉와 농업의 발전에 따라 광범위하게 설치된 '신현新縣'으로 변화된 것일 수도 있지만, (木村正雄, 1960) 행정개편에 따라 현縣으로 개명되었다고 해도 진한秦漢제국의 현縣 대부분은 기본적으로 선진先秦시대의 읍邑과 현縣이 계승되어 재편되었다고 보는 것이(藤田勝久, 2005) 보다 설득력이 있어 보인다.

2. 전쟁과 변법變法

전한前漢 성제成帝(재위 기원전 33~7)시기 궁중 장서를 담당하던 유향劉向(기원전 77~6)은 방대한 문헌을 정리하는 과정에서 특히 선진先秦시기 유세가遊說家와 책사策士들이 군주와 함께 모색했던 치열한 책략을 모아 ≪전국책戰國策≫을 편찬하였다. 서명書名대로 그것은 실로 '격렬하게 전개되는 각 열국列國들의 전쟁과, 부국강병을 모색하는 다양한 책략'을 담은 내용이었다. 이 서명을 모티브로 후대 역사가들은 중국의 기원전 5세기 중엽에서 기원전 3세기까지의 시기를 '전국戰國시대(Warring States Period)'라고 명명하였다. '지배계층 내의 종법宗法질서, 열읍 간

[1] 県자가 斬首된 머리를 상징하는데, 置자의 어원도 県자에서 연원한 것이 우연은 아닌 것 같다.

계절존망繼絕存亡의 전통, 향촌 사회의 씨족적氏族的 질서'가 그나마 온존하였던 춘추春秋시대와 구별되어, 전국戰國시대는 '종법질서의 급격한 붕괴와 멸읍치현滅邑置縣의 확대, 그리고 편호제민編戶齊民의 양성'을 통해 바야흐로 도래하는 일통제국一統帝國을 향해 총체적 변화를 모색하던 중국 역사상 가장 역동적인 시대였다. 이 시기는 또한 군주권의 측면에서 전술했듯이 서주西周 시기에 유아독존이던 주왕周王의 권위는 이미 실추된 지 오래고, 회맹會盟의 질서를 통해 중원을 호령하던 춘추시대 패자霸者의 시대도 저물어가고 있었으며, 강력한 몇 개의 영토국가들이 세력균형을 유지하는 '제왕諸王'들이 병립하는(≪전국책戰國策≫, 조책趙策4) 그야말로 '군왕할거群王割據'의 시대였다.

그 명칭처럼 전국시대의 전 시대를 관통하는 화두는 역시 '전쟁'이었으며, 전국시대 사회와 왕권 변화의 가장 중요한 동인도 전쟁에서 비롯되었다. 초기 전쟁의 참가 자격은 국인층을 포함한 소수의 지배계층에게 국한되었다. 고대 국인층에게 전습傳習되는 교육과목인 육예六藝 가운데 활쏘기[射]와 전거戰車의 운행[御]이 포함되어 있음은 지배계층의 교육과 재생산에 군사 교육이 매우 중요했음은 잘 알려진 사실이다. 그러나 상주商周 시대 왕에 대한 제후의 가장 중요한 의무가 군사적 봉사였음은 역설적으로 각 읍제 국가들의 군사적 역량의 한계를 반영한 것이기도 하였다. 적어도 서주 춘추시대까지도 중원의 읍제 국가 간의 군사적 충돌과 공벌은 빈번하였지만 전쟁 양상은 치열하지는 않았던 것 같다. 당시 전쟁관련 기사를 분석하면 동원된 군대가 하루를 넘어 며칠이면 특별히 기록되었을 정도로 당시의 전쟁은 단기적인 교전 수준이었다.(≪좌전左傳≫, 장공莊公3) 군사적 원정도 대부분 시령時令적 질서에 따라 가을 이후에 집중되었으며, 전쟁을 할 때에도 여전히 주술呪術이 중요하였다. 종법에 기반한 중원의 읍제 국가 간에 공유하고 있던 소위 계절존망繼絕存亡의 질서가 미진하나마 여전히 유효했기 때문일 수도 있지만, 국인층에 국한된 전쟁의 규모는 그리 크지 않았기 때문이기도 하며 당시의 전쟁은 수레를 중심으로 한 거마전車馬戰이었다. 당시의 인구 규모를 역추산해도 알 수 있지만, 가령 북진北進하는 초楚와 이를 견제하려는 패자국霸者國 진晉이 벌였던 유명한 성복城濮전투(기원전 631)에 진晉이 동원한 병력은 7백 승乘으로 전해지고 있고, 역시 패자였던 환공桓公시기 제齊나라의 병력 규모도 8백 승 정도였다고 한다. 공자孔子가 가히 치부治賦할 수 있다고 인정한 소위 '천승의 나라[千乘之國]'라고 하더라도(≪논어≫, 공야장公冶長) 수레를 모는 어사御士, 활을 쏘는 궁사弓士, 그리고 창을 쓰는 과사戈士 3명을 1승乘 단위로 한 거마전車馬戰에 동원할 수 있는 병사의 최대치는 3천여 명 정도이며, 여기에 전거戰車 1승 당 20~30명 규모의 보병인 도졸徒卒이 수행한다 해도 총 병력은 3만여 명 정도라고 추산할 수 있다. 때문에 당시의 전쟁은 수레를 운행할 수 있는 넓은 평원에 모여 숙련된 국인층들이 하루 남짓 벌이는 화려한 군사 의식에 가까웠다.

그러나 전술하였듯이 교전交戰에 머무르고 회군回軍하는 공벌의 양상에서 점차 해당 읍성邑城에 침입하여 읍邑의 종묘사직을 파괴하는 멸읍滅邑으로 치닫게 되면서 상황은 급변하였다. 멸망을 당하지 않기 위해서 각 읍邑은 우선 견고한 성곽의 축조가 필요하였고, 방성防城을 위해 강병强兵을 양성해야 했으며, 충분한 병기兵器와 군량을 확보하여야 했다. 반대로 주변 소읍을 함락시키기 위해서는 해당 읍성邑城까지 출정하고 포위하여 함락하기까지 몇 주에서 몇 달까지 상당한 기간이 요구되었다. 때문에 전쟁은 장기화되었으며, 장기화될수록 후방 보급부대의 지원에 필요한 재정財政의 확보는 절실하였다.

이처럼 축성築城, 방성防城, 공성攻城의 전쟁 양상에서 전거戰車는 효용성이 점차 떨어졌으며, 관건은 대규모 보병步兵이었다. 때문에 기존 국인층에 국한된 병력으로는 불가능하였고, 대규모 보병의 충원을 위해서 불가피하게 생산계층이자 인구 대부분을 차지하는 농민農民에 대한 징병이 전제되어야 했다. 결국 국가의 안보와 원활한 전쟁의 수행을 위한 일련의 조치를 취하기 위해서는 기존 씨족적 질서에 따른 이완된 체제로는 불가능하였으며, 보다 포괄적이며 총체적인 개혁이 요구되었다. 이에 전국戰國시대 열국이 사활을 걸고 추진한 것이 변법變法이었다.

춘추 시기를 통해 철제 농기구가 보급되어 심경법深耕法이 발전하였고, 우경牛耕을 통해 생산량도 증가하였으며, 노魯나라에서 '초무세初稅畝'를 실시하였던 것처럼(기원전 594) 기존의 공전公田에 기반한 토지제도의 비효율성은 명확해졌고 반면 사적 경작지는 확대되면서 이에 대한 조세제도의 변화 등은 필요해졌다. 이러한 일련의 변화는 이미 춘추중기 이후 진전되었던 사회·경제적 변화상이었다. 그러나 국가 주도 하에 보다 전면적이며 포괄적인 개혁이 필요하였다. 기원전 422년 경 위魏나라 이회李悝가 구상하고 추진한 '진지력지교盡地力之教'는 소농민이 제고提高

할 수 있는 최대한의 생산과, 반면 보장받을 수 있는 최소한의 생계 조건을 추산하여 '경작지 100무畝 당, 세수稅收 150석石'이라는 표준치를 설정함으로써 국가가 인민을 보다 체계적으로 통제할 수 있는 변법變法의 단초를 제공하였다.(이성규, 1994)

상국相國 공중연公仲連이 주도한 능력있는 인재 선발에 집중한 조趙나라의 개혁(기원전 403), 위魏나라 출신 오기吳起가 영윤令尹으로 발탁되어 새로운 인재 선발과 부국강병을 추진한 초楚나라의 변법(기원전 390년경), 재상宰相 추기鄒忌가 지휘하여 유민流民을 위무慰撫하여 생산에 복귀시키고 법률을 정비했던 제齊나라의 개혁(기원전 357), 신불해申不害가 승상으로 기용되어 효율적인 관료제와 군주권의 강화를 주도한 한韓나라의 개혁(기원전 355) 등은 전국시대 각 열국이 추진한 변법의 양상이었다. 다소간의 차이에도 불구하고 이들 개혁의 대체적인 과정과 내용은 유능한 법가의 중용을 통한 군주권의 강화, 효율적인 인재 등용과 관료제의 운영, 부국강병의 양성 등을 추진하는 것이었다. 그러나 그 내용이 가장 상세하게 전하고 있으며, 결과적으로 천하일통을 이룸으로써 가장 성공적이자 전형적인 변법으로 평가받는 것은 진秦에서 추진한 상앙商鞅(기원전 395~338)의 변법變法이었다.(楊寬, 2003)

위魏나라 출신임에도 상앙商鞅은 이웃 나라 진秦의 효공孝公에게 객경客卿으로 중용되어 기원전 356년과 350년 두 차례에 걸쳐 변법變法을 추진하였다. 그 내용은 우선 새로운 경지의 확보를 위해 토지를 개간하고[墾田], 측량한[算地] 후, 노동력과 생산력에 맞추어 토지 규모를 구획하는[開阡陌] 것이었다. 호구

조사는 가장 중요하였다. 가구[戶] 당 인구 수, 성별, 연령, 신체 사이즈까지 정확하게 조사를 하여 가구 당 노동력을 추산하였다. 만약 출가出家한 자녀들이 동거하는 경우에는 분가[分戶]를 명하여 소농단위[戶]로 재편하였다. 국가는 가구 당 노동력에 맞게 형평에 맞게 토지를 지급하여[授田] 생계의 근거이자 조세 수입원의 기반을 제공하였다.

요역과 군역도 가구 단위로 편재하였다. 특히 열개 가구단위로[十戶] 요역과 군역의 연대 책임을 부과하는 일종의 연좌제를 요구하였다.[什伍制] 심지어 농민이라도 전쟁에서 공功을 세우면 작爵을 하사하여 신분적 우대를 해 주었다.[軍功爵制](好並隆司, 1990)

그래서인지 실제 진秦나라의 병사들은 전장에서 용감무쌍하여 연전연승하였다고 한다. 이처럼 기존의 씨족제에 기반한 '느슨한' 민의 관리에서 소농 단위로 재편되어 철저하게 '통제된' 체제를 연구자들은 '편호제민編戶齊民' 체제라고 하였다. 이러한 일련의 조치가 가능하기 위해서는 변법을 일관되기 추진할 수 있는 강력한 군주권君主權이 보장되고, 변법을 일사분란하게 추진할 수 있는 관료제官僚制가 조직되어야 했으며, 율령律令이 성문화되어 법적 근거를 제공해 주어야 했다.

각 열국이 추진한 변법이 어떠한 성과와 결과를 초래하였고, 열국 간 상대 평가가 어느 정도인지는 구체적으로 확인할 수는 없다. 다만 몇 개의 광범한 영토국가로 통합되는 가운데 전국시대에 중국 전 지역에 걸쳐 인구가 증가하였고 농경 생산이 비약적으로 증가하였으며, 상업과 수공업이 발전하면서 대상大商들이 대거 등

진秦의 보병군단(진시황 병마용 1호갱)

장하였다. 이 모든 변화상의 상징적인 결정체가 대도시의 출현이었다. 몇 몇 영토국가의 수도를 중심으로 인구 수십만 명을 자랑하는 대도시가 우후죽순 출현하였다.(江村治樹, 2005)

부국강병을 목표로 추진되었던 변법의 성과는 다시 전국시대 전쟁의 양상으로 검증될 수 있다. 변법을 추진했던 전국칠웅은 만필의 기마병, 천승의 거마 등을 구축했지만 군사력의 핵심은 단연 경전지민[耕戰之民]으로 충원된 수십만 규모의 보병이었다. 전거戰車 1승升 당 도졸徒卒 20인 정도에 불과하였던 춘추시대에서 전국시대에 이르면 전거 일승 당 백수십의 도졸이 종행하게 되었다. 이러한 전국시대 진법의 규모와 양상은 그 유명한 진시황릉 병마용갱의 출토로 그 실체가 드러나게 되었다. 전국시대 최강을 자랑하던 진 군사력이 핵심이 보병군단이었음을 웅변하는 고고발굴이었다.

춘추시대 읍의 병력의 수십 배 규모를 운용하며 전국시대 각 열국은 치열한 생존을 모색했다. 가령 한韓과 위魏 연합군과의 전투에서 진秦의 장군 백기白起는 승리를 거두며 적병 24만을 참수하였다거나(기원전 293), 그 유명한 장평長平전투에서 진秦이 조趙나라 군대를 궤멸시키면서 40만 명의 병사를 갱살坑殺했다는 고사는(기원전 260) 다소의 과장을 감안해도 춘추시대와는 비교할 수 없는 규모였다. 전국시대의 이러한 전쟁 양상에서 국가의 보위를 유지할 수 있는 나라는 많지 않았으며 전국시대 후반 7개의 나라로 압축되었다가 급기야 기원전 221년 진에 의해 천하가 일통되었음은 주지의 사실이다.

3. '제왕諸王'의 시대

또한 분명한 역사적 사실은 변법이 추진된 열국들의 경우 뚜렷한 성장을 하면서 전국말기까지 강대국으로 온존하였고, 변법 직후 혹은 그 즈음 이들 열국의 제후들이 거의 동시다발적으로 '칭왕稱王'함으로써 중국 대륙에 여러 왕들이 할거하는 소위 '제왕諸王'의 시대가 개막되었다는 것이다. 전술했듯이 갑골문 이래 사료 상으로 확인된 '칭왕稱王'은 약 천여 년 간 상나라와 주나라 왕의 독점적인 권리였다. 왕은 천자天子와 천명天命, 그리고 왕토

王土와 왕도王道로 분식되면서 지속적으로 그 권위를 보장받았다. 비록 춘추시대 이후 권위가 실추되고 중원에서 패자霸者가 실권을 행사하였어도 감히 칭왕稱王할 수는 없었다.

다만 중원의 국가들로부터 만이蠻夷로 폄하되면서 한편으로는 종법질서로부터 배제되었지만, 또 한편으로는 종법질서로부터 자유로웠던 남방의 국가들은 일찍이 춘추시대부터 '왕王'을 참칭僭稱하였다. 남방의 강대국 초楚나라는 춘추시대 내내 중원 지역으로 진출을 기도하며 중원 열국들을 긴장케 하였는데, ≪춘추春秋≫ 등의 중원 사료에는 '초자楚子'로 기록되었으나 이미 춘추 초기부터 '무왕武王'(재위 기원전 740~690)을 자칭하였다.(≪좌전左傳≫, 장공莊公4) 특히 춘추오패春秋五霸의 하나로 평가받으며 춘추시기 초楚나라의 번영을 구가하였던 장왕庄王(재위 기원전 613~591)은 주周나라 정왕定王의 사신으로 찾아온 왕손만王孫滿에게 주나라 왕실의 청동 정의 크기와 무게에 대해서 질문했던 기사記事(기원전 606)는 주왕과 중원의 열국들에게는 굴욕을 준 사건으로 유명하다.(≪좌전≫, 선공宣公3) 하夏나라 이래 구정九鼎의 전설로도 유명한 청동기 정은 주왕실에도 계승되어 천명天命이자 왕도王道의 상징적인 기물이었기에, 주정周鼎의 대소大小와 경중輕重을 물어보았다는 것은 중원의 시각에서는 주 왕권을 넘보겠다는 매우 '비례非禮'적인 행위였다. 초나라에 이어 남방의 강대국으로 성장하며 패자포 평가받던 오吳나라나 월越나라도 춘추 중기와 후기를 거치며 이미 왕을 참칭僭稱하였다. 합려闔閭와 부차夫差는 오왕吳王을, 그리고 구천句踐은 월왕越王으로 시호諡號되었다.

그러나 '존왕尊王'을 명분으로 했던 중원의 제후들은 패자霸者였던 제환공齊桓公이나 진문공晉文公을 포함하여 칭왕은 감히 시도할 수 없는 최악의 '비례非禮'였다. 그러나 점차 종법질서는 동요하였고 각 제후국에서 대부들에 의한 정변政變은 빈번하였으며 중원의 패자국을 자임했던 제齊나라와 진晉나라마저 국정이 분열되는 사건이 발생하면서 전국戰國시대에 이르면 존왕尊王은 유명무실해졌다. 철저한 힘의 논리가 우선되었으며 이미 전국시대 열국들은 영토 면에서 주왕의 왕기王畿지역을 능가하는 대국大國을 영위하였고, 특히 변법變法으로 일신한 열국의 제후들은 서서히 칭왕을 넘보기 시작하였다. 누구도 이들의 칭왕을 비난하거나 춘추시대처럼 '비례非禮'라는 명분으로 공벌攻伐할 수도 없었다. 전술했듯이 추기鄒忌를 등용하여 변법變法을 추진한 제齊나라 위왕威王은 자신의 재위기간에 당당히 칭왕함으로써 전국戰國 제왕諸王시대의 포문을 열었다. 변법의 추진과 그 성과 이후 각 열국의 전성기를 구가하였던 군주시기에 칭왕稱王한 것은 우연이 아닐 것이며, 전쟁 못지않게 치열한 외교전이 벌어졌던 전국시대에 외교문서의 칭호문제와 민감한 의례의 문제를 고려할 때[2] 이미 물꼬가 터진 칭왕은 도미노 현상처럼 열국들을 자극하였을 것이다. 대략 기원전 4세기 중엽 주요 열국들이 모두 칭왕함으로써 천하는 바야흐로 군왕群王이 할거하는 형세가 되었으며, 이후 약 100여 년 간은 중국 역사상 다수의 왕권王權이 공존하며 균형을 유지하던 초유의 시대였다.(아래표 참조)

---

[2] 李成珪, 〈전국시대 秦의 외교정책〉(서울대학교동양사학연구실편, ≪고대 중국의 이해≫ 2, 지식산업사, 1995).

주요 열국 칭왕稱王표 (*연도는 모두 기원전)

열국	칭왕개시 군주(재위)	칭왕개시 연도	변법시기
제齊	위왕威王(356~320)	352	356 경
한韓	선혜왕宣惠王(332~312)	325	355 경
위魏	혜문왕惠文王(369~319)	334	422 경
조趙	무영왕武靈王(325~299)	295	403 경
연燕	이왕易王(333~321)	323	
진秦	혜문왕惠文王(337~311)	325	356 경
초楚	무왕武王(740~690)	춘추초기	390 경
오吳	흥왕興王(585~561)	춘추중기	473 멸망
월越	구천왕勾踐王(496~465)	춘추후기	306 멸망

제10장

통일제국의 출현과 황제지배체제

1. 제국의 개념과 의미

19세기 '제국주의' 시대를 넘어 21세기를 맞으며 '제국'에 대한 담론은 최근 다시 주목받고 있다. 일찍이 레닌의 관점을 발전시키되 영국과 프랑스를 중심으로 서구 근대사를 '제국'으로 귀결시켜 재조명하려는 홉스 봄(Eric. Hobsbaum, 1917~2012)의 성과는 충분히 의미가 있지만, 최근의 관심을 촉발하게 된 계기는 20세기 미국의 단일적 패권과 21세기를 맞이하며 새롭게 대두된 중국의 성장이 큰 요인으로 작용하고 있다. 특히 나이얼 퍼거슨(Niall Ferguson)은 근래 가장 활발하게 중국 제국에 대해 문제제기를 시도하였고, 사회과학계의 에이미 추아는 역사상의 제국을 조감하며 새롭게 다가오는 중국 제국의 시대를 예고하였다. 즉 바야흐로 세계는 새로운 중국 제국의 시대를 현실로 받아들이며, 아울러 과거 중국 제국의 역사에 대해서도 재조명하고 있다. 과연 제국의 개념과 그 의미는 무엇이며, 중국 제국의 출현은 동아시아 역사에 어떠한 의미를 갖는 것인가.

인류사의 전개 이래 수많은 민족과 국가, 그리고 다양한 역사체가 출현하여 흥망성쇠를 반복하였지만 제국다운 제국은 매우 제한적이었다. 그럼에도 불구하고 제국이란 용어는 하나의 관용이자 수사가 되었으며, 우리는 제국이란 개념의 과잉시대에 살고 있다. 그러나 막상 제국의 개념은 모호하며 제국이 성립하는 과정도 실로 분분하다. 가령 다음의 정의를 보자.

> 제국이란 다른 민족을 통치·통제하는 정치체계이다. 제국에는 포멀한 통치를 하는 것도 있고, 인포멀한 영향력에 기초한 것도 존재한다. 제국은 힘으로 형성, 유지되는 것도 있고, 무역 등의 경제적 이익으로 추종자를 끌어들임으로써 형성되는 경우도 있고, 문화의 흡인력이 작용하는 경우도 있다. 또한 제국이 직접 정치적, 경제적, 군사적으로 확대해 가는 경우도 있고 또한 그것과는 대조적으로 추종자의 '초대'에 의해 제국의 형성·확대가 이루어지는 경우도 있다. 따라서 제국의 제국 내외에 대한 행동에는 강제력을 가지고 통치·확대하는 제국주의적(imperialistic)인 것도 있고, 제국 내의 합의에 기초한 제국적(imperial)인 경우도 존재한다.
>
> (≪정치학대사전≫ 〈제국, empire, 帝國〉)

그러나 역사적 유래에 따른 정의는 비교적 명쾌해 보인다. '황제가 통치하는' 체제가 곧 제국이라는 것이다.(≪wikipedia≫) 서구 유럽의 경우 기원전 27년 옥타비아누스(기원전 63~기원후 14)가 원로원으로부터 '존엄한 자, 아우구스투스'로 불리며 로마가 제국이 되었음은 주지의 사실이다. 보다 정확하게는 그가 '임페라토르 카이사르 디비 필리우스 아우구스투스(Imperator

Caesar Divi Filius Augustus)'가 되면서, 군령軍令을 뜻하는 라틴어 'Imperium'에서 연원한 'Imperator'가 통치하는 로마는 곧 제국이 된 것이다. 동아시아의 경우도 그 점에서 대동소이하다. 전국戰國시대 열국列國의 하나였던 진秦이 기원전 221년 천하를 통일시키고, 진왕 영정嬴政(기원전 259~210)이 자신의 위업에 어울리는 새로운 군주, 즉 황제皇帝를 자임하며 진은 제국이 되었다. 그러나 황제皇帝나 Imperator, 혹은 술탄이나 칼리프를 차치하고 이들 군주는 제국의 성격을 구성하는 일부일 뿐 제국의 본질 자체는 결코 아니다. 과연 제국의 조건과 요인은 무엇일까. 진과 한은 과연 제국의 어떠한 조건과 요소를 충족하며 역사적 발전과 연속성을 모색해 갔을까.

2. 제국의 요인과 특징

물론 진한秦漢시대를 기존의 세습 왕조의 연속선상에서 이해하고 접근하는 경우도 있지만, 대부분의 연구자들은 진한秦漢시대를 '제국帝國'의 패러다임으로 이해하고 있다. 그러나 전술하였듯이 '황제지배체제'라는 동아시아 제국이 제국의 본질에 부합하는 보편성을 견지하였는지 여부는 좀 더 검토할 필요가 있다.

제국의 본질을 논할 때 가장 중요하게 제기되는 요인은 '통합성(integrity)'이다. 제국은 귀속적 영역이라기보다는 주변의 여러 국가와 민족 혹은 이교도의 정치적 통합을 통해 출현한 경우가 많았다. 정치적 통합은 전쟁과 정복을 포함한 물리적 충돌과정이 수반되어 새롭게 확대되고 창출된 체제를 의미한다. 이 점에서 진秦의 천하일통은 이사李斯의 다음 상주上奏에서 명쾌히 알 수 있듯, 정복과 복속이 어우러진 가장 전형적인 정치적 통합이었다.

> 옛날 오제五帝의 땅은 사방 천리에 불과하였으며, 그 바깥의 후복侯服과 이복夷服의 제후諸侯들은 천자天子도 통제할 수 없었습니다. 이제 폐하께서 기의起義하시어 잔적殘賊들을 주멸하고 천하를 평정하시니, 해내海內가 군현郡縣이 되고 모든 법령法令이 하나로 통일되었습니다. 이것은 상고上古이래 미증유의 위업이며 오제五帝도 미치지 못하는 바입니다.
>
> (≪사기≫, 권6, 진시황본기)

일견 그것은 진왕 영정의 약 10년간에 걸친 정복전쟁의 산물로 보이지만 실은 약 500여년에 걸친 춘추 전국시대, 더 길게는 유사이래의 점진적 통합과정의 귀결이었다.

둘째는 '공간성 혹은 규모(size)'이다. 정치적 통합의 결과물은 제국의 광대한 영토이다. 물론 제국의 광대함은 몇 백만 km^2이상이어야 한다는 절대적인 기준은 없다. 다만 일개 영토국가를 넘어 복수의 영토 국가가 통합된 광대함은 제국에서 확인할 수 있는 큰 요인이다. 가장 전형적인 제국은 한때 2,400만km^2 규모의 영토를 확장하였던 몽골제국에서 확인할 수 있다. 가령 이러한 기준으로 보면 기원전 4세기 후반 이미 동서양을 아우르는 대제국이 출현하였다. 10년 원정을 통해 발칸반도에서 나일 강 유역, 아나톨리아 반도와 페르시아를 지나 힌두쿠시산맥 넘어 인도 펀잡 지역까지 동서 약 520만km^3의 영토를 통합시킨 젊은 왕 알렉산드로스(기원전 356~323)의 마케도니아는 당시로는 매우 이례적인 대제국임에 틀림없다. 더 나아가 그의 영역 안에서 수많은 민족과 문화는 융합되어 헬레니즘이라는 위대한 유산을 남기지 않았는가. 그러나 한편으로 많은 연구자들은 알렉산드로스의 '제국'을 제국으로 평가하지 않고 있는데, 그 이유 또한 분명하였다.

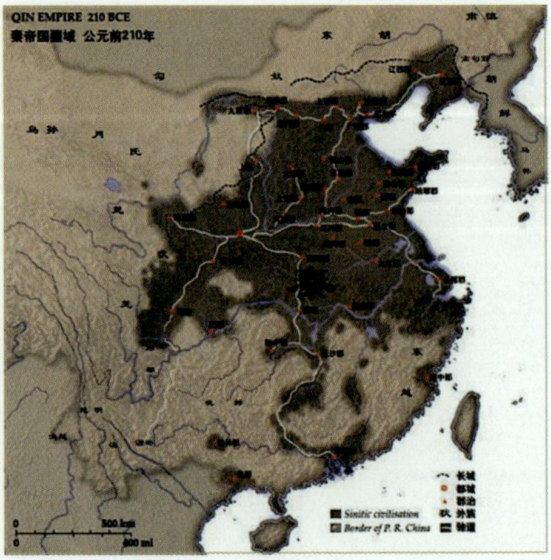

진 제국의 영역

너무도 찬란하였으나 요절해버린 그 젊은 왕의 사후 제국은 출현한지 10여년 만에 지리멸렬하게 사분오열되었기 때문이다. 제국이라고 칭하기에는 알렉산드로스의 마케도니아는 지속되지 못한 허망한 사상누각과도 같았다.[1] 그 점에서 처음으로 천하일통을 이룬 진이 통합한 영토가 약 300만km^2,[2] 한제국의 최대 판도가 650만km^2였다는[3]

---

1 대표적으로는 John D. Grainger, *Alexander the Great Failure*, Continuum Books, 2007. 주로 알렉산더 후계자 양성의 실패와 후임 군주들의 무능을 지목하고 있다.

2 진 제국의 영토에 대해서는 Rein Taagepera, "Size and Duration of Empires: Growth-Decline Curves, 600 B.C. to 600 A.D.", *Social Science History* Vol. 3, 1979, pp.115-138.

3 한 제국의 영토에 대해서는 Turchin, Peter; Adams, Jonathan M.; Hall, Thomas D (December 2006). "East-West Orientation of Historical Empires". *Journal of World-Systems Research* 12 (2), pp.219-229. ISSN 1076-156X.

점은 그 공간성에서 제국임에 손색이 없었다. 다만 진의 경우 그 위업에도 불구하고 시황제 사후 허무하게 단명해버림으로써 '천하의 웃음거리'가 되었다고 가의賈誼(기원전 200~168) 지적한 것은(≪사기≫, 권130, 태사공자서) 마치 알렉산드로스의 제국을 환기시킨다.

이점과 결부하여 세 번째로 제기될 수 있는 문제는 제국의 '시간적 지속성 혹은 내구성(durability)'이다. 제국의 지속성에도 몇 세대 혹은 몇 십 년 이상이어야 된다는 절대적 기준은 없다. 그 점에서 소위 '천년제국'으로 불리는 로마제국은 가장 점진적으로 견고하게 성장한 제국이었다. 기원전 6세기경 이탈리아 반도 서북단 에트루리아에서 부족국가로 출발하여 왕정王政, 공화정共和政 그리고 마침내 제정帝政을 수립하고 멸망하기까지 천 년의 시간을 통해 끊임없이 자기 진화를 이룬 전형적인 제국이었다. 그야말로 로마는 '하루아침에 이루어지지 않았기에' 쉽게 무너지지도 않았던 제국이었다. 그 점에서 이미 언급했듯이 진 제국은 내구성에서는 명백한 한계를 노정했으며 냉정하게 평하면 제국이라고 할 수 없을지도 모른다. 다만 후술하겠지만, 오늘날 연구자들은 중국 역사상 가장 장구했던 왕조이자 고대 제국의 완성체인 한漢 제국을 진秦과 연속선상에서 이해하고 연구하고 있다는 점은 주목할 필요가 있다.

네 번째는 '집권성(centralization)'이다. 제국 내의 인적·물적 자원을 중앙에서 장악하고 황제에게 권력이 집중되지 못하면 제

Retrieved 12 August 2010.

국이라고 할 수 없다. 아무리 광대한 영토를 구현해도 일족一族과 가신家臣들에게 분봉分封을 통해 분할 통치한다면 그것은 제국이 아니라 봉건封建체제에 불과하기 때문이다. 진이 처음으로 전 제국 영내에 관철시킨 군현제郡縣制는 이러한 집권성의 획기적 전환임은 췌언을 요치 않으며 중앙집권적 군현제는 곧 황제지배체제의 가장 중요한 제도이자, 이후 청대까지 2천 여 년 간 중국 역대 왕조가 계승한 제국의 유산이었다.

그 점에서 제국의 중요한 다섯 번 째 요인은 제국이 지속가능하게 유지하는 '시스템(system)'이다. 제국은 결코 '한 개인의 권위에 의존하여 일정 공간에 국한된 한시적 체제'가 아니다. 제국이 일정 기간 지속될 수 있는 핵심은 결국 제국이 구축한 시스템에 있다. 정치, 경제, 군사, 행정, 문화 등 여러 면에서 그 시스템은 각 시기와 지역의 제국마다 다양하였지만, 그 시스템을 구축한 제국만이 지속될 수 있었음은 분명하였다. 그 점에서도 로마는 전형적이었다. 정예병으로 구축된 로마의 군단, 집권성과 분권성을 유연하게 운영하였던 속주屬州제도, 합리적이며 보편적인 로마법률, 로마의 팽창과 함께 건설된 수많은 도시, '로마 노포룸'에 구현된 도로·광장·상수도·극장·공회당 등 공공시설을 핵심으로 하는 실용적인 로마의 토목건축, 이교도의 종교를 수용한 기독교 전통 등 로마는 다양한 시스템을 활용하였다. 로마와는 다소 다르지만 진한제국을 연속적인 제국으로 보는 중요한 이유는 시황제가 구상한 제국 시스템의 청사진이 결국 한 제국에서 고스란히 완성되었기 때문이다.[4] 즉 결론적으로 광대한 영토 안에 방대한 인구와 다양한 문화를 상당한 기간 동안 중앙에서 효과적으로 통치하기 위해 제국은 필요한 시스템을 구축하였던 것이다. 그런 점에서 제국은 역사의 진화과정의 중요한 산물이기도 하였다.

이러한 제국들이 노정하는 보편적인 특징들이 있다. 우선 이상의 요인들을 갖춘 제국들은 대체적으로 당대 주변의 역사체를 압도하는 '선진 문명지'였다. 고대 페르시아와 로마, 그리고 진한제국이 그랬고, 중세 이슬람과 당唐제국이 그러하였으며, 근세 몽골과 오스만투르크 제국, 그리고 근대 대영제국은 동시대 어떠한 문명보다 선진적이었다. 진한제국은 동시대 로마를 제외하면 아프로-유라시아 대륙에서 가장 압도적인 선진 문명지였다. 오늘날 중국도 그렇지만 진제국은 약 2,000만 명, 한제국은 약 5,800만명의 세계 최대 인구가 집중된 지역이었다.[5] 물론 인구가 선진성의 모든 것을 담보하는 것은 아니지만 '규모의 경제(Economy of Scale)' 측면에서 전근대시대 노동력은 곧 생산력에 가장 중요한 부분이었다. 때문에 오늘날의 GDP적 개념을 기원전 2세기에서 기원후 2세기까지에 적용하면 중국은 전 세계 생산력의 25%를 상회하는 지역으로 당시 인도와 더불어 고대 세계에서 최고 생산력을 자랑하는 경제의 중심지였다는 것이다.[6]

---

4 로마제국과 진한제국을 여러 각도에서 비교한 시도로는 Walter Scheidel edit, *Rome and China: Comparative Perspectives on Ancient World Empires*, Oxford University Press, 2009. 정치, 경제, 군사, 사회 등 다양한 범주에서 비교하고 있다.

5 진한시대 인구에 대해서는 John D. Durand, 1960, "The Population Statistics of China, A.D. 2-1953", *Population Studies* Vol. 13 (No. 3).

6 이 같은 입론의 대표적인 자료는 Angus Maddison, "Statistics on World Population, GDP and Per Capita GDP, 1-2008 AD", University of Groningen.

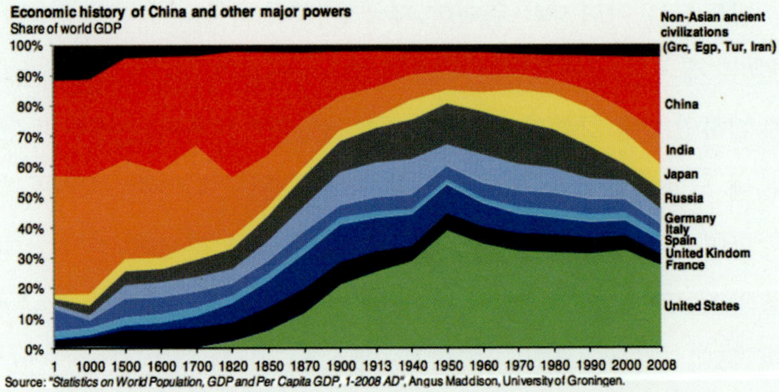

약 2천년 간에 걸친 중국과 세계 GDP 규모 비율의 역사적 추이

마찬가지로 경제력이 모든 것에 영향을 주는 것은 아니지만 군사력과 비례함은 동서고금에 보편적이었으며, 진한 제국의 가장 주목할 점은 고도로 정교한 정치제체였다. 전국 시대 이후 변법을 추진하여 실현한 편호제민체제는 엄정한 율령과 정교한 관료제가 정비되었기에 가능하였으며 모든 정책은 방대한 문서행정을 통해 관철되었다.(富谷至, 2010) 바로 이 시기 중국은 역사상 가장 효율적이며 한편으로 통제된 정치·사회체제로 전환되고 있었다.(Francis Fukuyama, 2012)[7]

물론 이에 대한 반론도 만만치 않다. 전 근대시대와 산업화시대이후의 경제적 지표가 동일하게 비교할 수 없으며, 인구 규모를 중심으로 한 분석은 문제가 있다는 것이다. 때문에 지표에 따르면 인구 4억 명을 넘어선 1820년대 중국은 세계 GDP의 40%에 육박하는 것으로 분석되는데, 곧 아편전쟁 이후 영국과 유럽 열강에게 철저하게 패배하는 중국의 실상과 괴리가 크다는 것이다. 그러나 현실적으로 정확한 GDP 측정이 불가능한 1차 산업 중심의 산업혁명 이전에서 인구 규모는 가장 중요한 지표라는 재반론도 함께 제기되고 있다.

7 후쿠야마는 진秦이 '역사상 최초의 근대적 국가(the first modern state)'라고

반드시는 아니지만 위대한 제국일수록 '개방적이며 포용적'이었다. 제국은 필연적으로 다양한 종교, 인종, 민족, 문화, 언어를 통합하였기에 갈등과 충돌, 그리고 선린과 포용이 교차하며 공존을 모색하였다. 그래서 제국은 시공을 넘어 다양한 문화를 융합하여 새로운 문명을 재창출하고 그 유산을 후대에 전하는 일종의 '문명의 허브(hub)' 역할을 하였다. 로마는 제국으로 확장하며 고대 그리스 문화, 이집트와 메소프타미아 지역의 오리엔트 전통, 알렉산드로스의 헬레니즘의 유산, 그리고 속주 하의 이교도들이 믿던 기독교마저 국교로 삼으면서 로마문명을 창출하였다. 그 로마제국의 역사는 문명의 허브가 되어 오늘날까지 서구 유럽의 유산으로 온전히 계승되고 있다. 몽골제국은 13세기의 세계사적 지평을 확대하며 제국 영내의 다문화를 포용하고 다민족을 중용하였다.(김호동, 2010) 몽골 제국 시기 그 어느 때보다 많은 대상과 사절, 순례자와 여행가들이 개방적인 제국 하에서 아프로-유라시아를 여행하고 체험하였다. 몽골제국은 소급하면 중세 북조정권에서 이후 등장하는 정복왕조의 역사적 유산을 계승하면서도 정복왕조의 전형을 완성하고, 청淸제국에게 지대한 영향을 주었다. 청제국은 한편으로는 한족 왕조 명明을 계승하면서도 그 국제성과 포용성에서는 몽골제국을 계승하여 세계제국적 면모를 과시하였다.

그런 점에서 진한제국은 결코 '열린 제국(Open Empire)'은 아

주장하였는데, 그 '근대'성에는 물론 논란이 있을 수 있다. 다만 그는 철저히 정치 공학적 차원에서 당시 진의 정치 조직, 법률체계, 경제력, 사회적 유동성 등을 근거로 삼았다.

니었다.(발레린 한센, 2000)[8] 오랫동안 중국은 폐쇄적인 사회였으며 진秦제국도 예외는 아니었다. 다만 한제국은 장건張騫(?~기원전 114)의 서역원정을 전후하여 적극적인 흉노 토벌과 동서교역로의 확보를 통해 '상대적'으로 개방되었다. 때문에 진한제국은 완전히 '닫힌 제국(Closed Empire)'도 아니었다.[9]

그러나 영원한 제국이 있을 수 없듯 개방성과 포용성 대신 폐쇄적이며 배타적적인 지배를 강요할 때 제국은 건강성과 유연성을 잃고 쇠퇴와 멸망으로 귀결되었음을 우리는 역사과정을 통해 잘 알고 있다. 오늘날 중국 사람들은 자신들을 '한족漢族'이라 자칭하며, 자신들의 문자와 언어를 '한자漢字와 한어漢語'라고 인식하고 있다. 이는 2천 년 전의 고대 제국이었던 한에 대한 중국인들의 계승의식과 정체성을 단적으로 시사하고 있다. 진한제국의 출현과정과 그 유산이 과연 무엇이었는지 검토해 보자.

3. 일통一統 제국帝國의 출현과 황제지배체제

기원전 3세기 후반 중국은 동방의 6국들이 '합종연횡合縱連橫'

---

[8] 고대 이래 중국의 개방성을 강조한 대표적 연구로는 Valerie Hansen, The Open Empire: A History of China to 1600, W. W. Norton, 2000(신성곤 역, ≪열린 제국: 중국(고대-1600)≫, 까치, 2005)이 있다. 그러나 과연 1600년대까지 중국이 기본적으로 개방적이었는가에 대해서는 이론이 있을 수 있다.

[9] 한제국에 중심을 두고 중국의 개방성을 적극적으로 본 대표적인 연구로는 René Grousset, *Rise and Splendour of the Chinese Empire*, University of California Press, 1968. Grousset는 저서 전반에서 한제국 번영의 근원이 바로 (유목민과 같은) 개방성에 있음을 제시하고 있다.

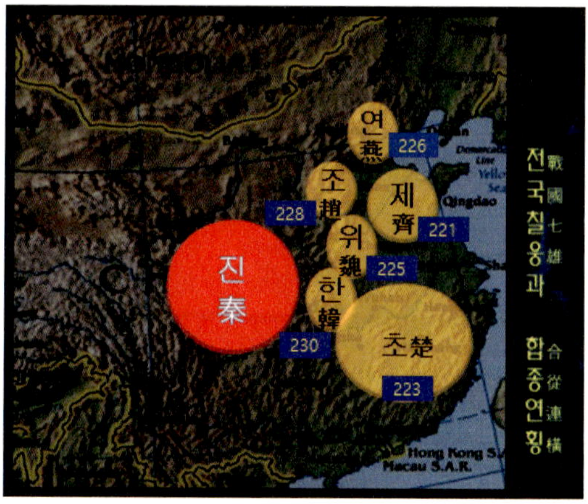

전국칠웅 형세도
(수자는 열국이 진에게 멸망당한 기원전 년도)

을 모색하며 서쪽의 강대국 진秦과 현상유지에 급급해하던 전국칠웅戰國七雄의 형세였다. 평소 법가 사상가 한비자韓非子를 흠모하던 진의 젊은 왕 영정 앞에 순자荀子의 문하에서 한비자와 동문수학하던 이사李斯가 찾아왔다. 그는 젊은 왕에게 수도 함양咸陽과 관중關中 지역의 지정학적 이점을 강조하며 동방 6국에 대한 군사적 정벌을 상주上奏하였다. 정복의 야망이 꿈틀대던 왕에게 바야흐로 일통一統의 비전을 제시함으로써 이사와 진왕이 평생의 정치적 동반자가 되는 순간이었다. 이사는 본래 초楚나라 출신임에도 불구하고 진왕은 그를 객경客卿으로 중용하여 개혁을 지휘케 하자 진나라의 부국강병은 더욱 탄력을 받았다. 드디어 진왕은 기원전 230년 한韓나라의 정벌을 시작으로 10년간의 정벌을 추진하였다. 기원전 223년 초나라의 정복에서 그 저항이 가장 거셌지만 그렇기에 초의 멸망으로 천하통일은 9부 능선을 넘은 것이나 다름없었다. 그리고 기원전 221년 제나라를 멸망시킴으로써 진의 천하통일은 완수되었다. 사마천은 이 정복 과정을 누에벌레가 뽕잎을 야금야금 먹듯 '잠식蠶食'하였다고 묘사하였는데, 점진적이지만 끝내 동아시아 역사상 최초의 통일제국이 수립되는 역사적 순간이었다.

동아시아 최초로 출현한 진秦 제국

전국시대 후반 열국의 제후들이 이미 너도 나도 왕을 자칭하였으니, 역사상 그 어떤 성왕聖王도 이루지 못한 천하일통의 위업을 이룬 진왕에게 왕이나 천자와 같은 기존 군주의 호칭은 성에 차지 않았다. 이에 신하들은 천황天皇, 지황地皇, 태황泰皇 등의 호칭을 상주하였으나 진왕은 '황제皇帝'라는 새로운 호칭을 정하고 누구도 감히 자신의 사후에 시호諡號를 정할 수 없도록 오로지 '시황제始皇帝'라고 칭하였다. 그의 유지대로 역사상 첫 번 째 황제로서의 위상은 불멸이 되어 오늘날까지 남게 되었다. 황제가 내리는 명령은 곧 법률적 효력을 갖는 '제制'와 '조詔'가 되었으며 황제는 자신을 '짐朕'이라 불렀다.

이것은 단순히 호칭의 변경이 아니었다. 황제는 기존의 왕과 천자의 성격을 일부 계승하면서도 또한 새로운 개념의 군주였다. 황제는 천자天子처럼 천지天地에 봉선封禪의 의식을 행하지만, 그렇다고 하늘의 하위 개념은 아니었으며 주술성에 의존하는 무축巫祝적인 군주도 아니었다. 천天·지地·인人은 물론 우주적 질서를 주재하는 절대적인 권위체였다. 황제가 있는 곳이 우주의 축이었고 시간과 계절에 따른 시령時令적 질서를 주재하였다. 황제는 당연히 역법과 절기를 정하여 자연의 물리적 시간에 인위적 분절을 규정하였다. 한 무제 이후 황제는 자신이 통치하는 시대에 역법과는 별도의 연호年號를 정하기도 하였다.

진시황제 상, 사마천은 그가 의심이 많아 장검을 항상 차고 있고, 성격은 범과 늑대와 같은 마음[虎狼之心]을 지녔다고 묘사하였다.

시황제는 정복을 완수한 후 문무백관에게 국가의 통치 방법을 책문策問하였는데 대부분의 책답策答은 봉건제封建制로의 회귀를 상주하였다. 그러나 이사李斯의 생각은 달랐다. 그는 시황제가 능히 천하의 모든 영토와 인민을 직접 지배할 수 있음을 역설하였다. 시황제는 이사의 의견을 수용하여 천하를 제후에게 분봉하는 것이 아니라 광역행정구역인 36개의 군郡으로 획분하고 그 속하에 다수의 현縣을 설치하였다. 군과 현의 행정과 치안은 태수太守와 현령縣令이 담당하였는데, 그들은 기존의 제후처럼 영속적인 지배를 보장받은 것이 아니라 중앙에서 임기 직으로 파견된 관료였다. 중앙집권적 군현제郡縣制의 시행은 진이 제국임을 공식적으로 천명한 가장 중요한 제도였다.

일통을 적용하고 유지할 수 있는 사회적 기준을 제시하는 것도 황제의 '권'력權力이었다. 진시황제는 생산, 분배, 조세의 형평을 도모하고 모든 공업과 토목건축의 표준화 및 규격화를 위해 길이·부피·무게 단위[도량형권度量衡權]를 통일하였다. 열국 간에 상이했던 화폐도 진나라 동전 형태의 반량전半兩錢으로 통일하였다. 당시 진의 1량兩은 약 16g의 청동이었기 때문에 반량전은 청동 8g의 무게여야 그 가치를 공인받을 수 있었다. 시적市籍에 등록된 자에 한해 상업 활동을 허용하고, 국가가 계획적으로 조성한 저자 거리, 즉 시정市井 안에서 제한된 시간에만 매매할 수 있었다. 상품의 규격과 품질도 국가가 관리하였고 상인들은

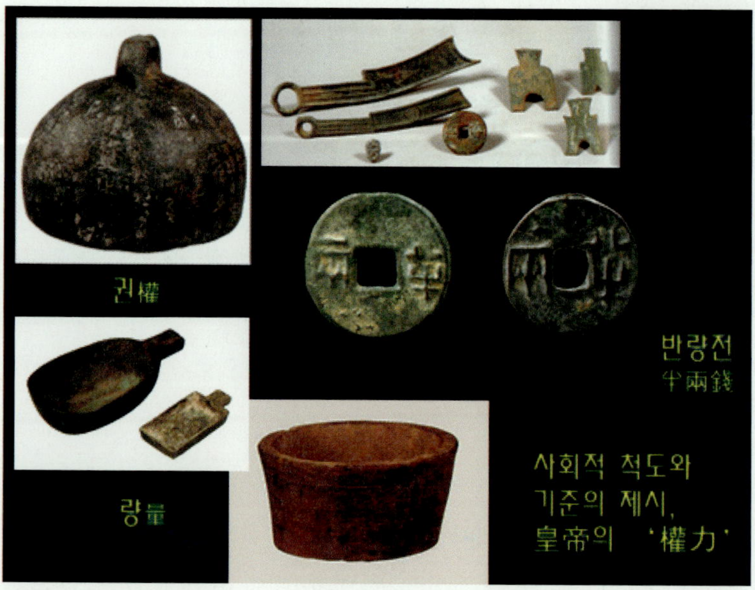

도량형'권'度量衡權을 통일하여 사회경제적 기준을 제시하는 것도 황제의 '권'력權力이다.

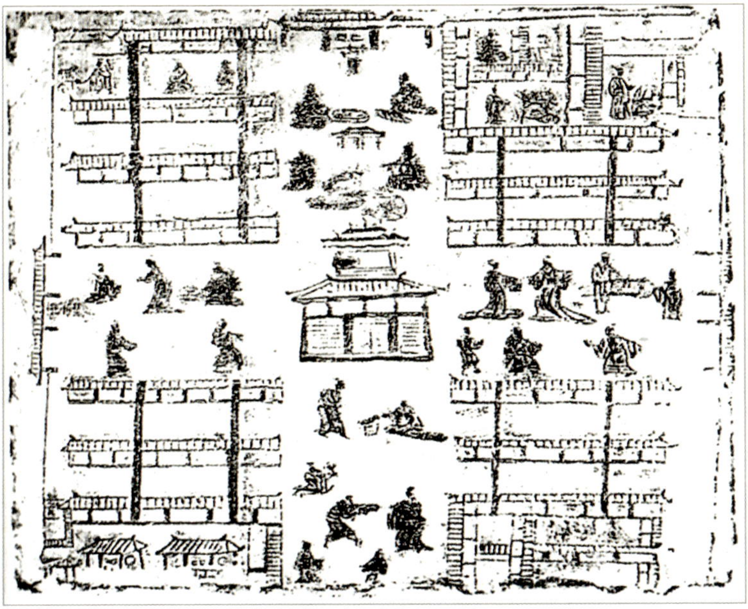

시정市井 화상석畫像石(한대), 국가가 계획적으로 조성한 상업 공간인 시정이 압축적으로 표현되어 있다.

국가에 시조市租를 납부하여야 했으며 특히 불량 주화나 위조 주화를 유통하였을 경우 엄벌에 처하였다.

모든 길은 로마로 통하듯, 제국의 인적·물적 자원은 제도帝都 함양咸陽으로 통합되어야 했기에 수레가 달릴 수 있는 치도馳道를 건설하고 이에 맞게 수레의 폭까지 율령으로 정했다. 진시황제 시대의 치도는 제국 전역에 거미줄처럼 망라되어 있어 인적 교류와 물류 유통은 물론 제국의 문서행정과 우편郵便 제도에도 매우 중요하였다. 2천여 년 전 진제국의 치도는 오늘날 위성고고학을 통해서도 그 흔적이 확인되고 있다.

제국은 통일되었으나 동방 6국 지역에는 통합을 인정하지 않는 반진反秦 세력들이 여전히 온존하였고 사인들이 모이면 시서詩書를 인용하며 체제를 비판하곤 하였다. 진제국은 사인들이 모이거나 초치招致하는 것을 금지시키고 농서農書, 의서醫書, 그리고 점치는 일서日書 등 실생활에 유용한 공구서 외에 경전이나 제자서에 대해 금지하였다. 기원전 213년경에는 금지된 책들을 몰수하여 소각해버리는 문화통제 정책을 단행했는데, 이것이 유명한 '분서焚書' 사건이었다. 또한 진제국에 비판적인 사인이나 시황제에게 영원불사를 공언公言(?)空言(?)했던 도가道家계열의 방사方士와 술사術士 460여 명을 생매장하였다고 한다.['갱유坑儒'] 소위 '분서·갱유'사건이 한대에 ≪사기≫에 기록된 이후 진시황제는 지울 수 없는 폭군의 이미지로 2천여 년 동안 각인되었다.

물론 이 사건의 기록은 역사적 팩트에 근거하였기에 결코 허구라고 단정할 수는 없다. 다만 한漢은 진秦을 극복하고 수립한 왕조였기에 진의 과오過誤를 부각시키고 진이 망할 수밖에 없었던 요인을 설명해야 한 제국 수립의 명분을 표방하기에 유리했다. 소위 '과진론過秦論'으로 불리는 진에 대한 비판적인 담론에는 일정 정도의 과장이 있었으며 그 최대 피해자는 진시황이었다. 법가에 경도된 진의 통치에 비판적이었던 한대 '유생儒生'들은 '갱유坑儒'라는 표현을 통해 유가 지식인에 대한 대대적인 폭압으로 일반화하였다. 그러나 진시황제의 진 제국의 위용과 실체는 20세기 이후 새로운 고고발굴을 통해 세상에 드러나게 되었다.(정하현, 1989)

4. 출토자료로 확인된 제국의 실체

1) 진간秦簡과 진의 율령

일찍이 진秦 헌공獻公 원년(기원전 424)에 오랫동안 지속되었던 순장제殉葬制를 폐지했다거나, 진 효공孝公이 부국강병을 위해 상앙商鞅이 기안한 변법變法(기원전 356, 350)을 추진했다는 기사(≪사기≫, 권5, 진본기), 그리고 진시황제가 법가 이사를 중용하여 진의 통일을 완수하고 일련의 통일정책을 시행했다는 기록(≪사기≫, 권6, 진시황본기) 등을 통해 전국시대부터 통일제국 시기까지 진이 율령에 근거하여 비교적 과감한 개혁을 단행하고 부국강병을 추진하였음을 짐작할 수 있었다. 그러나 정작 진의 법제 자체의 구체적 내용은 거의 알려진 바가 없었다.

그러나 1975년 12월 중국 호북성湖北省 운몽현雲夢縣 수호지睡虎地 도로건설 현장에서 지하에 잠들어 있던 2천 2백여 년 전의 무덤이 발견되면서 중국 법제사 연구는 물론 진 제국 연구에 획기적인 전환을 맞게 되었다. 관棺 안에는 성인 남자 한 구의 유골이 안장安葬되어 있었는데, 몇 점 되지 않는 소박한 부장품으로 보아 묘주墓主의 신분은 그리 높지 않아 보였다. 그러나 놀랍게도 약 1,155매枚의 죽간竹簡이 관 안을 가득 채우고 있었다. 중국 고대사 연구의 바이블같은 자료가 된 '운몽수호지진간雲夢睡虎地秦簡'(-이하 진간秦簡)의 대발견이었다.

이 죽간에는 묘주의 생졸生卒과 삶의 이력履歷은 물론 당시 열국들의 간략한 역사가 기록된 〈편년기編年紀〉(53매枚)가 포함되어 있어 자료의 신빙성이 확증되었다. 묘주의 성별은 남성으로

운몽수호지진묘雲夢睡虎地秦墓, 2천 3백 년 전의 인물 희喜는 대 전환기를 관통하며 평생 활용했던 진의 율령을 우리에게 남겼다.

이름은 '희喜'였다. 그는 진 소양왕昭襄王 45년(기원전 262)에 남군南郡 지역에서 출생하였다. 이 지역은 전통적인 초楚나라 문화권이었으나 그의 출생 10여 년 전 진秦나라에 편입되었다. 그의 나이 16세 때 진에는 훗날 진시황제가 되는 13세의 젊은 왕 영정嬴政이 왕위에 즉위하였다. 그는 약관의 나이에 접어들 무렵 남군南郡 안륙현安陸縣의 문서행정을 담당하는 말단 '사史' 직을 담당하며 소리小吏로서 공무를 시작하였다. 결혼을 하여 자녀를 낳고 가정을 건사하며 29세 이후에는 법률과 형벌을 담당하는 '영사令史', '치옥治獄', '어사御史'의 직무를 담당하였다. 그리고 그의 나이 41세 때 진이 천하통일을 이루며 그는 동아시아 역사상 처음으로 출현한 제국의 신민臣民이 되었다. 전국시대 말기에서 제국의 수립 초기까지 대전환의 시대를 관통하며 지방 행정의 핵심인 현급縣級의 문서행정과 법률을 담당했던 희喜는 기원전 217년, 그의 나이 45세를 일기로 숨을 거두었다.

죽간 중에는 그 외에도 점을 치는 매뉴얼인 〈일서日書〉(166매枚)와 소리小吏의 도리를 훈도訓導하는 〈위리지도爲吏之道〉(51매枚)도 있었지만 죽간 대부분을 차지하는 약 900매枚의 내용은 〈진율십팔종秦律十八種〉, 〈진율잡초秦律雜抄〉, 〈법률답문法律答問〉, 〈봉진식封診式〉, 〈어서語書〉등 다양한 편목에 산재하여 기록된 진나라의 정교한 율령律令 자체였다. 그 내용에는 농·공·상업의 생산과 관리의 규정, 형법, 행정법, 민법, 그리고 각종 소송의 절차와 예상 문답까지 망라된 매우 방대하고 정치한 것이었다. 가령 다음 몇 가지 진율秦律의 사례를 살펴보자.

> 농촌에 거주하는 백성에게 술을 팔지 못하도록 하고 전색부田嗇夫와 부좌部佐는 이를 엄격히 관리하여야 한다. 이 법령을 따르지 않는 자는 유죄이다. (〈전율田律〉)

> 현청縣廳에서 빌려 사용하던 철제 농기구가 낡아서 더 이상 사용하지 못할 정도로 파손된 경우에는 문서로 그 상황을 현청에 보고하도록 한다. 현청은 파손된 농기구를 회수하되 빌려간 농민에게 배상토록 하지는 않는다. (〈구원율廏苑律〉)

> 벼가 조보다 늦게 영글어 그 수확량을 이듬해 보고할 때에는 마땅히 메벼와 찰벼를 구별하여 기록하고, 술을 빚을 양조용 메벼와 찰벼도 구별해서 따로 쌓아두어야 한다. (〈창율倉律〉)

> 물건을 팔 때 각각의 물건에 그 정가定價를 표시한 첨籤을 매

달아 두어야 한다. 물건이 작고 가격이 1전 미만이면 첨을 매달아 두지 않아도 된다. (〈금포율金布律〉)

벌금형으로 자형貲刑과 속형贖刑의 처벌을 받은 자와 관청에 채무가 있는 자가 벌금과 채무를 납입하지 못하면 판결에 규정된 기일 동안 노역으로 대신 상환하도록 한다. 하루 노역을 8전錢으로 계산하고, 노역할 때 관청에서 식사를 지급받는 경우는 하루 노역을 6전錢으로 계산한다. (〈사공율司空律〉)

리吏 혹은 위尉를 관직에 임용할 때 정식으로 임명된 이후에만 직권을 행사할 수 있고 파견할 수 있다. 만약 임용이 부당하거나 임용권자와 피임용자가 사사로이 도모하여 직권을 행사하게 하고 파견시키면 법률에 의거하여 논죄한다.

(〈치리율置吏律〉)

감찰업무를 맡은 어사御史의 졸인卒人이 출장을 갈 경우 (역전驛傳에서는) 매 식사마다 도정된 비미粺米 1/2두斗, 장醬 1/4승升, 소금과 채소가 가미된 고깃국, 부추, 파를 제공한다. 졸인의 수행원에게는 도정되지 않은 여미糲米 1/2두를 제공하고 수레를 모는 마부에게는 여미 1/3두를 제공한다.

(〈전식율傳食律〉)

(호랑이 사냥용 수레인) 사호거射虎車는 두 대를 한 조로 편성한다. 호랑이가 미끼를 버리고 도망친 게 아니라면 추적해야 하는데 추적하지 않아 놓친다면 1갑甲의 벌금을 부과한다. … 표범이 도망쳐 놓쳤다면 1순盾의 벌금을 부과한다.

(〈공거사마렵율公車司馬獵律〉)

전쟁에서 적에게 굴복하지 않고 저항하다 사망하였을 경우 그 자식에게 작을 하사한다. 그러나 사망하지 않았음이 밝혀지면 그의 자식이 받은 작위를 박탈한다. (〈진율잡초秦律雜抄〉)

갑甲이 소를 훔쳤는데, 훔칠 당시 갑의 신장은 6척尺[약 1.4m]이었다. 1년 동안 구금한 뒤 다시 키를 측정하니 6척 7촌[약 1.54m]이 되었다. 갑을 어떻게 처벌해야 할까? 당연히 [노역형인] 성단용城旦舂으로 처벌해야 한다. (〈법률답문法律答問〉)

갑甲이 절도하였는데 장물의 가치는 1천전錢이었다. 을乙은 갑이 훔친 것임을 알면서도 1전錢 미만이라도 장물을 받았다면 을을 어떻게 처벌해야 하는가? 갑과 동일하게 논죄하여 처벌해야 한다. (〈법률답문法律答問〉)

남편이 1천전을 훔쳤고 그 중 그의 처가 은닉한 것이 3백전이다. 처를 어떻게 논죄해야 하는가? 처가 남편이 절도한 사실을 알면서도 이를 은닉했다면 3백전을 절도한 죄로 논죄하고, 남편이 절도한 사실을 몰랐다면 장물은닉죄[수장收藏]로 한다. (〈법률답문法律答問〉)

어떤 사람이 자살했는데, 그의 가족이 이를 관리에 보고하지 않고 시신을 매장하였다. 심문을 통하여 그 사실이 밝혀지면 죽은 자의 처와 자식에게는 벌금 1갑甲을 부과한다. (〈법률답문法律答問〉)

남편이 처를 구타하여 처의 귀가 다치거나 또는 사지나 손가락이 부러졌다면 남편을 어떻게 논죄하는가? 당연히 수염을 깍아버리는 내형耐刑에 처한다. (〈법률답문法律答問〉)

관청에서 빌린 물품을 가지고 도망하였다가 체포되거나 자수했을 경우, 절도죄로 처리하는 것이 타당한가? 자수하였을 경우는 도망죄로 논죄하고 체포되었을 경우는 장물의 값어치에 상응한 절도죄로 논죄한다. 다만 그 때 장물의 가치가 낮아 절도죄 처벌이 도망죄의 처벌보다 가벼우면 도망죄로 논죄한다. (〈법률답문法律答問〉)

> 어머니는 같고 아버지가 다른 자들끼리 서로 간통했을 경우 어떻게 논죄하는가? 당연히 사형[기시(棄市)]이다.
>
> (〈법률답문法律答問〉)

> 갑甲과 을乙이 여자 병丙과 간통하였는데, 갑과 을이 서로 싸워서 자상刺傷을 입혔다. 병은 이러한 사실을 알지 못하였는데 병을 어떻게 논죄하는가? 논죄하지 아니한다.
>
> (〈법률답문法律答問〉)

> 사건을 심리할 때에는 기록된 진술에 근거하여 사건을 추적하고 조사해야 한다. 그때 피의자를 고문하지 않고 사건의 진상을 밝혀내는 것이 상책上策이고, 고문으로 진상을 밝히는 것은 하책下策이다. 피의자를 두렵게 하는 것은 바람직하지 않다.
>
> (〈봉진식封診式〉)
>
> (－이상 진율은 윤재석, 2010 참고)

무덤에서 발견된 진율이 진제국 율령 전체라고 단언할 수는 없지만, 2천 2백여 년 만에 처음으로 밝혀진 진 율령의 실체임은 분명하였기에 법제사적 의의는 실로 중대했다. 한대 유생들은 지나치게 형벌을 남용하는 진의 엄형嚴刑주의를 비판했지만, 진은 수많은 이해관계와 변수가 난무한 사회에서 가능하면 합리적인 법리에 근거한 성문 율령을 제정하였다. 그리고 그 율령을 위반했을 경우에 한해 처벌을 적용한 죄형법정주의적 입장을 고수하였다. 즉 제국의 가장 중요한 통치 기제는 율령이었음을 웅변하는 중요한 자료였다. 그리고 이들 출토자료는 후술하겠지만 한대 출토자료와 함께 진한제국을 연속적인 역사체로 이해하는 데 결정적인 단초가 되었다.

2) 병마용갱兵馬俑坑과 진시황릉

1974년에서 1975년은 중국 역사학계는 물론 고고학계의 기념비적인 해였다. 장강長江 유역 운몽현에서 진율秦律의 실체가 발견될 즈음, 그 보다 한 해 앞서 황하 유역 섬서성陝西省 임동현臨潼縣에서는 농부들이 우물을 파기 위해 시작한 '위대한 삽질'이 20세기 세계 최대 고고 발굴의 서막을 열었다. 농부들이 황토를 빚어 구운, 사람 형태의 인형[용俑] 파편을 지하에서 연이어 발견하자 언론에서 보도하게 되었고 섬서성 고고연구소에서 조사단이 조직되어 본격적 발굴이 진행되었다. 도용陶俑들은 대부분 갑옷을 입은 병사였고 신장 1.8m 정도의 건장한 체격이었다. 드문드문 말도 발견되어 연구자들은 이 구덩이를 '병마용갱兵馬俑坑'이라 명명하였고, 유물들에 대한 연대 측정과 지역의 역사적 연원을 고려한 결과 유물들이 2천 2백여 년 전 최초의 제국을 수립한 첫 번째 황제의 죽음과 밀접한 관련이 있는 것으로 추정되었다. 그렇게 한 달, 1년이면 끝날 것으로 예상되었던 발굴은 10년, 30년을 넘어 이제 곧 반세기를 맞으며 세대와 세대를 이어 발굴되고 있다. 발굴이 계속되며 우리는 그 첫 번째 황제와 제국의 위용이 상상 이상이었음을

병마용의 발견

알게 되었다.

처음 발굴이 진행된 갱은 이후 1호갱으로 명명되었고 이곳에서만 약 8천여 명의 진용秦俑이 발견되었다. 진이 천하통일을 완수할 수 있었던 가장 중요한 요인이 전국말기 최강의 군사력에 있었음을 1호갱은 장대하게 보여주고 있다. 또한 1호갱은 당시 전쟁의 주력이 보병으로 변화되었음을 그 진법陣法으로 분명하게 확인시켜주고 있다. 1호갱에서는 신장 2m에 육박하는 당당한 체구와 기품있는 의관을 갖춘 용도 발견되었는데 진의 군사를 지휘하던 장군용으로 추정되고 있다. 1987년 병마용갱이 유네스코 세계문화유산으로 등재되면서 1호갱의 지붕에 돔이 씌워져 박물관으로 개방되었다. 마치 로마제국의 지방도시 폼페이 유적처럼 이곳에서도 발굴과 전시가 병행되고 있다.

병마용 1호갱의 전경

도열하고 있는 1호갱의 보병군단

1호갱의 장군용

2호갱은 특수병과에 해당하는 구성으로 대규모의 전거戰車, 궁사弓師, 그리고 기병騎兵 등이 망라되어 있다. 궁사들은 이미 사거리가 길고 파괴력이 강력한 격발식의 궁노弓弩를 활용하고 있었다. 특히 2호갱의 궁사용弓師俑이 주목되는 점은 이들 가운데 몇 점의 표면에 비교적 온전한 채색의 흔적이 남아 있어 독일을 중심으로 한 전 세계 문화재복원 전문가들에 의해 그 채색을 복원해 낼 수 있었다. 비록 2천 2백여 년이 지나 병마용의 채색은 바래 황토색으로 남았지만 부장된 수천 혹은 이후 발견될 만 수천 점의 전체 병마용은 본래 화려한 채색이 입혀 완성되었던 것이다.

그 모든 것 가운데 우리를 가장 흡입하는 유물은 진나라 병사

앉아쏴 자세의 2호갱 궁사용弓師俑(좌), 채색을 복원한 궁사용(우)

들을 극사실적으로 구현한 진용秦俑 자체이다. 용俑들은 직급과 보직에 따라 갑옷과 의관衣冠의 디자인이 모두 다르게 제작되었고 심지어 혁대의 버클과 신발의 도안까지 제각각이었으며 기혼과 미혼 그리고 개인의 취향에 따른 헤어스타일까지 다양했다. 고대 복식사와 생활사를 연구하는 이들에게 병마용은 타임캡슐과 같은 자료의 보고寶庫가 되고 있다. 2천 2백여 년 전의 시공을 넘어 우리가 대면하는 병사들의 얼굴도 모두 다르고 관상학적으로 중국 전 지역의 다양한 민족적 특색이 반영되어 있어 그야말로 제국의 통합성을 웅변하고 있다.

진용秦俑들의 사실적이고 다양한 복식

진용秦俑의 얼굴들이 모두 다른 점으로 보아 실제 병사들을 모델로 제작되었다는 의견도 개진되었지만, 그것은 불확실하다. 진왕의 무덤은 그가 왕위에 즉위한 이후부터 조성되기 시작하여 황제가 된 이후 대규모로 확대되었겠지만, 적어도 이들 병마용은 진왕이 동방 6국을 통일하고 황제가 된 이후 제작되었을 것으로 추정된다. 병마용 가운데에는 그 표면에 제작에 참여한 공

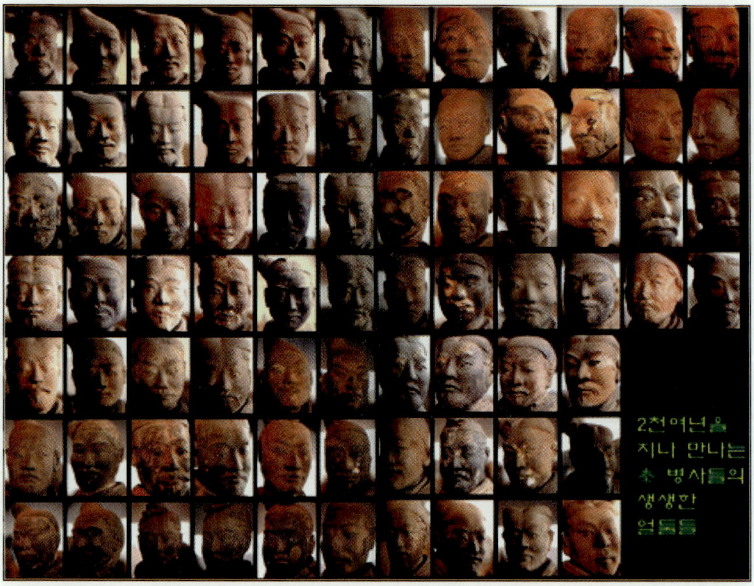

2천 2백년의 시공을 넘어 만나는 진나라 사람들의 얼굴

인工人의 이름과 출신지가 간략하게 각서刻書되어 있는 경우가 있는데 현재까지 약 80여 명의 공인의 명단이 확인되었다. 이들 외에도 단순 공정에 참여한, 이름도 알 수 없는 노역자가 훨씬 많았겠지만 현재까지 발견된 것만 해도 8천여 개가 넘는 병마용을 10년간에 제작하였다는 것은 서주 춘추시대에는 불가능한 수준이었다. 이와 같은 대규모의 능원과 대량의 진용을 제작할 수 있었던 요인은 도량형의 통일과 도구 및 부품의 규격화, 특히 노동력 분배를 위한 '계시計時'의 표준화가 전제되어야 가능할 것이다. 이는 당대의 수학, 천문학, 건축학 등 종합적인 과학 기술의 발전에 기초하고 있었음을 반영하는 것이며, 그러한 총체적 역량이 제국을 수립하고 유지할 수 있는 기제였음도 병마용갱이

발굴을 기다리는 진시황릉 전경 (구글어스)

반증하고 있다.

기타 작전본부에 해당하는 3호갱이나 미완성된 채 폐기된 4호갱도 발견되었다. 발굴이 진행되면서 이들 병마용이 진시황제와 밀접한 관련이 있음이 확실해지자 자연스럽게 그의 무덤으로 관심이 모아지게 되었다. 병마용갱으로부터 서쪽 1.5km 떨어진 여산驪山 자락의 옥수수밭 한 가운데 놓인 엄청난 규모의 구릉. 가로 세로 각각 400m의 정방형에 현재 높이가 50m를 조금 넘는 대형 피라미드 형태의 구릉이 한 개인의 무덤이라고는 생각할 수 없었지만, 병마용갱의 발견으로 이 거대한 구릉이 진시황릉의 봉분임이 거의 확실해졌다.

아직까지도 능의 내부와 지하 곽실에 대한 발굴은 진행되지 않았지만 지난 반세기 동안 고고발굴단은 능원 주변에 대한 섬세한 탐측探測을 진행해 왔다. ≪사기≫에는 진시황릉의 지하에 제국의 산하山河를 미니어처 형식으로 조성하면서 황하나 장강 등의 하천은 수은으로 흐르게 하였다고 기록하고 있는데, 실제 탐측 결과 주변의 토양에 비해 봉분의 토양에는 수은의 성분이 압도적으로 높은 것으로 확인되었다. 또한 황제릉을 착굴하는 과정에서 세 번이나 지하수를 발견했다고도 기록하였는데 이는 그만큼 깊고 크게 무덤을 조성했다는 의미도 되지만 지하수 처리가 관건이었음을 시사한다. 그런데 실제 봉분 주변의 지하에서 다량의 배수관이 발굴되어 진시황릉에 대한 ≪사기≫ 기록의 신빙성은 더욱 높아졌다.

능원陵園에 전시된 5각형 구조의 배수관

그러나 사료의 기록은 빙산의 일각이었다. 능원 주변으로 이중의 내성과 외성이 구축되고 침전寢殿과 사당의 건축 유적, 그리고 능원 조성에 동원된 형도刑徒들의 무덤도 대거 발견되었다. 병마용갱에서 출발한 발굴이 진행될수록 병마용갱은 진시황능원의 일부일 뿐이며 전체 계획은 지하에 거대한 황궁을 조성하는 것이었다. 때문에 그 황궁에 병사들만 있을 리 만무한데 1999년 이후 황릉 서남단에서 발견된 6호갱에서는 황제를 가까이서 보좌하는 문관용文官俑들도 출토되었다. 황제를 보필하여 제국의 법률과 문서행정을 전담했던 냉철한 문관들은 허리춤에는 문서 관리에 필요한 도필刀筆을 허리춤에 차고 다소곳한 모습으로 지하에서 시립侍立하고 있었다.

6호갱의 문관용

허리춤에 차고 있는 문관의 도필刀筆

황릉 동남단 백희용갱百戲俑坑에서는 광대들도 출토되었다. 지하의 저승에서도 각종 연회宴會에 배석하여 서커스[잡기雜技]에 동원될 수 있는 광대[백희百戲]들이 황릉의 계획에 포함되었던 것이다. 상의를 벗고 각종 연희演戲 도구를 이용해 서커스를 하는 광대들의 역동적인 모습이 조형되었다. 특히 신장이 2m가 넘는 건장한 광대가 장대를 받치고 있는 모습은 한대 발견된 백희화상석百戲畫像石의 부장이나 동작과 매우 흡사해 강렬한 인상을 주고 있다.

진시황릉 백희용百戲俑

백희화상석百戲畫像石 (한대)

황릉에서 동북으로 약 1.5km 떨어진 곳에서는 이승의 함양궁咸陽宮에서처럼 저승에서도 원유苑囿에서 휴식을 취하려는 듯 인공적으로 조성된 연못 유적이 발견되었고, 바로 남쪽 7호갱에서는 40여 점이 넘는 청동青銅 수금水禽도 발견되었다. 저승에서 황제에게 완상의 즐거움을 영원히 제공할 학, 오리, 거위 등의 물새들이 청동으로 제작되었다. 또한 이곳에서는 실내 용도의 도용陶俑도 발견되었는데 연구자들은 동작으로 보아 금슬琴瑟 등을 연주하는 악관용樂官俑으로 추정하고 있다. 아마도 원유의 휴식에 음악이 빠질 수 없었음은 당연하였다.

진시황릉의 악관용樂官俑과 청동수금靑銅水禽

이제 곧 반세기를 맞이하며 병마용에서 시작된 발굴은 황릉 전체의 발굴로 진행되어 그 윤곽이 잡혀가고 있다. 그러나 발굴이 진전될수록 우리는 최초의 제국과 첫 번 째 황제의 위용에 경탄을 금할 수 없게 되었다. 진시황릉은 그가 전국시대 진국의 왕위에 오른 기원전 247년부터 조성되기 시작하여 기원전 221년 그가 황제에 즉위하면서 대규모로 증축되었을 가능성이 높다. 그렇다 하더라도 기원전 210년 그가 안장될 때까지 37년간 조성된 황릉의 공정은 가히 상상을 초월하고 있다.

앞으로 또 몇 년, 혹은 몇 십 년이 더 필요할지, 우리 세대 안에 진시황릉의 발굴은 마무리가 될지 귀추가 주목되고 있다. 진시황릉의 곽실은 도굴되지 않은 채 온전히 보존되어 있을까. 만약 그렇다면 어쩌면 우리는 첫 번째 황제의 주검과 만날 수 있을지도 모른다.

3) 리야진간里耶秦簡과 문서행정

앞서도 언급했지만 진시황제는 천하를 통일시킨 후 도량형권度量衡權, 화폐, 사상, 수레바퀴의 폭 등을 통일시켰지만, '문자'를 통일시킨 것으로도['書同文字'] 유명하다. 일견 열국 간에 전혀 다르게 사용되던 문자를 통일시킨 것으로 오해할 수 있지만 고대 갑골문이 한자의 기원이 된 이후 서주 금문金文으로 계승되면서 많은 문자가 사라지고 또 새롭게 출현했지만 춘추 전국 시대 각 열국은 다소간의 차이는 있지만 대체적으로 같은 문자문화권으로 보는 것이 타당하다. 다만 열국 간에 서체書體는 매우 다양하였다. 때문에 진시황제 이후 소전체小篆體 양식으로 서체가 통일된 것으로 많이 해석되었지만 진시황제 시대의 유물에 새겨진 문자의 서체도 다양하였다. 한漢제국 초기의 율령을 담고 있는 ≪장가산한묘죽간張家山漢墓竹簡≫ 〈이년율령二年律令·사율史律〉에 따르면 제국의 문서행정을 전담하는 사史를 선발할 때 요구되는 기본 소양에 '5천 자 이상의 문자를 암송하여 쓸 수 있고, 여덟 가지 서체八體를 모두 쓸 수 있어야 했던 점'은 제국 내 여전히 서체가 다양했던 역사적 사실을 반영하고 있다.

그런 점에서 최근에 연구자들이 주목하는 부분은 제국의 문서행정이다. 이미 발견된 진대 간독자료와, 진에 이어 수립된 한제국의 거연居延, 돈황燉煌, 현천懸泉 등 서부변경 지역에서 발견된 다량의 행정문서들을 통해서도 진의 문서행정체계를 충분히 짐작할 수 있었다. 그러나 2001년 중국 호남성湖南省 용산현龍山縣 리야진里耶鎭에서 21세기를 여는 대 발굴이 진행되면서 진제국의 문서행정체계가 보다 구체적으로 확인되었다.

리야진은 호남성湖南省, 귀주성貴州省, 사천성四川省의 교계지에 위치한 교통의 요충지로 전국시대에도 진秦의 고성古城이 있었던 유서 깊은 곳이었다. 이 마을을 회류回流하는 장강의 먼 지류 유수酉水변 건설현장에서 아주 오래된 우물이 발견되었다. 1호정井으로 명명된 이 우물은 얼마나 오랫동안 사용되지 않았는지 약 15m 깊이의 우물에 진흙이 가득 차 있었다. 현장 노동자들이 진흙을 퍼 올리는 과정에서 그 안에 서 묻혀있던 목간木簡이 대량으로 출토되었는데, 무려 3만 7천매의 규모였다. 지금까지 한반도 내에서 발견된 한국의 목간이 약 1천 매 정도임을 상기하면 우물 하나에서 3만 7천매라니 실로 놀라지 않을 수 없다.

연구자들의 기초적인 조사 결과 목간은 2천 2백여 년 전 진제국 시기 동정군洞庭郡 천릉현遷陵縣이 수발한 행정문서였다. 황제가 명령하고 발송한 문서는 중앙에서 동정군으로, 다시 동정군에서 천릉현으로 하달되었고, 천릉현遷陵縣은 이 문서의 복사본을 작성한 후 다시 천릉현에 소속된 향鄕과 리里로 문서를 발송하였다. 리里와 향鄕에서 상주上奏한 문서는 천릉현을 거칠 때 다시 복사본이 작성된 후 위

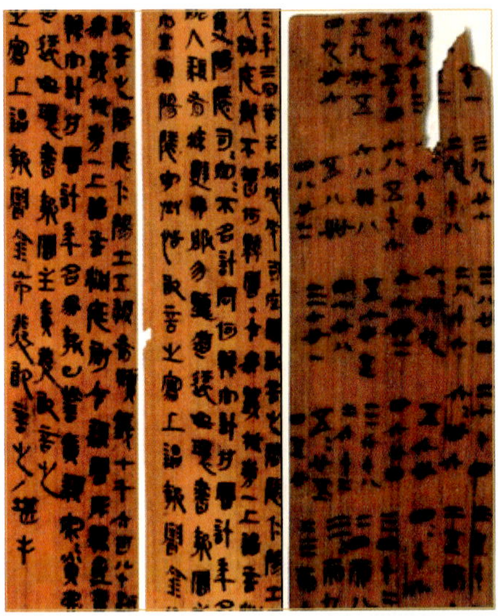

제국의 행정문서 리야진간里耶秦簡, 리야진간의 일부였던 구구단 산수표算數表(우)

로 동정군洞庭郡과 수도 함양으로 상주되었을 것이다. 발견된 지 어느덧 20년이 지나 리야진간의 해석과 연구가 본격적으로 진행되면서 중국 고대사 연구는 다시 활력을 얻고 있다. 현재까지 드러난 리야진간의 내용에는 천릉현의 호구戶口조사, 세금의 징수, 요역徭役의 징발, 토지의 개간, 도로의 정비, 곡물의 관리, 우편과 역참驛站의 운영, 노예매매와 형도刑徒의 관리, 현청의 제사 시행, 의약품의 관리 등 실로 지방행정 운영 전반이 망라되어 있었다. 아마도 기원전 206년 진이 갑자기 멸망하면서 천릉현에서 보관하던 행정문서를 우물에 폐기처분했을 가능성이 높다.

특히 1호정井 16번 토층에서 발견된 진간 중에는 이전까지 볼 수 없었던 매우 흥미로운 간독簡牘 한 매가 발견되었다. 우측 상단부분이 일부 파손되었지만 간독 전체에 숫자가 기록되어 있어 일종의 호구조사나 세금징수 기록으로 추측되었다. 그러나 기록된 순서대로 위에서 아래로, 그리고 오른쪽에서 왼쪽으로 숫자를 읽으면 다음과 같았다.

9981 8972 7963 6954 5945 4936 3927 2918 8864 7856
6848 5840 4832 3824 2816 7749 …… 5525 4520 3515
2510 4416 3412 248 339 236 224

(≪리야진간里耶秦簡≫ 〈산표算表〉)

충분히 짐작할 수 있듯 이 숫자는 중복없이 내림차순으로 기록된, 현재까지 발견된 가장 오래된 구구단표였다.[10] 2천 2백 여

---

[10] 2008년 북경 청화淸華대학은 기원전 305년경의 것으로 추정되는 전국戰國

년 전 고대 제국의 지방 현청이 보관하던 행정문서 틈에서 구구단표가 발견되자 학계는 비상한 관심을 갖게 되었다. 아마도 이들 문서를 담당했던 현아縣衙의 영사令史나 장리長吏 등 소리小吏들의 가장 기본적인 직무는 역법曆法의 확인과 계시計時, 호구戶口조사와 부세賦稅의 징수, 경작지나 도로의 측량과 요역徭役의 부과 등이었을 것이다. 이 모든 직무를 원활히 수행하기 위해서는 문서의 기록과 관리 능력은 당연하고 기본적인 '산술算術' 능력이 매우 중요하였을 것이다. 리야진간의 구구단표는 그 소리小吏가 평소 업무 중에 참고하였거나 암송을 위해 지참했던 것일 가능성이 높다.

이렇게 제국의 수도 함양에서부터 군-현-향-리로, 황제에서부터 지방 말단의 소리小吏에게까지 제국의 문서는 일사분란하게 유통되고, 또 그 역순으로 지방행정은 보고[상계上計]되고 건의[상주上奏]되었다. 사마천은 진시황제가 국정을 돌보느라 밤잠을 설치며 정진했다고 기록했는데 현아縣衙에 수발된 문서량이 그 정도라면 제국의 모든 문서가 집결되었던 황실의 정황을 감안하면 그 방대한 문서를 결재하고 처리하는 시황제의 격무가 결코 과장만은 아니었던 것 같다. 리야진간이 제국 15년 동안 천릉현에서 수발한 문서의 전체가 아닌 일부일지도 모르지만 우물 하나에서 발견된 간독이 3만 7천매라는 규모를 감안하면 제국의 통치는 막연한 당위나 이상理想, 그리고 물리적 통제만으로 충족

시대 초간楚簡을 입수하였다. 그 초간 내용 중에서 구구단을 넘어 무려 십구십구단[19×19] 〈산표算表〉가 확인되었는데, 이 산표는 2017년 4월 현존 세계에서 가장 오래된 산술표로 기네스북에 등재되었다.

되는 것이 아니라 결국 행정문서로 집행되고 관철되었던 것이다. 문서행정은 가히 '제국의 혈관'이었다.

5. 관중과 함양咸陽, 그리고 장안長安

1) 황하문명의 유산, 제국의 수도 함양

본서의 긴 문명사는 황하유역에서 시작되었다. 황하유역에 근거하여 발원한 진秦나라가 제국을 수립함으로써 중국 역사에서 황하유역의 화북華北 문명관이 고착되는 결정적인 계기가 되었다. 황하의 상류 농서隴西부근 옹성雍城에서 발원한 진秦은 오랫동안 중원으로부터 오랑캐 취급을 받던 서쪽 변경의 열국이었으나 천하를 통일하고 수도를 관중關中의 함양咸陽에 두면서 모든 물적·인적 자원은 물론 문화적 원류와 신화마저도 관중지역과 화북 중심으로 재편하였다.(王學理, 1985, 1999) 천하의 중심은 황제가 있는 관중평야의 함양咸陽이 되었으며, 이후 고대에서 중세까지 중국역사는 관중의 장안長安 혹은 화북의 낙양洛陽을 중심으로 고정되었다.

삼국시대의 오吳나라, 북방 이민족의 침략에 의한 남조南朝와 남송南宋, 국민당의 남경南京정부시기 등 장강長江유역에 근거를 둔 국가와 정체政體가 없지는 않았으나, 현재까지도 중국역사 대부분의 중심이었던 도시는 안양安陽, 함양咸陽, 장안長安, 낙양洛陽, 태원太原, 개봉開封, 그리고 북경北京까지 황하를 따라 동서로 이어진 '화북 벨트'를 크게 벗어나지 않았다. 이미 당송唐宋시대를 경계로 완연히 장강유역의 경제발전은 화북을 능가했지만 천하를 얻으려면 관중을 차지해야 했고, 사민徙民정책과 운하의 건설 등을 통해서라도 화북은 정치의 중심이어야 했으며 제국의 수도로 유지되어야 했다.

오늘날까지 전승되는 위대한 경전經典, 제자서諸子書, 정사正史, 그리고 시부詩賦들의 대부분이 전국戰國시대에서 진한秦漢대에 걸쳐 황하유역의 관중關中과 중원中原에서 저술되고 편집된 문헌들이었음도 중요하다. 우리는 이들 문헌을 통해 고대 역사와 소통하고 있으며 이들 문헌들은 황하유역의 화북문명관과 역사관이 농후한 문헌들임은 자명하다. 진한교체 시기 항우項羽(기원전 232~202)와 유방劉邦(기원전 247~195) 등 장강유역에 근거지를 둔 조楚나라와 한漢나라 지배계층들은 한 제국이 수립된 후 결국 다시 관중關中에 제도帝都를 건설하고 제국을 통치하였다. 정사正史의 효시이자 사서의 전범이 된 사마천의 ≪사기史記≫ 또한 화북중심의 역사관을 고정하는데 지대한 영향을 미쳤다. 진秦을 이어 통일제국을 수립한 한漢은 장안에 도읍하였으며 진시황제가 구상한 제국의 청사진을 완성하고 정착시켰다. 한 제국의 태사령太史令 사마천은 고금의 문서를 정리하고 제국의 역사 현장을 답사하며 선대에 이어 위대한 역사서를 완성함으로써 일가의 아언雅言을 이루었다.('成一家之言') 그의 역사관이 오롯이 담겨있는 이 위대한 통사의 편제는 그 수장首章에 역사상에 등장했던 역대 왕조와 제국을 편제했는데 그 본기本紀 편은 〈오제五帝 본기〉, 〈하夏 본기〉, 〈은殷 본기〉, 〈주周 본기〉, 〈진秦 본기〉, 그리고 진시황秦始皇과 항우項羽에서 한무제漢武帝까지 총 12편을 수록하고 있다. 본기 구성은 상고시대에서 당시 사마천이 살았던 당시까지의 역사가 압축된 것인데, 그것은 어디까지나 황하유역 화북문명의 역사였던 것이다. 다음은 전설상의 성왕聖王인 우禹 임금의 치수治水와 구주획분九州劃分을 전하는 사마천의 서술로서, 상고 이래 화북문명이 치열하게 고민하고 경주했던 치수의 역사와 그 오롯한 수혜를 받은 결과가 황하 유역의 초기 왕조와 제국이었음을 잘 보여준다.

> 우禹는 홍수를 퇴치하기를 13년, 집 앞을 지나도 (문안으로) 들어가지 않았으며, 육지에서는 수레를, 물길에서는 배를, 진흙 수렁에서는 썰매를 타고, 산길에서는 징 박은 나막신을 신고 다니며 (천하를) 구주九州로 나누었으며, 산세에 따라 강줄기를 끌고, 토질에 따라 공물貢物을 정하였으며, 9개의 도로를 뚫고, 9개의 소택沼澤에 제방을 쌓았으며, 9개산의 (형세를) 조사하였다. 그러나 황하의 범람으로 인한 재해가 중국에 가장 커다란 피해를 주었기 때문에 (우는) 황하를 다스리는데 (가장 많은) 노력을 기울였다. …… (그 결과) 천하의 모든 강은 막힘없이 흐르고 소택도 정리되어 중원은 질서와 안정을 구가하게 되었으며, 그 공은 삼대(三代; 夏·商·周)에 미쳤다.
>
> (≪사기≫, 권29, 〈하거서河渠書〉)

2) 관중關中 지역과 함양, 그리고 장안長安

이미 전장前章에서 기술하였듯이 사회주의 신공화국이 수립된 이후인 1950년대 발굴에서 주목되었던 지역은 중원의 중심지인 황하 중류 유역인 오늘날 섬서성陝西省 일대였는데, 이들 지역에서 '앙소仰韶 문명'으로 불리게 된 기원전 3000여 년 전후에 해당하는 신석기 중기 유적이 집중적으로 발견되었다. 특히 섬서성 서안시西安市 반파촌半坡村은 앙소문화의 대표적인 유적지이다. 섬서성 서안시 동쪽 교외 반파촌 북쪽, 황하黃河의 지류인 위수渭水 동쪽 기슭의 황토 단구段丘에 위치하고 있다. 서안 부근에서 발견된 이 초기 거주유적이 시사하는 중요한 점은 이 지역이 이후 중국 고중세 역사에서 천하의 중심지로 공인받게 된 '관중關中' 지역이었다는 점이다.

관중평야, 천하를 경략할만한 지정학적 이점을 지니고 있어서 중국 고대에서 중세까지 여러 왕조의 수도가 위치하였다.

관중이란 명칭은 전국시대 이후 이 지역의 출입을 관리하던 치소治所인 관문關門, 즉 동서남북의 함곡관函谷關, 대산관大散關, 무관武關, 소관蕭關인 '사관四關의 안의 평야지역'을 가리키는 명칭이었다. 북으로는 섬북陝北고원과 남으로는 진파秦巴산맥, 동으로는 화북華北평원과 서로는 농서隴西건조지역에 이르는 북위

34°~36°, 동경 106°~110°에 이르는 분지盆地형 평원이었다. 해발고도 500m에 달하는 황토고원지역에 펼쳐진 평원이면서도 사방은 산맥과 고원으로 막혀있어 천혜의 요새와 같은 전략적 요충지였고, 황하의 지류인 경수涇水, 위수渭水, 낙수洛水가 모여 수원水源도 풍부하여 일찍부터 농경이 발달한 비옥한 지역이었다. 때문에 고대로부터 '금성천리金城千里'에 이르는 관중지역은 '천부·사색지국天府四塞之國'으로 불렸고, '관중을 차지하는 자가 곧 천하를 얻는다'는 것은 천하쟁패를 다투는 영웅들의 불문율이었다. 그 관중평야의 중심에 함양과 장안이 자리잡고 있었으니 앙소문화의 주요 취락지에서 서주西周의 수도 호경鎬京, 진秦의 수도 함양咸陽, 그리고 한漢-수隋-당唐의 수도 장안長安에 이르기까지 명칭은 다르지만 크고 작은 12왕조의 수도가 장안에 누적적으로 건설된 것은 결코 우연이 아닌 당연한 귀결이었다.

선사시대 이래 관중 지역에 인구가 집중되면서 도시가 형성되고 서주의 왕도王都로서 호경이 건설되었다. 그러나 기원전 771년 견융의 침략으로 주의 유왕幽王이 패사하고 그 이듬해 평왕平王이 주의 수도였던 관중평야의 호경을 버리고 동쪽인 오늘날 하남성 낙양洛陽으로 천도하였다. 소위 주의 동천東遷으로 불리는 이 사건을 기점으로 서주西周의 시대가 종식되고 동주東周의 시대 또는 춘추春秋의 시대가 시작되었다고 후대 역사가들은 시대구분 하였다. 경천동지할만한 이 역사적 전환점은 곧 천자의 도시가 천도遷都한 데서 비롯되었던 것이다. 수도의 동천東遷으로 인한 서주와 동주의 역사는 이후에도 '서한西漢과 동한東漢' 그리고 '서진西晉과 동진東晋'의 역사에서 재현되었다. 고대와 중세까지 반복되던 이러한 '서-동'의 노선이 근세의 명나라가 남경에서 북경으로 천도하면서 '남-북'의 관계로 전환되었던 것은 도시를 둘러싼 문명사적 전개과정에서 매우 흥미롭다.

주의 동천이후 춘추전국시대 약 400년간 호경은 국도로서의 위상을 잃었음은 분명하였다. 오히려 기원전 453년 이후 전개되었던 전국戰國시대 각 열국列國의 도성都城들이 규모와 인구 면에서 호경과 낙읍을 능가하며 비약적으로 발전해갔다. 그 무렵 오랫동안 이적시夷狄視되었던 서쪽 변방의 진秦나라도 비약적으로 발전해갔다. 전술하였듯이 진 효공孝公 시기(기원전 361~338) 상앙商鞅이 단행한 변법變法으로 부국강병에 성공하였다. 기원전 350년경에는 관중의 핵심지역이자 서주의 왕도였던 호경지역으로 천도하여 함양咸陽으로 명명하였다. 이로써 장안, 즉 함양은 전국시대 최 강대국으로 부상하는 진秦의 발전과 함께 새로운 영화榮華의 시기를 준비하고 있었다. 그렇게 다시 1세기가 지나 쇠락한 주의 왕도에서 전국시대 강력한 열국의 도성으로 변모한 함양은 동아시아 최초로 일통제국의 황제의 도시, 즉 제도帝都로 부상하게 되었다. 모든 길은 로마로 통하듯, 제국의 인적·물적 자원은 제도 함양으로, 그리고 한 제국에서는 장안으로 통합되었다.

6. 제국의 강역과 장성長城

농경정주민족인 중국은 신석기시대 이래로 토지에 천착하여 농경을 하고 촌락에 정착하였으며 점차 그들의 생활 주변에 성벽을 쌓아 생활하였다. 나무로 제작된 긴 판목사이에 황토고원지대의 고운 흙과 물을 섞어 노동력을 이용해 다지고 또 다지면 이 황토가 마르고 나면 두께 약 5~10cm의 단단한 토층이 형성된다. 이를 판축版築기법이라 하는데 중원지방 황토고원지대의 성곽과 가옥은 대부분 이러한 방식으로 건조建造되었으며, 의외로 축성기간이 빠르고 내구성도 강하였다. 성곽이 축조된 이후 성곽 내부와 외부의 공간은 뚜렷한 구별이 되었으며 성곽 내부에 사는 사람들의 관점에서 성곽 외부에 대한 문화적 배타성도 규정되었다. 상商나라 사람들은 성곽과 그 안의 공간을 갑골문으로 '읍邑'이라 하였는데, 이 글자는 정방형의 네모난 성곽과 그 안에 사는 읍민을 형상화 한 것이다. 읍안의 사람들이야 말로 제도와 질서의 보장을 받는 문화적 범주 안에 있는 사람들이었다. 반면 성곽 바깥의 세계는 '야野'라고 칭하였는데 중원의 화하족華夏族과는 구별된 만이蠻夷와 같은 이민족들이 생활하는 반문명적인 세계였다. 즉 성 바깥은 '야만野蠻'적인 세계였다. 그것은 마치 로마인들이 생각했던 성곽 안 도시민(Civitas)의 문명(Civilization)의 세계와 성 바깥의 야만인(Barbarian)의 세계의 차별과 대동소이하였다. 이처럼 축성은 농경정주이래 중국역사의 정체성을 반영한 것이기도 하다.

갑골문 읍邑자

중국에서 본격적으로 대규모 축성이 발전하는 시기는 춘추말 전국시대 초기로, 전술했듯이 열국간의 전쟁양상이 치열해지고 거마전車馬戰보다는 보병전步兵戰과 공성전攻城戰이 중심이

되면서 열국들은 보다 견고한 성을 두 겹 혹은 세 겹에 걸쳐 쌓게 되면서부터이다. 당연히 읍민들에 대한 노역의 징발도 대규모로 그리고 장기간에 걸쳐 시행되었으며 이에 대한 원성과 불만도 누적되었다. 열국마다 축성에 얽힌 비극적 민담이 전해졌는데 그러한 일화 가운데에는 ≪좌전左傳≫에 전하는 '기량의 부인[杞梁妻]'의 고사가 유명하였다. 그런데 그 민담과 전설이 이후 진시황제 시대에 '맹강녀孟姜女' 전설로 압축 귀결되었다. 시황제 시기 장성 수축의 노역에 징발된 남편 기량杞梁이 돌아오지 않자 부인 맹강녀는 동쪽 산해관 지역까지 찾아갔다가 남편의 비극적인 죽음을 확인하고 자결했다는 맹강녀의 일화는 춘추전국시기 대규모 토목 건축이 유발한 민력의 소진이 반영된 이야기이자 특히 진제국 이후 시황제의 폭정을 과장하기 위해 각색되었다. 훗날 원대 이후 맹강녀 전설은 희곡으로 창작되어 공연되기도 하였고, 명청시대 이후에는 '열녀烈女'의 표상으로 또 다른 역사적 변주를 하게 되었다.

맹강녀상孟姜女像 (산해관장성山海關長城)

시황제는 통일된 제국의 영토 변경에 춘추전국시대부터 열국들이 구축했던 장성長城을 개축하고, 신축된 장성도 연결하여 인류역사상 가장 광대한 인공구조물을 건설하였다. 총 길이 약 6천 500여km에 해당하는 장성은 북방 유목지역과 제국의 농경지역을 분명하게 경계 지었고 제국의 공간적 정체성을 부여하였다. 단순한 정체성이라고 표현하기에는 그것은 실로 '과잉'의 토목건축이었으나, 이러한 전통은 역대 왕조에 이어져 북방 유목민족과 농경정주지역의 끊임없는 길항관계를 구체적 조형물로 남겨놓게 되었다.

'인류 최대의 토목공사'로 불리며 오늘날 중국 전 대륙에 걸쳐 남아있는 거대한 장성의 유적은 중국 역대 왕조들이 북방민족의 침입을 막기 위해서 세운 방어용 성벽이다. 동쪽 산해관山海關에서 서쪽 가욕관嘉峪關까지 장성은 동서로 장대하게 뻗어 있다. 보통 만리장성의 기원을 진시황제 시기로 소급하지만 그보다 훨씬 전인 춘추시대(기원전 770~기원전 453)부터 각 열국 간 경계지역에, 그리고 북쪽 변방에 위치한 국가들은 흉노 등 유목민족과의 대치상황에서 축성을 하였다.

고산준령의 능선을 따라 축조된 장성
(팔달령장성八達領長城)

이처럼 춘추전국시대이래 역대왕조에 걸쳐 축성한 장성을 연결하면 무려 5만km 넘는다고 하니 중국의 역사는 곧 축성의 역사라 해도 과언이 아니다. 이는 전술했듯이 농경정주민족의 공간적 정체성이자 북방 유모민족과의 팽팽한 긴장관계를 반영하는 구상적 조형물이었다.

진대이후 장성을 가장 길게 연장했던 것은 한대였다. 후술하겠지만 한 무제武帝는 적극적 흉노정벌은 물론 북으로는 장성을 고비사막까지 축성하여 1만km 넘게 연장시켰다. 만리장성이 현재 위치로 자리 잡은 것은 6세기 북제北齊 시대였다. 처음 건축될 무렵에는 산시성山西省 리스 현부터 발해만까지 약 1,500km 길이였다. 한대이후 축성이 가장 활발했던 시기는 명明 나라 때로 몽고의 침입에 대비해 총 길이 2,700km가 동쪽으로 이어져 현재의 규모와 모습을 갖추게 되었다. 명나라 때 건설된 화북의 장성들은 대부분 벽돌로 건설된 북경주변의 장성들의 모습을 갖추게 되었다. 자신들이 직접 장성을 넘어 중국을 정복한 만주족의 청 왕조에서는 장성이 상대적으로 군사적 가치가 상당히 떨어져 방치되어 있었다. 혹자가 말하듯 장성은 '인민들의 피와 땀의 결과'라는 평은 틀리지 않지만, 전근대시대 신분질서가 엄연하던 시대에 동서양을 막론하고 거대한 권위주의적 토목건축에 인민의 고통이 수반되지 않은 것은 드물 것이다. 그러나 각 문명의 필요와 요구에 따라 그러한 건조물을 만들었던 문명도 있었고, 또는 못 만들거나 만들지 않았던 문명도 있었을 것이다. 중국의 경우는 강력한 중앙집권력과 황제의 권위, 항상적인 풍부한 노동력이 어우러져 이러한 건조물을 창출할 수 있었다. 전근대시대의 부산물이지만 장성은 오늘날 중국을 찾는 대부분의 관광객들을 흡입하는 매력적인 관광 상품이 되었으며, 중국의 역사 유산이 '유네스코 세계문화유산'으로 처음 등재되었던 1987년에 장성은 둔황 막고굴, 자금성과 함께 선정되었다.

제11장

진한秦漢 교체기와 영웅의 쟁패

1. 시황제의 죽음과 진의 붕괴

무릇 황제가 있는 곳이 우주의 축이고 천하의 중심이므로 황제는 사사로이 이동을 하지 않아야 함에도 불구하고 시황제는 천하를 통일한 후 이듬해인 기원전 220년부터 순행巡幸을 시작하여 10년간 5번이나 순행을 감행하였다. 황제의 여행에는 방대한 수행인원과 신변의 안전을 위한 군단이 동행했고, 수레의 이동을 위한 도로의 정비는 물론 황제가 여행 중 기거할 이궁離宮의 건설도 곳곳에 필요하였다. 즉 황제의 순행 자체가 위험하고 막대한 예산이 소요되는 행사였다. 실제 시황제는 기원전 210년 마지막 순행 중에 객사하였다. 그럼에도 불구하고 시황제는 황제 제위 10년간 왜 그토록 정력적으로 순행을 감행하였을까.

아마도 자신이 수립한 제국의 영내를 직접 목도하며 황제의 위업을 과시하려는 것일 수도 있지만, 순행마다 목적과 성격이 다소 차이가 있었다. 기원전 220년 1차 순행의 경우 진의 조상들의 영령이 깃든 농서隴西의 고토를 방문하였지만, 이후 모든 순행에는 자신이 정복한 동방 6국 지역을 순행하며 직접 통일한 제국을 확인하였다. 특히 2차 순행의 주요 목적은 태산泰山에 올라 봉선의 의식을 행하여 상제上帝에게 황제의 통치가 시작되었음을 통보하는 것이었던 것 같다. 그리고 2차 순행에서 방사方士 서복徐福을 만난 이후 시황제는 동쪽 바다가 보이는 낭야대琅琊臺에 머물며 칩거하곤 하였다. 그의 이례적인 순행巡幸에 대해서 황노술黃老術에 경도되어 영원불사를 희구하는 시황제의 욕망과 결부시키는 견해도 있다. 그 즈음 시황제는 죽음에 대한 두려움을 극복하고 지상에서의 권력과 영광을 영원히 향유하려는 방법을 찾고 있던 터라 그가 매번 여행에서 동해의 일정에 집착했던 원인도 불로장생약이 있다는 동쪽 바다너머 삼신산三神山과 관련있을 가능성이 있기 때문이다. 그러나 불로장생약이나 영원불사의 방법을 구해오겠다던 도가의 수많은 방사方士들 누구도 성공하지 못하자, 황제는 수백여병의 방사들을 생매장하니 그 유명한 '갱유坑儒'사건이 되었다. 냉철한 법치적 군주에서 이제 황제를 버리고 도가 최고의 경지인 '진인眞人'을 자처한 시황제도 결국 죽음에서 자유로울 수는 없었다. 허망이라도 쫓듯 5번째 순행巡幸을 하던 시황제는 사구沙丘에서 객사하게 되었다. 시황제 사후 4년만에 제국이 붕괴되었다는 것은 그 역사적 의의에 비하면 너무도 허망해 보인다. 알렉산더제국을 연상케 하는 이 단명의 왕조를 제국으로 볼 수 있을 것인가.

중국고대사 연구자들은 이 제국의 단명을 부정하지는 않지만 시황제가 시도했던 중앙집권적 황제지배체제의 시스템 전체는 온전히 한제국이 계승했다는 점을 오히려 주목하고 있다. 오늘날 많은 자료의 발견과 연구를 통해 소위 '한승진제漢承秦制'는 물론 사실 청말까지 2천여년간 중국제국의 통치시스템이 크게 보면 시황제의 제국운영과 골격을 거의 함께하고 있음을 주목하고 있다. 그 만큼 시황제가 출연시킨 제국은 중국역사의 방향을 새롭게 규정했기 때문이다. 한편 오랫동안 폭군의 이미지로 왜곡되어 있던 시황제의 실체가 다시 재조명된 결정적인 계기는 역설적으로 앞서 살펴본 그의 죽음과 무덤이 되었다.

2. 진의 붕괴와 영웅의 등장

동아시아 최초의 통일 제국을 수립한 위업에도 불구하고 시황제 사후 진은 급전직하 몰락했다. 무리한 토목공사와 흉노와의 대대적인 전쟁, 그리고 과도한 민력의 징발은 큰 부담으로 작용하였다. 시황제 사후 전국시대 유민세력들이 각지에서 거병하여 반란을 일으켰다. 이들 반진反秦세력 가운데 초楚나라 출신인 항우項羽는 단연 두각을 나타냈다. 소위 '산을 뽑을 듯한 용력과 세상을 덮는 기개(力發山氣蓋世)'를 자랑하는 역사상의 영웅 항우는 초나라의 명문 대부 출신으로 초나라가 진에게 멸망당한 후 절치부심하던 중 반진 거병을 영도하였다. 항우의 압도적인 기세로 천하는 곧 그의 휘하에 접수될 것으로 보였다.

한편 당대에 항우에 대비되는 필부匹夫가 있었는데 그의 이름은 유방劉邦이었다. 초의 변방 패현沛縣 출신인 유방은 평범한 빈

농출신이었다. 그는 패현에서 말단 정장亭長을 담당하며 평소 시정市井의 상인·잡배·건달들과 교우하며 끈끈한 임협任俠적 관계를 맺고 있었는데, 마침 시황제의 사망 소식을 듣고 반진세력에 가담하며 그의 동료들과 중원으로 진출하였다. 출신성분이나 능력, 어느 모로 보나 항우와 유방은 비교되거나 경쟁할 만한 인물이 아니었다. 그러나 개인적 역량이 탁월했던 항우는 자신감과 자존심이 과도하였으며 타인의 말을 경청하지 않았고 독단적이었다. 반면 유방은 주변 사람들의 조언에 경청하고 관대하였으며 능력자를 중용하여 자신의 부족한 부분을 보완하였다. 때문에 유방과 임협적 관계를 맺은 이들은 유방을 위해 목숨을 걸고 신의를 지키곤 하였다. 이러한 유방의 면모는 진과의 전쟁에서 혁혁한 공을 세우면서 부각되기 시작했다. 일찍이 항우는 관중의 함양에 먼저 입성하는 자가 진을 멸망시킬 것임을 천명하였는데, 뜻밖에도 기원전 206년 함양에 먼저 입성한 자는 유방이었다.

천하쟁패의 승자, 한고조漢高祖 유방劉邦

유방과 항우가 함양에 입성하면서 둘의 정치적 충돌은 불가피해졌으며 함양 입성을 분기점으로 둘의 운명은 갈렸다. 우선 유방은 항우에 앞서 함양에 입성하였으나 함양의 진 백성들을 학살하거나 탄압하지 않고 일사분란하게 질서를 유지하고 오히려 진인을 위무慰撫하였다. 빈한한 출신이었던 유방과 가신집단들이 함양궁의 금은보화가 탐나지 않은 것은 아니었지만 유방은 장량張良 등의 충언에 따라 함양궁의 창고를 봉인한 채 자신의 정치적 야망을 노골적으로 드러내지 않은 채 항우와의 충돌을 무마시키고자 하였다.

반면 유방을 라이벌로 전혀 생각해 보지 않았던 항우는 유방이 함양에 먼저 입성했다는 소식을 듣고서야 당황하였다. 이에 유방의 비범함을 일찍부터 감지하며 경계했던 항우의 책사 범증范增의 계략에 따라 함양성 동쪽 외곽 홍문鴻門으로 유방을 초치하여 그 공을 치하하며 연회를 베풀기로 하였다. 물론 그 연회는 향후 정적이 될 가능성이 높은 유방을 제거하기 위한 함정이었다. 훗날 '홍문지회鴻門之會'로 불리는 그날 밤의 연회는 항우의 정치적 운명이 걸린 분수령이었다. 일견 막사 안에서는 주연酒宴이 베풀어지며 분위기는 무르익는 듯 보였으나 막사 밖에서는 매복한 무사들이 유방에 대한 암살 명령을 기다리는 일촉즉발의 살얼음판 같았다. 범증은 항우에게 명령을 재촉했으나 항우의 자존심이 또 다시 결정을 주저케 하였다. 필부만도 못한 자를 천하의 항우가 경계하여 비겁하게 암살했다고 하면 훗날 역사가 자신을 어떻게 평가할지 항우는 고뇌하고 번민했다. 정치적으로 때론 냉철하고 비정한 선택이 요구되었으나 끝내 항우의 자존심이 허락지 않았던 것이다. 홍문지회의 도모는 끝내 실패하였고 정치가로서 항우의 한계를 드러낸 결과만 노정하였다.

며칠 후 함양에 입성한 후 항우는 어떠한 행보를 보였을까. 항우가 함곡관函谷關을 통해 관중에 입성하기 전 이미 신안新安 전투에서 저항하는 진의 병사 20만을 갱살坑殺한 유명한 고사는 전투의 치열함과 더불어 그의 잔인한 면모를 반영하고 있다. 기원전 223년 국가의 존망과 천하 쟁패를 놓고 벌인 진초秦楚의 치열한 전쟁에서 멸망당한 초의 원한이라도 갚는 듯 항우는 함양성에 입성하여 진인을 학살하고 시황제의 무덤을 파괴했으며 함양궁을 불태웠는데, 그 불이 석 달 동안이나 타올랐다고 한다. 함양에 입성하여 유방과 항우가 정복자로서 보여준 상반된 모습은 두 영웅에 대해 당시 민심이 어떠하였는지를 짐작케 하고 있다.

그러나 항우의 가장 결정적인 패착은 멸진滅秦 이후의 천하 운영이었다. 항우는 진을 멸망시킨 후 시황제가 시행한 중앙집권적인 군현제를 폐지하고 공신들에게 천하를 분봉시키는 봉건제도로 회귀하였다. 특히 관중 땅을 포기한 채 항우 자신은 고향인 초楚 지역으로 귀향하여 '서초패왕西楚霸王'을 자임하였다. 모름지기 관중 지역을 차지해야 한다는 주변의 간언諫言에 대한 그의 답변은 소박했다. '부귀를 얻고도 고향에 돌아가지 않는 것은 비단 옷을 입고 밤에 다니는 것과 마찬가지이니, 그것을 누가 알아주겠는가?'라는 것이었다. 소위 '금의환향錦衣還鄕'으로 유명한 이 고사는 고향에서 입신양명을 확인받고 싶은 항우의 너무도 소박하고 인간적인 귀소본능적 욕구를 표현한 답변이었지만, 항우에게는 제국을 통치할만한 웅대한 천하관과 균형감이 결핍되어 있음을 의미하기도 하였다. 역사의 거대한 수레바퀴는 시황제를 기점으로 중앙집권적 제국으로 전환되었지만 항우는 시대착오적인 봉건제도로 회귀하였

역사의 승자, 항우(項羽)

을 뿐만 아니라 천하를 도모할 수 있는 관중지역을 좌시한 채 고향 초 지역에 웅거함으로써 지역 정권에 만족했으니 그의 실패는 내정되어 있었다.

반면 관중의 턱밑 한중漢中 땅을 분봉받은 유방은 관중지역의 중요성을 일찍부터 인식하고 그 장악을 기도하였으며 천하쟁패를 위해 항우와 벌인 재대결에서 최종적인 승자가 되었다. 유방에게 있어 관중지역과 함양은 그 승리의 전제조건이었다. 유방이 지향한 것은 일통된 제국의 건설이었으며 그는 진시황제에 이어 함양에 다시 제국의 수도를 건설하였다. 그가 세운 한제국은 진을 계승하였으며 이후 장구한 발전과 번영을 누리며 실질적으로 제국을 완성하였다. 함양에 재건된 한제국의 수도는 '영원한 평안'을 기원하는 의미에서 '장안長安'이라는 명칭이 부여되었다. 장안은 이후 중국 고중세 역사를 통해 문명의 중심이자 황제가 상주하는 제도帝都로 고착되었으며 특히 중세에는 명실공히 유라시아 대륙의 중심 도시로 발전하였다.

한 황실의 창업 군주인 고조高祖 유방劉邦과 천하쟁패를 겨루다 패배하였던 항우項羽를 사마천은 ≪사기史記≫에서 당당히 〈본기〉편 수록하였는데, ≪사기史記≫ 130권 중 최고의 백미로 〈항우본기項羽本紀〉(권7)를 꼽는 이들이 많다는 점은 역설적이다. 비록 항우는 '현실의 패배자'였으나, 중국 역사상 최고의 영웅적 인물의 화신으로 각인된 것은 사마천의 〈항우본기項羽本紀〉 때문이었으니 그런 점에서 진정한 '역사의 승자'는 항우일지도 모른다.

제12장

고대 제국의 완성

: 한漢 제국의 발전과 동서 문화의 교류

1. 수성守成의 군주와 문경지치文景之治

한 고조 유방劉邦은 기원전 202년에 전국을 통일한 후 공신功臣들은 이성異姓제후로, 일족들은 동성제후로 삼아 16개의 봉국封國을 인정하였다. 일견 제국 출현 이전의 봉건제에 해당하는 이들 봉국은 주로 한의 동부와 남부지역에 해당되었으며, 관중과 서부지역은 유방이 직접 통치하는 중앙집권적 군현제를 운용함으로써 소위 절충적인 '군국제郡國制'를 운영하였다. 그러나 고조 유방은 자신의 제위 기간 동안 그 유명한 '토사구팽兎死狗烹'의 일화대로 이성제후와 동성제후에 대한 압박을 가하며 궁극적인 통일제국인 군현제로의 통합을 위한 초석을 다졌다. 유방이 죽고 여후呂后가 전권을 잡자 여산呂産을 상국相國으로, 여록呂祿을 상장군上將軍으로 삼고, 나머지 여씨 가운데 3명을 왕으로 책봉했다. 이러한 여후의 전권 행사는 결국 조정 대신들과 제후들의 반대에 부딪혀 '제여諸呂 반란'으로 이어졌고, 여씨 집안이 몰락하고 문제文帝(재위 기원전 180~157) 유항劉恒이 등극한 이후에야 한은 안정을 찾게 되었다. 문제는 23년 동안 황제로서 재위하다가 아들 유계劉啓에게 황위를 물려주었는데 이가 바로 경제景帝(재위 기원전 157~141)이다. 중국의 역사에서 바로 이 문제와 경제 부자父子의 통치기간을 '문경지치文景之治'라고 하여 고대 제국 시기 가장 이상적인 정치가 시행된 치세로 칭송하고 있다.

문제는 재위 기간 중 스스로 검약과 절용을 실천하고 사치품을 제한하였다. 또한 관료의 수를 축소시켜 경비를 절약하는 한편 스스로 솔선하여 경작하며 가난한 농민들에게 종자나 식량을 대여해 주어 적극적으로 농업을 장려하였다. 그 외에도 문제가 시행한 정책의 핵심은 감세減稅와 감형減刑으로, 고조가 정한 전조田租 즉 농지의 수확물에 대해 토지의 소유자가 지불하는 세율을 수확의 1/15에서 1/30으로 대폭 감소하고, 만년의 12년 동안에는 완전히 폐지했으며 요역徭役도 대폭 경감했다. 또한 법제사적 측면에서는 진秦 이래 유지되어 오던 연좌제連坐制를 폐지하고, 특히 신체에 직접적 훼손을 가했던 육형肉刑을 폐지하고 노동형을 부과한 것은 대표적인 인정仁政으로 칭송되었다. 이러한 문제의 정치는 도가道家적인 '무위지치無爲之治'의 경지로도 평가받을 정도였다.

전한의 6대 황제인 경제는 전조를 부활시켰지만 여전히 고조시대의 1/30로 축소하여 농민의 부담을 경감시켰으며 전반적으로 문제의 정책을 계승하였다. 진한교체기의 약 10여 년간의 전란으로 지친 농민들은 문경지치의 시기를 통해 위무받을 수 있었으며, 비로소 농지의 확보와 농업생산력과 증가가 이루어 질 수 있었다. 물론 한초에 위기가 없었던 것은 아니었다. 시시각각 제후들에게 조여오는 황제의 압박에 반발한 제후들이 공세적인 반란을 일으켰는데 소위 '오초칠국吳楚七國의 난'(기원전 154)이었다. 그러나 비온 뒤에 땅이 더 단단히 굳듯이 이 반란이 진압되고 제국 전체에 군현제가 확립되면서 한제국의 번영이 시작되었다. 중국 역사상 누구보다 위대했던 진시황제가 전형적인 '창업'형의 군주였음은 부정할 수 없지만 진 제국의 치명적인 아킬레스건은 제국의 '수성守成'을 다질 수 있는 후계자를 양성시키지 못한 채 태자 부소扶蘇를 변방으로 유배시키듯 축출하고, 무능한 호해胡亥가 제위를 계승하면서 진제국은 사상누각처럼 붕괴되었다. 반면 미천한 농민 출신이었던 유방은 개인의 역량은 부족하였지만 주변의 인재를 중용하고 그들의 상주를 경청하며 역사상의 라이벌이었던 항우에게 승리하며 제국을 재건하였다. 그런 점에서 유방도 전형적인 창업형 군주였으나, 한이 진과 극명하게 달랐던 점은 황실의 안정을 통해 계승자를 양성하였으며 그 결과 문제와 경제라는 유능한 군주들이 연이어 즉위하며 한제국 초기 안정을 다져 번영의 초석을 다졌다는 점이었다. 즉 한은 창업과 수성이 성공적으로 이어지면서 제국의 완성을 가져올 수 있었다.

2. 한 무제武帝, 고대 제국을 완성하다

'문경지치'의 실질적 수혜자는 경제에 이어 즉위한 7대 황제 무제武帝(재위 기원전 141~87)였다. 진시황제를 연상시키는 정치적 야망과 과감한 추진력, 정치적 균형감각과 타고난 건강을 유지했던 한 무제는 54년간의 재위기간동안 다양한 대내·외 정책을 추진하며 한의 번영을 구가함은 물론 고대 제국을 완성하였다. 이미 문경지치를 통해 내실을 다졌던 제국의 재정을 더욱 확보하기 위해 필수 물품인 소금과 철에 대한 전매專賣를 단행함으로써(기원전 119), 이후 '염철론'과 같은 수많은 논쟁의 과제를 남겼지만 그럼에도 불구하고 역대 왕조의 전매제도에 지대한 영향을 주었다. 물자의 원활한 유통과 물가조절을 위해 균수법均輸法(기원전 115)과 평준법平準法(기원전 110)을 시행하였고 오수전五銖錢을 발행하여 화폐경제를 안정시켰다. 냉철한 법술 관료, 특히 자사刺史제도를 통해 전국의 태수와 호족들을 감찰하여 중앙집권적 황제지배체제를 구축하였다.

한 무제, 고대 제국을 완성한 위대한 황제로 평가받고 있다.

그러나 한 제국이 진과 구별되는 가장 혁신적인 변화는 유학을 국가 지배이념으로 선택한 것이었다. 춘추전국시대 제자백가는 다양한 사상을 통해 서로 치열하게 경합하며 발전했지만 전국말기 제국의 출현을 즈음하여 실질적으로 법가 사상이 가장 중용되며 우위를 확보하였다. 특히 시황제와 진이 법가 사상에 경도되었음은 주지의 사실이며, 진이 부국강병을 통해 천하일통을 이루는데 법가 사상과 엄격한 법률 체계가 결정적으로 기여했음도 사실이었다. 그러나 법가 일변도의 진秦의 통치는 사마천의 비유대로 '팽팽하게 활시위를 당긴 듯하여[緊張]' 사회를 경직시키고 인민들의 피로를 누적시켰다. 분명 춘추전국시기의 열국의 부국강병에 법가는 가장 주요하였지만, 한 제국이 안정기를 누리면서 법가만으로는 한계에 직면하게 되었다. 요는 '팽팽한 활시위를 풀어주는[弛緩]' 보다 세련되면서 정교한 통치술이 요구되었다.

초기 유학의 경전, 오경五經

무제는 동중서董仲舒를 비롯한 유학자들의 건의를 받아들여 유학 이념을 통치에 적용하고, 유가의 경전을 지배계층을 양성하는 중요한 교육 과목으로 선정하였다. 즉 오경五經[詩·書·易·禮·春秋]의 유가 경전을 교과목으로 선정하고, 이들 경전에 전문가인 박사博士들을 초치하여 국가의 최고 교육기관인 태학太學에서 국자들을 양성시켰다. 이러한 유학 정책은 정치, 사회, 의례 전반에 걸쳐 제국의 지배계층에게 지대한 영향을 주었고 이후 과거제도와 결합하면서 역대 왕조를 통해 중국은 물론 동아시아의 가장 중요한 사상문화 체계를 이루게 되었다. 그의 시호諡號에서도 연상되듯이 무제武帝는 적극적인 대외정책과 군사적 원정을 통해 제국의 강역을 확장시켰음은 이후 중국 역사에 또 다른 유산을 남겨 주었다. 남으로는 남월 지역을 정벌하여 지금의 광동, 광서, 베트남 북부 지역에 9개의 군郡을 설치하였으며, 동으로는 조선 지역을 경략하여 4군郡을 설치하여 한때 지배하기도 하였다. 그러나 전국시대에서 진한시기를 통해 제국에 가장 위협적인 대외 세력은 북방의 흉노匈奴였다.

3. 위대한 정사正史 《사기史記》의 편찬

문자가 없었던 선사先史시대에도 고대 문명은 자신들의 역사를 전승했으며 고대 악무樂巫들은 역사 전승의 중요한 주체들이었다. 갑골문甲骨文이 출현하면서 그 기록과 관리를 전담했던 무사巫史계층은 처음으로 문자를 통해 등장한 지배층이자 지식인들이었다. 갑골문과 청동 금문金文, 그리고 간독簡牘이 활용

한의 태사령太史令, 사마천

되면서 사관史官들을 통한 역사의 전승은 지속되었다. 그러나 한무제 시기 태사령太史令 사마천司馬遷(기원전 145?~86?)이 저술한 ≪사기史記≫는 중국 역사상 정사正史 편찬의 효시가 되었으며, 사기의 저술은 사서를 통한 제국의 정체성이 확립되고 동아시아 경사經史문화의 전범을 이룬 중요한 분수령이자 이정표였다. 태사령의 직무는 국가의 종묘제사와 의례를 주관하고 천문 관측과 율력의 제정에 관여하며 역사를 기록하는 것으로서 사마천은 부친인 사마담에 이어 이 직무를 '일가一家의 업業'으로 자부하였다. 그러나 그의 자부는 그저 당대의 충실한 사관에 머무르는 것이 아니었다. 사마천은 사기의 저술 동기를 '하늘과 인간의 관계를 구명하고, 고금의 변화를 관통하는 원리를 밝혀, 독자적인 입론의 체계를 이루는 것成一家之言'이라고 설명하고 있다. 사마천은 하늘과 땅, 신과 인간, 그리고 과거와 현재가 웅대한 우주적 원리와 상호 유기적으로 연계되어 변화한다고 믿었다. 그리고 그 변화는 크게 500여년을 주기로 '난세亂世-[거세據世]-소강小康-[승평升平]-(대동大同)-태평太平'이 순환된다고 보았다. 사마천이 사기를 저술했던 시기는 주지하다시피 한 무제의 치세기로서 한 제국 절정기였다. 사마천은 자신의 당대를 '태평'이 구현되는 시대로 인식하였음이 분명하며 약 500여 년 전 위대한 성현 공자孔子가 역사서 ≪춘추春秋≫를 저술했듯이 자신이 이제 그 전통을 계승하여 사기를 저술하리라는 야망을 결코 숨기지 않았다.

사마천은 학문을 연마하고 당대 최고의 유학자들과 교유하였으며 젊은 시절 한제국 내 각 지역을 여행하며 역사 기록과 유적의 현장을 비정하는 일종의 답사를 충실히 체험하였다. 기원전 110년 경 한 무제시기 태사령太史令이었던 부친 사마담司馬談이 죽자 3년 만에 태사령 직을 계승하였다. 사마천은 황실장서와 사서를 꼼꼼히 비정하며 이미 선대에 구상 주이었던 역사서의 집필도 시작하여 자신의 표현처럼 사료가운데 '비아非雅'와 '아雅'를 가리는 준엄한 사료비판을 하며 취사선택하였다. 뿐만 아니라 민담, 전설, 유언비어 등의 허구도 놓치지 않고 그 개연성에 착목하여 생생한 역사로 재구성하였다. 이렇게 하여 완성된 ≪사기史記≫는 〈본기本紀(12)-표表(10)-서書(8)-세가世家(30)-열전列傳(70卷)〉로 구성된 총 130권의 방대한 기전체 역사서가 되었다. 그 가운데 본기, 세가, 열전 등 인물평전이 112권을 차지하고 있어 사마천이 역사의 중심이 '사람'에 있음을 역설한 것으로 볼 수 있다.

본기는 역대 제왕帝王들의 역사로서 역사의 주체가운데 가장 중요하고 영향력있는 제왕들을 우선 기록하였으며 12라는 술수術數를 고려하여 〈오제五帝-하夏-은殷-주周-진秦-진시황秦始皇-항우項羽-고조高祖-여태후呂太后-효문제孝文帝-효경제孝景帝-효무제본기孝武帝本紀〉까지 구성하였다. 12의 술수에 맞추다보니 〈항우본기項羽本紀〉와 〈여후본기呂后本紀〉는 그 자격 요건을 두고 후대에도 논란의 원인이 되었다. 세가는 춘추전국시대부터 한대까지의 제후들의 역사를 기록한 것으로 제왕을 보필하는 제후와 충신들을 북극성을 중심으로 천상을 순행하는 별자리 28숙宿에 상응시켰다고 한다. 그러나 결코 제후의 반열에 오르지 못했던 진섭陳涉과 공자孔子가 세가 편에 기록된 것도 이론이 분분하였다. 〈백이伯夷열전〉부터 〈태사공자서太史公自書〉까지 ≪사기≫의 가장 많은 분량인 70권을 할애한 편목이 열전이다. 충신忠臣, 임협任俠, 현자賢者, 유림儒林, 이민족異民族 등 역사 속에 명멸해갔던 전형적인 인물들을 망라한 열전은 사마천이 가장 심혈을 기울인 부분이자 ≪사기≫의 백미이다.

이상이 인물들을 중심으로 한 편목들이라면 〈표表〉는 하夏·은殷·주周시대부터 한漢 왕조까지의 제왕帝王, 제후諸侯, 공신功臣, 장상將相 등의 명단과 시기를 일목요연하게 정리한 연표이다. 한편 ≪사기≫ 구성의 특징이자 그 완성도를 제고시킨 편목이 〈서書〉이다. 〈예禮-악樂-율律-력曆-천관天官-봉선封禪-하거河渠-평준서平準書〉로 구성된 8서는 일종의 주제별 역사이다. 고대 국가 운영의 핵심과 관건을 알 수 있는 주제로서 고대 무축巫祝들이 주재했던 주술적 세계관이 한의 태사령을 통해 다시 계승되고 반영되어 있음을 시사하고 있다.

이상의 내용을 통해 ≪사기≫의 성격과 역사적 의의를 정리하면 다음과 같다. ≪사기≫는 상고上古시대부터 한대까지의 통사通史였다. 이후의 정사들이 한 왕조의 역사만을 기록하는 단대사斷代史에 국한되는데 반해 ≪사기≫는 정사의 효시다보니 유일한 통사형식의 정사였다. 전술했듯이 ≪사기≫는 결국 역사는 사람이 중심에 있음을 역설한 '인간의 역사서'이다. 역사를 추인하는 가장 중요한 주체는 역시 인간이며, 역사를 개척하는 개개

인물들의 역동성이야말로 역사변화의 가장 중요한 요인으로 사마천이 인식하였음을 ≪사기≫는 웅변하고 있다. 아울러 ≪사기≫는 사마천 자신의 인생관이 짙게 투영되고 있다. 과거사의 단순한 정리['述']가 아니라 저자의 추체험과 논단을 거친 해로운 역사['作']였다. 특히 흉노원정과 관련된 '이릉李陵의 화禍'로 인해 궁형을 받은 사마천의 개인사적 비극은 역설적이지만 역사와 인간을 바라보는 심오한 안목에 일조했으리라고 짐작된다. ≪사기≫에는 각 인물의 서술 말미에 사마천 자신의 사평史評['太史公曰~']을 부기하고 있는데 이를 통해 우리는 사마천의 탁월한 역사인식과 통찰력있는 사안史眼을 엿볼 수 있다. 그리고 ≪사기≫의 문장은 문학적으로도 빼어난 형식미를 지니고 있어 2천여 년 동안 동아시아 사인들이 애독하는 요인으로 작용하였다. 중요한 모멘트마다 사마천은 화자를 통해 운율있는 시가詩歌를 첨가함으로써 고대 악인樂人적 전통을 가미한 점도 흥미롭다. 끝으로 ≪사기≫는 진한제국의 역사적 유산을 중심으로 기록했기에 어디까지나 황하유역과 관중關中평야를 아우르는 화북평원의 역사를 그 정통성으로 서술하고 있다. 선사시대 이래로 중국 전 대륙에 걸친 다양한 문명이 공존하고 함께 발전하였으나 결국 하, 은, 주의 초기왕조는 물론 첫 고대 제국이었던 진한제국도 관중평야에 기반하여 수립되었기에 첫 번 째 정사였던 사기의 편찬은 화북문명 중심의 역사관을 공고히 하는 계기가 되었다.

4. 한, 동서교역로를 확보하다

전술했듯이 시황제의 사후부터 기원전 202년 유방에 의해 한이 재통일될 때까지 중국은 진한교체기의 격동기에 접어들었다. 중원지역의 혼란은 역으로 북방 흉노에게는 남방을 압박할 수 있는 호기로 작용했다. 마침 기원전 209년, 흉노의 유목군주 선우單于에 묵특冒頓이 등극하였다. 그는 즉위 직후 강국 동호東胡를 공격하여 복속시켰으며, 여세를 몰아 월지月氏를 공격하여 동투르키스탄 지역으로 축출했다. 이어 진에 의해 상실했던 오르도스를 회복함으로써 북아시아 지역을 통할하는 유목제국을 건설하였다. 바야흐로 전성기를 구가하게 된 흉노와 신흥국 한의 충돌은 이제 불가피하게 되었다.

기원전 202년 흉노와 한제국은 두 문명의 운명과 자존심을 걸고 평성平城에서 충돌했으나 결과는 묵특이 지휘한 대규모 흉노 기병에게 대패하고 유방劉邦은 구걸하다시피 화약和約을 맺고 장안長安으로 복귀하였다. 화약의 조건은 막대한 세폐와 공주를 출가시키는 굴욕적인 내용이었다. 이후 반세기가 넘도록 한은 흉노에게 전전긍긍하며 수세국면에 머무를 수밖에 없었다. 한제국에게 승리한 후 흉노는 거칠 것 없이 서쪽으로 진출하여 월지月氏, 누란樓蘭을 복속시키고 준가르분지와 타림분지의 오아시스 지역을 지배함으로써 동서교역로의 중계무역을 장악하게 되었다. 명실공이 북아시아에서 중앙아시아를 잇는 내륙아시아를 지배하게 된 것이다.

한과 흉노의 일방적 국면이 전환되는 데에는 두 세대가 더 지

장건출사서역도張騫出使西域圖(둔황 막고굴 제323굴)

나 한제국의 최전성기를 여는 무제가 즉위(기원전 141년)하면서부터이다. 바야흐로 내륙아시아에는 흉노제국이, 그리고 유라시아대륙의 동단東端·서단西端에는 한제국과 로마제국이 성장하는 '제국의 시대'였던 것이다. 한무제는 흉노를 포함한 대외정책을 수세에서 공세국면으로의 전환을 꾀하고 싶었지만, 대흉노정책은 신중할 수밖에 없었다. 여전히 군사력에서 열세였으며 흉노와의 교전은 항상 잃는 것이 더 많은 뜨거운 감자였다. 현상유지정책을 지지하는 대신들의 상주上奏가 많은 가운데, 흉노에게 밀려 동투르키스탄지역에 정착한 월지와의 동맹외교를 통해 흉노를 견제하는 절충안이 채택되었다. 문제는 고대 중국문명은 서역西域세계에 대해 너무 무지했다는 점이다. 저 서역세계는 하늘을 닿을 듯 고산준령이 펼쳐져 있고 그 신성한 땅에 경외敬畏로운 서왕모西王母가 군림하고 있다는 '서천西天' 의식에 경도되어 있었다. 더구나 흉노가 그 주요 교역로를 장악하고 있는 상황이기에 그 서역원정은 마치 '고양이 목에 방울달기'와 같은 형국이었다.

드디어 기원전 139년, 황제의 명을 받고 장건張騫을 포함한 100여명의 사절단이 서역으로 출발하게 되는데, 실크로드사에 서막을 알리는 그 유명한 장건의 서역원정(기원전 139~126년)이었다. 장건의 서역원정은 극적인 반전이 이어지는 고전적인 모험담이자 영웅담이었다. 우려대로 사절단은 흉노에 생포되어 오르도스 용성龍城에 억류되었지만 장건은 황제의 명을 한시도 잊지 않고 기회를 엿보다 10년 만에 탈출을 감행하여 천산天山산맥을 따라 펼쳐진 오아시스 교역도시를 지나 월지에 당도했다. 실망스럽게도 월지는 한의 동맹을 거절하였으니 일단 그의 서역원정은 공식적으로 실패한 것이었다. 그는 곤륜崑崙산맥의 오아시스지역을 따라 귀국길에 오르다 또다시 흉노에 생포되지만 재탈출에 성공하여 출발한지 약 13년 만에 꿈에도 그리던 장안에 귀환하게 되었다. 장건을 소위 '실크로드의 아버지'라고 하지만 그는 충신의 사표이기도 했다. 비록 월지와의 동맹에는 실패했으나 장건이 들려주는 서역의 세계는 대단히 흥미로웠다. 특히 초원과 사막의 교역로를 오가는 미지의 민족과 인종들로 구성된 대상隊商들, 그들이 교역하는 수많은 진기한 산물들, 로마제국을 포함하여 서쪽 너머에 존재하는 다양한 문명들의 이야기, 그리고 그 어느 곳에서도 고가에 거래되는 중국산 비단과 황제가 발행한 오수전五銖錢, 이 모든 이야기는 한 무제의 구미를 당기기에 충분했다. 이후 한제국은 반초班超·반용班勇 등이 대를 이은 조사를 통해 서역에 대한 정보와 이해의 폭을 넓혔다. 장건

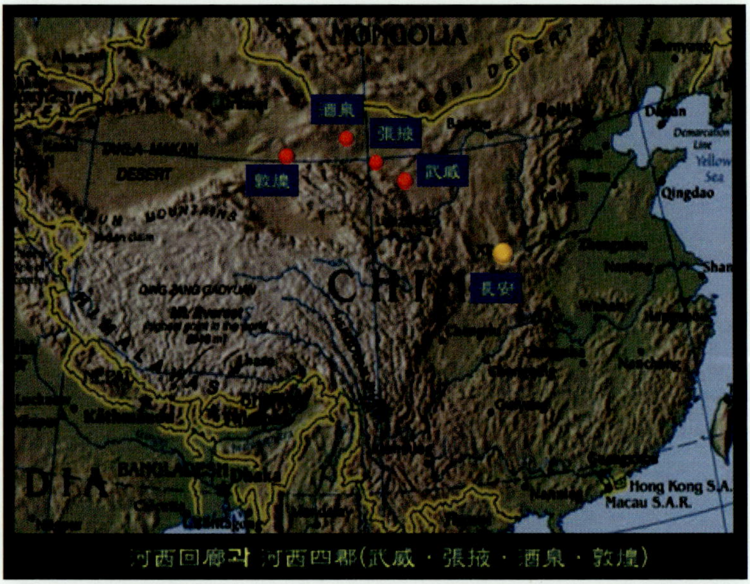

한 무제 시기 고비사막의 하서회랑河西回廊 지역에 설치된 하서사군河西四郡

의 귀환 즈음 한은 이미 흉노와 전면적인 군사원정을 성공적으로 수행하고 있었다. 위청衛青(?~기원전 106)과 곽거병霍去病(기원전 140~117) 등의 용장이 진두지휘하는 한제국의 군단은 흉노에 연승하며 전세를 전환시켰다. 그리고 장건이 보고한 주요 서역 교역로, 특히 황하의 서쪽 고비사막에서 타클라마칸 사막으로 이어지는 협로, 소위 '하서회랑河西回廊'을 확보하였다. 기원전 108년, 이곳에 한의 공식적인 광역행정단위인 군郡이 설치되어 공식적인 영토로 편입되었는데, 이것이 그 유명한 '하서사군河西四郡[무위武威, 장액張掖, 주천酒泉, 돈황敦煌]'의 설치였다. 드디어 돈황이 처음으로 중국문명에 편입된 것이었다. 농경정주 민족이 언제나 그래왔듯, 이곳에 대규모의 군대를 주둔시키고 한족을 사민시켜 정착시켰으며 진시황제의 장성을 확장하여 돈황지역까지 연장하고 신축했다. 제국의 서북단 수백km의 변경을 방어하기 위해 수많은 병사들은 고향을 떠나 '전방'에 배속되어 고비사막의 초소를 지키며 향수를 달랬을 것이다. 이는 실로 제국만이 가능했던 위용이자 한계치였다. 당장 중앙이 원심력을 잃고 동요되면 이 지역은 가장 먼저 이민족에게 상실되는 지역이었기 때문이다. 한의 서역 경영은 확실히 진에 비해 개방적이며 국제적인 제국의 면모를 반영하는 것이었다.

한편 오르도스와 하서지역을 상실한 흉노는 심대한 타격을 입었으며 기원전 50년경 계승권분쟁과 내부 갈등으로 동·서흉노로 분열되는 등 지리멸렬해 갔다. 한의 군사적 승리에는 흉노족을 용병으로 포섭한 기마병단도 일조했음은 물론이다. 흉노와의 전쟁의 관건이 기마전술임을 간파한 한은 일찍부터 흉노족을 포섭하고 서역의 명마[汗血馬]를 확보하는 데 주력했다. 일찍이 거마 문화에서도 중국은 말을 숭상하고 신성시했지만 이제 서역의 명마는 흉노를 제어할 수 있는 유력한 수단이었으니 이 또한 중국식의 '이마제마以馬制馬'였던 셈이었다. 지금도 서안에 가면 흉노의 원정에 혁혁한 공을 세웠던 명장 곽거병 묘 앞을 굳건히 지키고 있는 석상을 볼 수 있다. 소위 '마답흉노馬踏匈奴'라고 불리는 이 석상은 서역말로 추정되는 말이 그 발굽에 흉노를 짓밟고 있는 모습이 생생하게 묘사되어 있다. 말을 통해 흉노를 진압하려는 한대인들의 의지가 고스란히 반영되어 있음을 알 수 있다.

또한 한대 화상석畵像石의 전형적인 주제의 일부는 흉노를 축출하기 위해 출정하는 당당한 기마출정상騎馬出征像들이었다. 이처럼 한에 있어 흉노는 숙명이자 원죄였으며, 그러기에 말은 더욱더 동경과 희구였던 것 같다. 1969년 감숙성 무위후한 뇌대묘雷臺墓에서 출토된 청동분마青銅奔馬는 그런 점에서 말에 대한 한대인들의 이상과 소망이 구현된 최고의 걸작임에 틀림없다. 높이 34.5cm, 길이 45cm인 이 청동분마는 쫑긋한 귀와 높이 솟아 뒤로 향한 꼬리, 거친 숨을 토해내며 벌린 입 등 질주하는 말의 역동성이 생생하며 우아하게 표현된 한대 최고의 조형물이다. 이 분마의 압권은 지탱하고 있는 한 다리가 딛고 있는 것이 새라는 점이다. 그것은 창공을 질주하는 제비였기에 이 분마는 사실 비마飛馬 혹은 천마天馬임을 상징하고 있다. 그들의 소망대로 한제국은 결국 흉노를 제압하고 중국 역사상 처음으로 돈황의 동서교역로까지 진출하게 되었다. 물론 그것은 한시적이며 이후에도 돈황은 제 세력의 각축장이 되었지만, 역대 중국의

마답흉노상馬踏匈奴像 (곽거병묘霍去病墓)

마답비연馬踏飛燕 청동분마奔馬상, 한대인의 말에 대한 동경이 역동적으로 표현되었다. (감숙성박물관甘肅省博物館)

제국들은 이 지역에 대한 장악을 당위로 삼아 지속적으로 진출한 점은 중요한 역사적 유산이 되었다.

흉노의 정벌과 동시에 무제는 남방으로도 영토의 확장을 도모하였다. 남월국을 정벌하고 여기에 일남군日南郡 등의 9군을 설치했는데 오늘날의 광동, 광서, 그리고 베트남 북부에까지 미치는 광대한 지역이었다. 또한 동방으로도 진출하여 고조선과 충돌하여 위만조선衛滿朝鮮을 물리치고 한사군漢四郡을 설치하였다. 이처럼 한 무제는 주변지역에 대한 광범위한 정복과 영토확장을 추진하여 이후 중국을 중심으로 하는 동아시아 문화권이 형성되는데 초석을 놓았다.

5. 한승진제漢承秦制, 그리고 그 한계를 넘어
: 한간漢簡과 한율漢律, 그리고 한용漢俑

앞서 설명하였듯이 진간秦簡의 발견으로 진율秦律의 실체가 확인되었으며 그 내용은 『사기』를 포함하여 그 동안 어떠한 사료에도 기록된 적이 없는 희귀한 당시의 자료였기에 의미가 있었다. 그런데 1983년 경 중국의 호북성湖北省 강릉현江陵縣 장가산張家山 지역에서 대규모 한묘漢墓 유적이 발견되었다. 그 가운데 247호로 명명된 무덤에서 또 다시 대량의 간독이 출토되었다. 간독의 분석결과 이들 간독은 한 고조 유방의 부인인 여후呂后 2년, 즉 기원전 186년 경에 기록된 것으로 추정되는 자료였으며 연구자들은 이 자료를 '장가산한간張家山漢簡'이라고 명명하고 있다. 그 간독 중에 연대를 짐작케 하는 소위 '이년율령二年律令'이라고 명명된 대량의 법률 조문이 포함되어 있었다. 〈이년율령〉은 27조의 율律과 1개의 령令으로 구성된 한초의 공식적인 법률 그 자체였다. 즉 이 역시 2천여 년 동안 그 실체가 미궁에 빠져있던 한제국 초기 율령의 그 실체였던 것이다. 〈이년율령〉 내용의 분석 결과 진율의 거의 80% 가까이가 한율漢律에 계승되었음을 확인하고 학자들은 경탄하였다. 한이 그토록 진을 비판하고 매도했지만 실제는 한이 진을 온전히 계승했음을 이들 자료는 반증하고 있었다. 그러면서도 진대와는 또 다른 사회적 변화상을 반영하여 율령을 정비하였음을 증명하고 있다. 이들 출토자료는 기존 문헌사료의 한계를 보완하고 새로운 역사 연구의 돌파구를 마련하는 역할을 하고 있다.

장가산한간張家山漢簡 이년율령二年律令 일부

앞서 우리는 진시황릉과 병마용갱의 발굴을 통해 첫 번째 제국의 첫 번째 황제가 얼마나 그 위용을 현양하려 했음을 확인할 수 있었다. 그러나 그 과정은 실로 막대한 재정의 지출을 전제로 가능한 것이었다. 시황제의 돌연한 객사客死, 제국 수성守城의 실패, 과도한 법가적 통치, 다발적인 반란군의 거병 등 진이 조기에 멸망하게 된 원인은 여러 가지가 있지만 가장 유력한 계기로 무리한 토목건축의 강행과 과도한 인력의 동원이 지적되고 있다. 오늘날까지 고고 발굴을 통해 드러나고 있는 장성과 진시황릉, 그리고 방대한 규모의 진용은 이를 증명하고 있다.

진에 이어 수립된 한은 전술했듯이 진을 계승하면서도 진의 전철을 밟지 않기 위해 노력하였다. 특히 과세의 감면, 백성의 위무, 검소하고 실용적인 황실의 운용 등은 '문경지치'를 대표하는 한초의 정책이었다. 심지어 문제와 경제는 자신들의 사후 검소한 박장薄葬을 유지遺志로 남길 정도였다고 한다. 1998년부터 2004년에 걸쳐 섬서성 함양시 외곽에서 한 경제의 무덤인 양릉陽陵이 발굴되었는데, 그 규모는 진시황릉에 비해서는 대단히 소박한(?) 규모였다. 또한 양릉의 발굴 결과 한 대 황제의 지하에도 한 나라의 군단이 도용陶俑으로 제작되어 부장되었음이 밝혀졌다. 그러나 그 수는 수백에 불과했고 그 크기는 50~60cm 정도로 진용秦俑에 비해 1/4 크기에 불과한 작은 미니어처 형태의 한용漢俑이었다. 한용에는 다수의 기병용騎兵俑도 발견되어 이채로웠는데, 흉노와의 일전을 위해 한은 본격적인 기병을 양성했으며 관상학적으로 이들 기병용들이 흉노계통의 기마 유목민족들로 보여 한의 군단에 용병들이 적잖이 중용되었음을 시사하고 있었다. 비록 장례 의식에 수반된 병마용의 부장은 여전히 유제로 계승되었지만, 한은 재정의 낭비를 줄이는 현실적이며 실용적인 방법을 선택했고 흉노와의 장기적인 전쟁을 통해 보다 원활한 기병을 활용했던 전술적인 변화상을 양릉의 한용은 충분히 시사해주고 있다.

양릉에서는 또한 궁실의 보조업무를 담당하던 궁녀용宮女俑도 발견되었는데 유장한 곡선미가 돋보이는 장삼, 형형한 채색, 무희용舞姬俑이 보여주는 곡선미, 그리고 수줍은 듯한 온화한 미소는 진제국시기의 어떤 유물에서도 발견할 수 없는 여유와 이완의 자신감을 엿볼 수 있어서 매력적이다.

보병步兵 한용漢俑 (양릉陽陵박물관)

무희용舞姬俑 (양릉陽陵박물관)

끝으로 제국의 운영과 관련하여 최근 지속적으로 학계의 비상한 관심을 받고 있는 주제는 문서文書행정 체계이다. 이미 진제국 시기의 리야진간里耶秦簡을 통해 광대한 제국이 운영될 수 있었던 가장 중요한 시스템의 하나는 제도帝都 함양과 장안의 황제로부터 지방 말단 향리의 관리에게까지 제국의 법률과 제도, 그리고 황제의 조서詔書가 일사불란하게 관철할 수 있는 '문서행정' 제도였음을 확인하였다.

고고학적으로 문서 행정의 실체가 먼저 드러난 것은 한대 유적지와 유물이 발견되면서 시작되었다. 지난 20세기 초와 중반에 걸쳐 중국 감숙성甘肅省 돈황敦煌과 내몽고內蒙古 액제납기額濟

納旗 지역에서 대량의 한간漢簡이 출토되었다. 즉 이 지역은 한 무제시기 설치된 하서사군河西四郡과 거연居延 지역으로서 중국 역사상 처음으로 서북 변경 지역에 집중적으로 설치된 군사시설이었다. 사막과 초원 그리고 간간이 이어지는 오아시스 지역이 교차하는 이들 변경지역에 한은 촘촘한 봉수대烽燧臺와 초소시설을 설치했고 제국 곳곳에서 징발된 병사들은 이 군사시설에서 근무하였다. 때문에 이들 변경지역을 운영하기 위해서는 공문서의 수발은 필수적이었다. 연중 강우량이 100mm이하로 극건조한 이 지역은 다행히 2천여년 전의 문서와 유물들이 훼손되지 않은 채 고스란히 보존되어 있었다. 소위 거연한간居延漢簡·돈황한간敦煌漢簡이라 불리는 이 문서들은 흉노와 대치하고 있던 한 제국의 중앙과 지방말단이 하달·상주했던 공식적인 군사·행정문서에서 병사들의 개인적인 편지글까지 다양한 내용을 담은 귀중한 자료들이다. 전술했던 ≪장가산한간張家山漢簡≫ 〈이년율령二年律令〉의 〈행서율行書律〉이 훗날 밝혀지면서 한 제국이 문서의 유통과 우편제도를 얼마나 정교하고 엄격하게 운영했는지 방증하게 되었다.

이들 방대한 간독문서 역시 보다 확장된 한제국의 통치 질서도 정확한 문서를 통해 관철되고 있었음을 입증하고 있다. 문서행정은 정확한 우편제도와 치밀한 교통망이 구축되었기에 가능한 것이었으며, 때문에 문서행정은 제국의 혈관과도 같은 것이었다. 이로써 한 제국은 최초의 제국이었던 진을 계승하면서도 진의 과오와 한계를 극복하고 보다 정교한 제국을 수립해 가면서 전한과 후한을 합하여 약 400년 동안 번영을 구가하였다.

거연한간居延漢簡

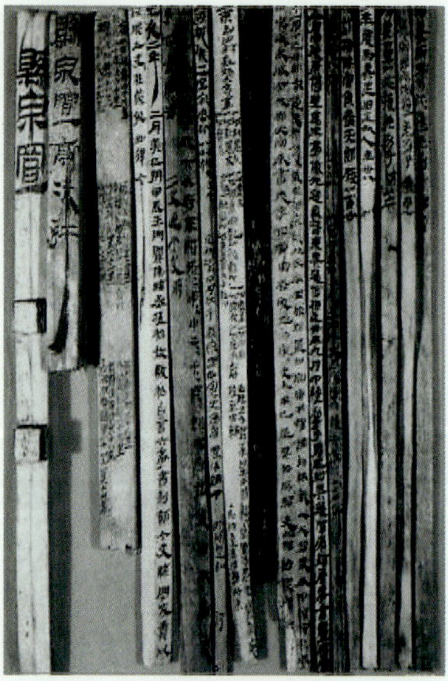

돈황한간敦煌漢簡

그 시대 저 멀리 서쪽으로는 지중해 유역에 로마제국이, 인도대륙과 힌두쿠시 산맥지역으로는 쿠샨왕조가 번영을 누리고 있었고 동아시아에서는 한제국이 고대제국을 완성해가고 있었다.

한제국은 기원 전후 한 시기 외척 세력인 왕망王莽에 의해 잠시 왕조를 찬탈당하지만(기원후 8년) 이내 한 황실을 회복하였다.(기원후 23년) 역사학자들은 같은 한제국이지만 왕망의 집권 이전을 전한前漢(또는 서한西漢), 유씨劉氏 왕조를 회복하고 수도를 낙양으로 옮긴 이후를 후한後漢(또는 동한東漢)이라고 편의상 구분하였다. 그러나 전한-후한 약 400년간 이어진 한제국은 중국 역사상 가장 장구하게 지속된 안정적인 왕조이자 고대 제국의 전형이었다.

후한 왕조는 전한에 비하여 황제의 중앙집권력은 이완되고 지방의 호족豪族들이 대두되는 호족연합적인 체제였다. 더구나 후한 말 무능하고 나이 어린 황제가 연이어 즉위하자 외척세력과 환관이 발호하였고, 기근과 자연 재해는 빈번하게 발생하였으며, 결정적으로 대규모의 민중반란[황건적의 난]이 이어지며 한제국은 서서히 붕괴되었다. 후한제국의 붕괴로 고대 제국의 시대는 마감하였으며 중국은 약 360여 년 간 지속되는 장기분열의 시대이자 중세시대로 진입하였다. 중세의 분열기는 극도의 정치적 혼란 속에서도 민족, 종교, 문화, 역사적 공간 적인 면에서 확장되고 다원화되는 역동적인 시기였다. 그 중세 시대는 수당隋唐제국이라는 '중세中世제국'의 재편으로 귀결되었다. 그 중세 제국은 물론 그 이전 시대보나 개방적이며 국제적 면모를 자랑하는 다채로운 제국이었으나 기본적으로는 고대 제국인 진한秦漢제국이 정착시켰던 황제지배체제와 군현제, 그리고 편호제민編戶齊民과 율령 체제를 기본적인 정체政體로 유지하였다는 점에서 의의가 크다.

중국 고대사 주요 연표

기원전

8,000~2,000 경 대하천 유역 다양한 신석기 문화발전
2,000~1,600 경 하夏왕조의 성립과 발전
1,600~1,100 경 상商왕조의 성립과 발전
1,100 경 주周 무왕武王이 상왕조를 멸망시킴
770 주周의 수도가 낙읍洛邑으로 동천東遷
동주東周시대 혹은 춘추春秋시대의 전개
453 전국戰國시대의 시작
359 상앙변법商鞅變法의 시행. 함양咸陽의 건설
350 진秦 경작지에 대한 개천맥開阡陌 실시
316 진秦의 파촉巴蜀 정복
310 촉蜀지역에 성도成都를 건설
266 진秦의 칭왕稱王
256 동주東周 왕조의 멸망
247 영정嬴政 진秦의 왕에 즉위
221 진秦의 천하통일天下統一
210 시황제始皇帝의 죽음
206 항우項羽에 의해 함양咸陽 함락
202 한漢 제국 수립
200 한漢 고조高祖, 평성平城에서 흉노匈奴에게 배배한 후, 흉노와 화친정책 수립
167 한 문제文帝 13년 육형肉刑 제도 폐지
154 오초칠국吳楚七國의 난亂
138 한 무제武帝 장건張騫을 서역원정西域遠征에 파견
134 흉노에 대한 군사적 원정 전개
108 하서회랑河西回廊을 정복하고 사군四郡을 설치
104 무제 역법을 개정하여 태초력太初曆 반포
91 사마천司馬遷 사기史記 완성
57 흉노 내분으로 동서흉노로 분열
51 동흉노 한에 항복
3 서왕모西王母 신앙운동 발발

참고문헌

주요 사료

≪韓非子≫ (陳奇猷 校注, ≪韓非子集釋≫, 上海人民出版社, 1974)
≪漢書≫ (中華書局標點校勘本)
≪華陽國志≫ (叢書集成初編, 中華書局, 1985)
≪淮南子≫ (新編諸子集成, 中華書局, 1989)
≪老子≫ (≪老子校釋≫, 中華書局, 1987)
≪禮記≫ (十三經注疏本, 中華書局)
≪論語≫ (十三經注疏本, 中華書局)
≪呂氏春秋≫ (≪呂氏春秋注疏≫, 巴蜀書社, 2002)
≪孟子≫ (十三經注疏本, 中華書局)
≪墨子≫ (新編諸子集成, 中華書局, 1986)
≪山海經≫ (袁 珂 校注, ≪山海經校注≫, 上海古籍出版社, 1980)
≪商君書≫ (≪商君書全譯≫, 貴州人民出版社, 1993)
≪尚書≫ (十三經注疏本, 中華書局)
≪詩經≫ (十三經注疏本, 中華書局)
≪史記≫ (中華書局標點校勘本)
≪說文解字≫ (≪說文解字注≫, 上海古籍出版社, 1981)
≪孫子兵法≫ (藝文堂 点校, 中國文史出版社, 1999)
≪荀子≫ (≪荀子集解≫, 中華書局, 1988)
≪戰國策≫ (≪戰國策注釋≫, 中華書局, 1990)
≪周禮≫ (十三經注疏本, 中華書局)
≪莊子≫ (新編諸子集成, 中華書局, 1986)
≪左傳≫ (楊伯峻 編, ≪春秋左傳注≫, 中華書局, 1981)

제1장

김소중, ≪중국소수민족≫ (배재대학교출판부, 2007).
譚其驤主編, ≪中國歷史地圖集≫ (地圖出版社, 1982).
류제헌, ≪중국 역사 지리≫ (문학과지성사, 1999).
허핑티, 정철웅 역, ≪중국의 인구≫ (책세상, 1994).
후자오량, 김태성 역, ≪중국의 문화지리를 읽는다≫ (휴머니스트, 2005).

제2장

김안국, ≪동아시아사 연표≫ (청년사, 1992).
역사학연구회 편, ≪세계사연표≫ (岩波書店, 2017).

제3장

大林太郎 편, ≪日中문화연구-특집 長江文明≫ 제7호 (勉誠社, 1995).
佟住臣, 〈中國新石器時代文化的多中心發展論和發展不平衡論〉 (≪文物≫ 2, 1986).
牟永抗, 〈試論河母渡文化〉, ≪中國考古學會第一次年會論文集≫ (北京, 1979).
西安半坡博物館 · 臨潼縣文化館, 〈臨潼姜寨遺址第四至十一次發掘紀要〉 (≪考古與文物≫ 3, 1980).
遼寧省文物考古研究所, 〈遼寧牛河梁紅山文化“女神墓”與積石塚群發掘簡報〉 (≪文物≫ 8, 1986).
王 巍, 〈良渚文化玉琮芻議〉 (≪考古≫ 11, 1986).
이성규, 〈중국문명의 기원과 형성〉 (서울대학교동양사학연구실편, ≪강좌중국사≫ Ⅰ, 지식산업사, 1989).
이성원, 〈대하천문명의 새로운 모색〉 (김동수 외, ≪역사에서의 물과 문화≫, 엔터, 2010).
浙江省文化管管理委員會·浙江省博物館, 〈河姆渡發現原始社會重要遺址〉 (≪文物≫ 8, 1976).

中國科學院考古研究所·陝西省西安半坡博物館, ≪西安半坡≫ (文物出版社, 1963).
中國社會科學院考古研究所 編, ≪新中國的考古發現和研究≫ (北京, 1984).
최무장, ≪중국의 고고학≫ (민음사, 1989).
諏訪春雄 편, ≪日中문화연구-특집 長江文明 Ⅱ≫ 제10호 (勉誠社, 1996).
河南省文物考古研究所, ≪舞陽賈湖≫ (科學出版社, 1999).
Clayton, Peter A. Dent, John, The Ancient River Civilization (Elsevier, 1973).

제4장

島邦男, ≪殷墟卜辭研究≫ (中國學研究會, 1958).
馬承源, ≪中國青銅器≫ (上海古籍出版社, 1988).
白川靜, ≪金文通釋≫ (白鶴美術館, 1962).
富谷 至, ≪古代中國の刑罰≫ (中央公論社, 1995).
相田 洋, ≪異人と市—境界の中國古代史≫ (研文出版, 1997).
松田 修, ≪異形者の力≫ (青玄社, 1994).
松丸道雄 編, ≪西周青銅器とその國家≫ (東京大學出版會, 1980).
심재훈, 〈二里頭·偃師商城 · 鄭州商城과 夏·商의 관계〉 (≪동양사학연구≫ 29, 1989).
______, ≪청동기와 중국고대사≫ (사회평론아카데미, 2018).
姚孝遂·肖丁 編, ≪殷墟甲骨刻辭類纂≫ (中華書局, 1989).
王貴民, ≪商周制度考信≫ (明文書局, 1989).
王 輝, ≪商周金文≫ (文物出版社, 2006)
李京華, 〈關于中原地區早期冶銅技術及相關問題的機點看法〉 (≪文物≫, 1985).
이성구, ≪중국고대의 呪術的 思惟와 제왕통치≫ (일조각, 1997).
이성규, 〈중국문명의 기원과 형성〉 (서울대학교동양사학연구실편, ≪강좌중국사≫ Ⅰ, 지식산업사, 1989).

_____, 〈중국 고대 抑商 정책의 사회사적 배경: 賈와 祭儀의 관계를 중심으로〉 (서울대동양사학과연구실편, ≪고대중국의 이해≫ 3, 지식산업사, 1997).

이성원, 〈고대중국의 형벌관념과 肉刑－'非人化'관념을 중심으로〉 (≪동양사학연구≫ 67집, 1999).

이학근, 심재훈 역, ≪중국청동기의 신비≫ (학고재, 2005).

張亞初·劉雨 撰, ≪西周金文官制研究≫ (中華書局, 1986).

丁 山, ≪甲骨文所見氏族及其制度≫ (中華書局, 1988).

陳夢家, ≪殷虛卜辭綜述≫ (科學出版社, 1956).

하야시 미나오, 이남규 역, ≪고대중국인이야기≫ (솔, 1998).

許倬雲, ≪西周史≫ (臺北, 1984).

黃展岳, ≪古代人牲人殉通論≫ (文物出版社, 2004).

Chang, Kwang-chih, *Art, Myth and Ritual: The Path to the Political Authority in Ancient China*, Havard University Press, 1983 (張光直, 李徹 譯, ≪신화 미술 제사≫, 동문선, 1990).

Chang, Kwang-chih, *Shang Civilization*, Yale University Press, 1980(張光直, 尹乃鉉 譯, ≪商文明≫, 民音社, 1989).

David N. Keightley, *Sources of Shang History*, Berkeley (University of California Press, 1978).

_______________, 민후기 역, ≪갑골의 세계≫ (학연문화사, 2008).

James G. Frazer, *The Golden Bough* (Macmillan and Co. 1890; 신상욱 역, ≪황금가지≫, 동서문화사, 2017).

Mark E. Lewis, *Sanctioned Violence in Early China* (State University of New York Press, 1990).

Mircea Eliade, *The Forge and the Crucible* (Flammarion, 1962; 이재실 역, ≪대장장이와 연금술사≫, 문학동네, 1999).

Rene Girard, *La Voilence et Le Sacre*, (Grasset & Fasquelle, 1972; 르네 지라르, 김진식·박무호 역, ≪폭력과 성스러움≫, 민음사, 1997).

Sarah Allan, *The Shape of the turtle: Myth, Art, and Cosmos in Early China*, (State University of New York Press, 1991; 오만종 역, ≪거북의 비밀, 중국인의 우주와 신화≫, 예문서원, 2002).

V. Gordon Childe, B.Litt, *The Bronze Age* (Cambridge at the University Press, 1930).

제5장

木 齋, ≪中國古代詩歌流變≫ (京華出版社, 1998).

박유미, ≪음악심리학의 이해≫ (음악춘추사, 2004).

白川靜, ≪詩經-中國古代の歌謠≫ (中央公論新社, 2002).

姚孝遂·肖丁 編, ≪殷墟甲骨刻辭類纂≫ (中華書局, 1989)

이성규, 〈≪史記≫와 易學〉 (≪서강인문논총≫ 14, 2001).

______, 〈史官의 전통과 중국 역사서술의 특색〉 (≪강좌 한국고대사≫ 5, 2002).

이성원, 〈고대 중국의 樂과 史〉 (≪동양사학연구≫ 98집, 2007).

陳兆復, ≪古代岩畵≫ (文物出版社, 2002).

川田順造, ≪無文字社會の歷史≫ (岩波書店, 1976).

Alan P. Merriam, *The Anthropology of Music*. (Northwestern University Press, 1964).

Chang, Kwang-chih, *Art, Myth and Ritual: The Path to the Political Authority in Ancient China*, Havard University Press, 1983 (張光直, 李徹 譯, ≪신화 미술 제사≫, 동문선, 1990).

Jean-Jacques Rousseau, *Essai sur l'origine des langues, où il est parlé de la mélodie et de l'imitation musicale*, (Genève: Du Peyrou, 1781; 주경복·고봉만 역, ≪언어 기원에 관한 시론≫, 책세상, 2002).

Lévi-Strauss, Claude, *Myth and Meaning* (London: Routledge Thoemmes Press, 1978; 임옥희 역, ≪신화와 의미≫, 이끌리오, 2000).

Lewis H. Morgan, *Ancient Society : Researches in the lines of Human Progress from Savagery through Barbarism to Civilization* (London, 1877; 최달곤·정동호 역, ≪고대사회≫, 문화문고, 2005). Thodor W. Adorno, Die *Einleitung in die Musiksoziologie*, (1962; 권혁면 옮김, ≪음악사회학≫, 문학비평사, 1993).

第6장

屈小强·李殿元·段渝, ≪三星堆文化≫ (四川人民出版社, 1993).
김병준, ≪중국고대 지역문화와 郡縣지배≫ (일조각, 1997).
______, 〈神의 웃음, 聖人의 樂-중국 고대 神聖 개념의 재검토〉 (≪동양사학연구≫ 86집, 2004).
徐朝龍·NHK取材班, ≪謎の古代王國-三星堆遺跡は何を物語るか≫ (日本放送出版協會, 1993).
徐朝龍, ≪長江文明の謎-古代<蜀>王國の遺寶≫ (雙葉社, 1999).
原島春雄, 〈蠶叢考〉 (≪中國古代史研究≫ 第7, 研文出版, 1997).
이성원, 〈고대 중국의 樂과 史〉 (≪동양사학연구≫ 98집, 2007).
鶴間和幸, 〈古代巴蜀の治水傳說の舞臺とその背景—蜀開明から秦李冰へ〉 (森田明 編, ≪中國水利史の研究≫, 國書刊行會, 1995).
朝日新聞社編, ≪三星堆≫ (朝日新聞社, 1998).
≪華陽國志≫ (叢書集成初編, 中華書局, 1985).

第7장

高木智見, 〈春秋時代の結盟習俗について〉 (≪史林≫ 68-6, 1985).
顧德融·朱順龍, ≪春秋史≫ (上海人民出版社, 2001).
吉本道雄, 〈春秋載書考〉 (≪東洋史研究≫ 43-4, 1985).
馬承源 主編, ≪上海博物館藏戰國楚竹書(一)≫ (上海古籍出版社, 2001).
裴默農, ≪春秋戰國外交群星≫ (重慶出版社, 1992).
심재훈, ≪청동기와 중국고대사≫ (사회평론아카데미, 2018).
王貴民, ≪商周制度考信≫ (明文書局, 1989).
王　輝, ≪商周金文≫ (文物出版社, 2006).
이성구, 〈춘추전국시대의 국가와 사회〉 (서울대학교동양사학연구실 편, ≪강좌중국사≫ Ⅰ, 지식산업사, 1989).
______, ≪중국고대의 呪術的 思惟와 제왕통치≫ (일조각, 1997).
이성원, 〈先秦 士人의 詩樂문화—孔子를 중심으로〉 (≪대구사학≫ 87, 2007).

______, 〈고대 중국 士人의 史評과 引詩〉 (≪중국학보≫ 62, 2010).
______, 〈先秦시대 중앙과 지방문화의 장-金文, 會盟, 詩歌를 중심으로〉 (김동수 외, ≪역사 속의 중앙과 지방≫, 엔터, 2011).
許倬雲, ≪西周史≫ (臺北, 1984)
Lothar von Falkenhausen, *Suspended Music: Chime Bells in the Culture of Bronze Age China* (Berkeley: University of California Press, 1993)
로타 본 팔켄하우젠, 심재훈 역, ≪고고학 증거로 본 공자시대 중국사회≫ (세창출판사, 2011)

제8장

江文也, 楊儒賓 譯, ≪孔子的樂論≫, 臺灣大學出版中心, 2004.
도미야 이타루, 임병덕 역, ≪목간과 죽간으로 본 중국 고대문화사≫ (사계절출판사, 2005).
蕭公權, ≪중국정치사상사≫ (북경, 1971; 최명 등 역, 서울대학교출판부, 1998).
李均明, ≪古代簡牘≫, 文物出版社, 2003
李　零, ≪郭店楚簡校讀記(增訂本)≫, 北京大學出版社, 2002
이성규, 〈諸子의 學과 사상의 이해〉 (서울대학교동양사학연구실편, ≪강좌중국사≫ Ⅰ, 지식산업사, 1989).
______, 〈중국 大同思想의 역사적 전개와 그 특징〉 (≪한국사 시민강좌≫ 10, 1992).
이성원, 〈고대 중국의 禮樂論- 分別 · 統合論을 중심으로〉 (≪中國古中世史研究≫ 18, 2007).
李天虹, ≪郭店竹簡≪性自命出≫研究≫ (湖北教育出版社, 2003).
丁四新 主編, ≪楚地出土簡帛文獻思想研究≫一 (湖北教育出版社, 2002).
淺野裕一, ≪孔子神話—宗教として儒教の形成≫(岩波書店, 1997).
貝塚茂樹, ≪諸子百家≫ (岩波新書, 1961).
侯外廬 주편, ≪중국사상통사≫ (북경, 1957).

Derk Bodde, *Festivals in Classical China: New Year and other annual observances during the Han Dynasty, 206 B.C.-A.D. 220*, (Princeton University Press, 1975).

H. G. Creel, *Confucius: The Man and the Myth*, (New York: Harper, 1960; 李成珪 譯, ≪孔子—인간과 신화≫, 지식산업사, 1983).

Jenny F. So ed, *Music in the Age of Confucius* (University of Washington Press, 2000).

Mark E. Lewis, *Writing and Authority in Early China* (State University on New York Press, 1999).

제9장

江村治樹, ≪戰國秦漢時代の都市と國家≫ (白帝社, 2005)

屈敏一, 〈중국고대の市〉 (≪中國古代の法と社會≫ (汲古書院, 1988).

藤田勝久, 『中國古代國家と郡縣社會』 (汲古書院, 2005).

杜正勝, ≪編戶齊民≫ (聯經出版社, 1990).

木村正雄, ≪中國古代帝國の形成-特にその成立の基礎條件-≫ (不昧堂書店, 1960).

山田勝芳, 「中國古代の商人と市籍」 (『加賀博士退官紀念中國文史哲學論文集』, 東京, 1979).

相田 洋, 『異人と市—境界の中國古代史』 (研文出版, 1997).

楊 寬, ≪戰國史≫ (上海人民出版社, 2003)

이성구, 〈춘추전국시대의 국가와 사회〉 (서울대학교동양사학연구실편, ≪강좌중국사≫ I, 지식산업사, 1989).

_____, ≪중국고대의 呪術的 思惟와 제왕통치≫ (일조각, 1997).

_____, 〈중국고대의 市의 개념과 기능〉 (≪동양사학연구≫ 36, 1991).

_____, 〈중국고대의 求雨習俗과 徙市〉 (≪고대중국의 이해≫ 5, 지식산업사, 2001).

이성규, ≪중국고대제국성립사연구-秦國 齊民支配체제의 형성≫ (일조각, 1984).

_____, 〈전국시대 국가와 小農民〉, 서울대학교동양사학연구실편,

≪고대중국의 이해≫ 1 (지식산업사, 1994).

______, 〈전국시대 秦의 외교정책〉, 서울대학교동양사학연구실편, ≪고대중국의 이해≫ 2 (지식산업사, 1995).

이성원, 〈춘추전국시대 왕권의 변화와 성격〉 (≪한국고대사연구≫ 83, 2016).

增淵龍夫, ≪中國古代の社會と國家≫ (東京, 弘文堂 1960).

好並隆司, ≪商君書研究≫ (溪水社, 1990).

Mark E. Lewis, *Sanctioned Violence in Early China* (State University of New York Press, 1990).

제10~12장

堀敏一, ≪漢の劉邦 ものがたり漢帝國成立史≫ (研文出版, 2000)

宮崎市定, ≪古代帝國の成立≫ (創元社, 1969).

김호동, ≪몽골제국과 세계사의 탄생≫ (돌베게, 2010).

羅 明, 〈秦始皇陵園K0007配葬坑弋射場景考〉 (≪考古≫ 2007-1).

段清波, 〈秦始皇陵園K0006陪葬坑性質芻議〉 (≪中國歷史文物≫ 2002-2).

譚維四, ≪曾侯乙墓≫ (文物出版社, 2001).

杜正勝, ≪編戶齊民≫ (聯經出版社, 1990).

木村正雄, ≪中國古代帝國の形成≫ (不昧堂書店, 1965).

冨谷至 編, ≪江陵張家山二四七號墓出土漢律令の研究≫, 朋友書店, 2006

富谷至, ≪文書行政の漢帝國≫ (名古屋大學出版會, 2010)

西嶋定生, ≪中國古代帝國の形成と構造≫ (東京大學出版會, 1961).

________, ≪秦漢帝國≫ (講談社, 1997).

陝西省考古研究所·秦始皇兵馬俑博物館, ≪秦始皇帝陵園考古報報≫, 文物出版社, 2000.

陝西省考古研究所·秦始皇兵馬俑博物館, 〈秦始皇陵園2000年度勘探簡報〉 (≪考古與文物≫ 2002-2).

________________________________, 〈秦始皇陵園K0007陪葬坑

發掘簡報〉(≪文物≫ 2005-6).
睡虎地秦墓竹簡整理小組, ≪睡虎地秦墓竹簡≫ (文物出版社, 2001).
吳承洛, ≪中國度量衡史≫ (商務印書館, 1993).
王學理, ≪秦都咸陽≫ (陝西人民出版社, 1985).
______, ≪秦始皇陵研究≫ (上海人民出版社, 1994).
______, ≪咸陽帝都記≫ (三秦出版社, 1999).
袁仲一, 〈關于秦始皇陵銅禽坑出土遺迹遺物的初步認識〉 (≪秦文化論叢≫, 第12輯, 三秦出版社, 2005).
윤재석 역주, ≪睡虎地秦墓竹簡 譯註≫ (소명출판, 2010).
李改元, ≪漢帝國の成立と劉邦集團≫ (汲古書院, 2000).
이성규, ≪중국고대제국성립사연구-秦國 齊民支配체제의 형성≫ (일조각, 1984).
______, 〈중국 고대 제국의 통합성 提高와 그 기제—民·官의 이동과 '제국의식'의 형성을 중심으로〉 (≪中國古代史研究≫, 第11輯, 2004).
______, 〈秦漢 제국의 計時 행정〉 (≪역사학보≫, 222호, 2014)
______, ≪數의 제국 秦漢≫ (대한민국학술원, 20190).
이성원, 〈고대 중국의 市井과 그 공간〉 (≪중국학보≫ 58집, 2009).
______, 〈秦漢사회의 樂舞의 諸相-제국의 통치기제를 중심으로〉 (≪중국고중세사연구≫ 23권, 2010).
______, 〈秦漢제국의 의의와 유산〉 (≪역사학연구≫ 62권, 2016).
李學勤, 〈說張家山漢簡≪史律≫〉 (≪文物≫ 4, 2002).
張家山二四七號漢墓竹簡整理小組, ≪張家山漢墓竹簡(二四七號墓)≫ (文物出版社, 2001).
蔣廷瑜, ≪古代銅鼓通論≫ (紫禁城出版社, 1999)
정하현, 〈황제지배체제의 성립과 전개〉 (서울대학교동양사학연구실 편, ≪강좌중국사≫ Ⅰ, 지식산업사, 1989).
佐原康夫, 〈漢代の市について〉 (≪史林≫ 68-5, 1985).
佐原康夫, ≪漢代都市機構の研究≫ (汲古書院, 2002).
中國畵像石全集編輯委員會 編, ≪中國畵像石全集≫ 1~10 (山東美術出版社, 河南美術出版社, 2000).

朱紅林, ≪張家山漢簡≪二年律令≫集釋≫ (社會科學文獻出版社, 2005).

陳四海, 〈秦始皇陵園出土的樂器, 百戲俑考〉, ≪音樂硏究≫, 2005, 9

陳偉 外, ≪里耶秦簡牘校釋≫ (武漢大學出版社, 2012).

蔡萬進, ≪張家山漢簡≪奏讞書≫硏究≫ (廣西師範大學出版社, 2006)

최진묵, 〈中國 古代 樂律의 운용과 禮制〉 (≪東洋史學硏究≫ 89, 2004).

鶴間和幸, ≪秦帝國の形成と地域≫ (汲古書院, 2013)

好並隆司, ≪秦漢帝國史硏究≫ (未來社, 1978).

에릭 홉스봄, 김동택 역, ≪제국의 시대≫ (한길사, 1998).

E. L. Shaughnessy, *China: Empire and Civilization*, (Oxford University Press, 2005).

Francis Fukuyama, *The Origins of Political Order: From Prehuman Times to the French Revolution* (Farrar, Straus and Giroux, New York, 2012).

M. Loewe, *The Government of the Qin and Han Empires*, (Hackett Publishing Company, 2006).

M. E. Lewis, *The Early Chinese Empires: Qin and Han* (Harvard University Press, 2007).

나이얼 퍼거슨, 김종원 역, ≪제국≫ (민음사, 2006).

Rein Taagepera, "Size and Duration of Empires: Growth−Decline Curves, 600 B.C. to 600 A.D.", (*Social Science History* Vol. 3, 1979).

TBSテレビ·博報堂, ≪始皇帝と彩色兵馬俑殿≫ (日本, 2006).

Turchin, Peter; Adams, Jonathan M.; Hall, Thomas D (December 2006). "East−West Orientation of Historical Empires". (*Journal of World−Systems Research* 12 (2)).

Valerie Hansen, *The Open Empire: A History of China to 1600*, (W. W. Norton, 2000; 신성곤 역, ≪열린 제국: 중국(고대−1600)≫, 까치, 2005)

Walter Scheidel edit, *Rome and China: Comparative Perspectives on Ancient World Empires*, (Oxford University Press, 2009).

찾아보기

ㄹ

ㅁ

ㅂ

ㅅ

ㅇ

ㅈ